U0074318

伸展的文學地圖

葉周 著

卷首語

在我編輯整理這部隨筆集時，我所居住的洛杉磯已經進入了冠狀病毒居家抗疫時期。每天坐在電腦前，閱讀著文章中所描繪的威尼斯、巴黎、布達佩斯、布拉格、維也納、京都等一個個我曾經行走過的城市的故事，所見所聞依然那麼清晰地出現在視網膜前。可是每天發布的世界疫情統計，那些逐日遞增中的確診者和死亡者數字，不斷地提醒我，世界已經發生了令人憂慮的變化。我昨日的記憶和今天的現實構成了兩個截然不同的世界。我曾經那麼痴迷行走的世界，眼下突然被各國的限制令割裂成一個個封閉的空間，各種跡象似乎也預示著，在相當一段時日裡自由地行走變得十分困難。或許也因為這樣，使我更珍惜自己的這些文字，更緬懷那些曾經在世界各地自由隨意的分分秒秒。

在維也納的小城薩爾斯堡，音樂奇才莫札特曾經度過了怎樣的童年？令海明威終身難忘的巴黎為什麼那麼迷人？還有但丁、米開朗基羅、卡夫卡、麥克・傑克森、鄧肯，這些藝術精英們有過怎樣曲折的人生？布達佩斯一個多難之邦的首都，走在城市的街道上又觸發我想起怎樣的歷史往事？蕭斯塔科維奇（Shostakovich）和他後世的人們，今天生活得怎樣？特別讓我感到親近的中國文化大師胡適、傅斯年、郭沫若，他們的學術與人生毫無疑問地觸發我對中國歷史、中國文化的無限省思……這些故事我在書中都會娓娓道來。

　　我曾經在一篇總結自己創作的文章中說過，「把人物故事發生的地點在地圖上標出來，便形成了一張有趣的地圖。我的文學地圖，恰如其分地構成了我的文學創作的想像空間。」而我的這本文化隨筆集《伸展的文學地圖》，書名即來自於我的那篇文章。描畫的是另一幅對我人生充滿誘惑的地圖──我的旅行帶我前往世界各地，在那裡我看見了不同的族裔，在完全不同的文化氛圍中生活著，他們的故事或許我從書本和電影中涉獵過，可是因為在那些我陌生的環境中，攜帶著原生的雨露和塵埃而顯得更為生動。這些閱歷不僅豐富了我的視野，更點燃了我的創作。

　　酷愛旅行始於我18歲那年。第一次遠離上海的家，和一位高中同學一起去江西廬山。那時交通極不便利，我們邊走邊安排一路上的火車票、汽車票和住宿。好不容易到了九江，我們選擇徒步上山，從山腳下一步一步沿著步道上的石階向上攀登，在炎炎夏日中走了足足四個小時才到了山頂……

　　從此以後我外出旅行，只要語言相通，都盡量選擇自由行，走到哪看到哪，隨心所欲，盡情盡興。這些年去了中國的不少地方，也去了亞歐美洲一些國家的不少城市，每到一處，我都會去尋找一些歷史上發生過重大事件的遺址，尋訪文化歷史名人生活過的故居，近距離地觀賞各處美麗的風光，藝術的珍品……

　　遊走於世界各地，我特別有興趣的是去了解不同族裔的人們在不同文化氛圍中的生活方式，他們在物質世界和精神層面對於人類的偉大創造和貢獻……我的所見所聞組成了一幅我行走世界，探訪人生的地圖，從中可以看到我面對豐富的人文世界時的所思所想。行走世界，為我的人生視野展現了一幅綺麗無比的風景。我思故我在。我行故我在。我將繼續行走！

目次
CONTENTS

卷首語　003

歐洲

布達佩斯：多難之邦的首都　009

維也納：藝術和科學的精靈　022

薩爾斯堡：莫札特的童年往事　034

哈爾施塔特：湖邊的人間仙境　040

布拉格：卡夫卡的故鄉　044

巴黎：海明威無法忘懷的城市　057

威尼斯：靈動的水上世界　068

佛羅倫斯：仰視大師之地　075

莫斯科：蕭斯塔科維奇和他的見證　086

明斯克：亞歷塞維奇筆下的人們　095

美洲

洛杉磯：孤獨的音樂天才麥克・傑克森　105

舊金山：驀然回首間　112

紐約：零度地帶的昨日與今天　115

麻州劍橋：初秋走進哈佛　124

亞特蘭大：隨風飄逝　133

亞洲

東京：追尋父輩的足跡　141

東京：村上春樹筆下的孤獨靈魂　147

京都：宏大寺廟與精緻庭院　155

臺北：遠去的大師　164

新北：夜宿九份　178

香港：憶故人　188

澳門：聽賭王講「故仔」　199

上海：在美麗城市找到回家的路　205

上海：生命中的一道閃亮　216

北京：回望郭沫若　224

重慶：渝都嘉陵江邊的遐想　238

新疆：帕米爾高原暢想　247

西安：古城遙想　262

滄州：滄海之州故事多　272

卷尾語　281

歐洲

布達佩斯：多難之邦的首都

維也納：藝術和科學的精靈

薩爾斯堡：莫札特的童年往事

哈爾施塔特：湖邊的人間仙境

布拉格：卡夫卡的故鄉

巴黎：海明威無法忘懷的城市

威尼斯：靈動的水上世界

佛羅倫斯：仰視大師之地

莫斯科：蕭斯塔科維奇和他的見證

明斯克：亞歷塞維奇筆下的人們

布達佩斯：多難之邦的首都

這就是我第一次親眼所見的多瑙河。布達的山上是一座中世紀城堡。對面有一座哥德式的宏大建築群，夜裡燈光璀璨，成了河岸上最亮眼的景色，那是國會大廈。河上往來的遊船來回穿梭，並不繁忙。

初見多瑙河

　　抵達布達佩斯已近傍晚，太陽在多瑙河對面的山坡上剩下最後的餘暉，給這條貫穿歐洲的著名河流撒上一層金色。這就是我少年夢想中的多瑙河嗎？波瀾不驚，在布達和佩斯兩座城市之間安靜地流淌著。我在河邊的酒店辦完入住手續出來，夜幕完全降落了。在還未完全消散的暑氣中我們走上那座標誌性的塞切尼鏈橋，橋頭上兩隻威嚴的獅子在高處俯視著路人。這是一座古老的城市，眼前所見的一切和「陳舊」這兩個字緊密連在一起。女兒眼尖，甚至看見了暗夜中橋上欄杆上飄動的蜘蛛網。

　　塞切尼鏈橋是第一座真正連接佩斯與布達兩城的永久性建築，是布達佩斯市內跨越多瑙河的九座橋中最著名的一座，也是布達佩斯的象徵。很久以前布達與佩斯兩座城市之間僅有一座木質浮橋。十九世紀初，匈牙利改革家伊斯特凡‧塞切尼伯爵要趕到對岸參加父親的葬禮，因為天氣不好，河水洶湧，木質浮橋上無法通過，一個星期後風平浪靜後才渡河過對岸去。為此，一件私事促成他去完成一樁公益，他想到在多瑙河上修建一座橋梁。在籌措到足夠的資金後，他請來了英國設計師威廉‧提爾尼‧克拉克和建築師於1839年開始興建，歷時整整十年才竣工。

　　橋建成後，四隻獅形橋墩被分別放在大橋兩端。獅子由匈牙利設計家亞諾士設計，目光堅毅，獅爪子緊緊抓住兩岸，守望著人們平安。不過也有傳說：獅子雕塑被安置到塞切尼鏈橋兩端後被發現獅子微張的口中沒有舌頭，雕刻家因此被眾人譏笑，羞愧難當，最後跳入多瑙河自盡。當我近距離觀看露齒張口的獅子，

真的找不見它們的舌頭呢。

這就是我第一次親眼所見的多瑙河。對面的山上是一座籠罩在暖黃色燈光下的中世紀城堡。更遠的地方有一座歌德式的宏大建築群，燈光璀璨，成了夜晚河岸上最亮眼的景色，那裡是國會大廈。河上往來的遊船來回穿梭，並不繁忙。

我如今依然耳熟能詳的史特勞斯的《藍色的多瑙河》從壯闊平緩走向奔騰湍急。面對夜色中的河面，一切往日的記憶都浮現出來。「文革」後百廢待興，年輕時的我雖然身居大都市上海，生活依然是捉襟見肘。廣播裡開始播放西方古典音樂，聽著由舒暢到奔騰的曲調，心開始跳躍；思緒起步飛揚，渴求變化，暢想未來。當這些記憶在布達佩斯的傍晚，面對似曾相識的多瑙河一一浮現，人生卻已過中年。

在這個城市的第一個晚上，我們在河邊船上的餐廳用餐，抬頭望著對面山上亮燈的城堡，感受著濃郁的異國情調。我點了一份鵝肝，竟然有三大塊。這要在亞洲可是價格不菲啊。匈牙利是僅次於巴黎的世界第二大鵝肝出口地，難得有這樣的慷慨。

真正認識多瑙河的美麗是次日登上了布達的山上，從中世紀的古城堡上鳥瞰河面。蜿蜒的河道展示了它的寬闊和包容。燦爛的陽光下河水顯示出美麗的藍色。布達依山而建，地處河岸高地和石灰岩丘陵上，地勢較高。周圍被城堡山、格列特山和玫瑰山等山丘環抱，自古就是抵禦侵襲的軍事要地。在河上一共有九座各種風格的橋，建造於各個不同的時期。

回望歷史

　　布達佩斯這座歷史悠久的城市，最遠可以追溯到西元89年時的羅馬帝國。從飛機上俯瞰大地，布達佩斯平原遼闊，多瑙河蜿蜒其中。在參觀國會大廈時，我和女導遊聊起了這個民族的歷史。史料記載，匈牙利的祖先來自於蒙古的游牧民族。強悍的草原民族在傳說中如附身於馬上的神靈，長驅直入，無所匹敵。當時的羅馬歷史學家阿米阿努斯‧馬爾切利努斯把他們描繪成「幾乎黏在馬上」的人、「體態奇形怪狀；相貌奇醜無比，不由使人認為他們是雙足野獸……」這一不畏艱險的游牧民族沿著橫貫歐亞大陸中部的草原走廊東移，止步於中歐匈牙利平原，從此在這裡扎下根來。正是這裡遼闊的地理環境成了游牧民族馳騁的疆場，形成了羅馬帝國、奧匈帝國時期強悍的匈牙利。那個女導遊的姓名程序與來自東方的我一樣，姓在前名在後，與西方的傳統完全不一樣。在市區的英雄廣場上聳立著始建於1896年的紀念碑和雕像群，正是為了紀念匈牙利民族在歐洲定居1000年。上面樹立著在九世紀創建匈牙利的七個部落領袖，以及匈牙利其他歷史名人的雕像。

　　可是在上一個世紀中的兩段歷史卻更緊密地纏繞著人們的記憶。二戰時期德國軍隊被蘇軍在此圍城，不得不退入地勢偏高的布達，為了抵禦蘇軍強攻，德軍用五噸凝固汽油彈炸毀了多瑙河上所有的橋梁。二十餘萬名裝備精良的蘇聯紅軍將布達佩斯團團包圍，而他們面前的幾萬名德國和匈牙利士兵卻已筋疲力盡，喪失重武器，缺少食物、彈藥和裝備。在整個圍城過程中布達佩

斯有三萬八千名市民喪生。我曾經看見過照片上被炸毀的塞切尼
鏈橋歷史照片，只剩下兩支橋墩還立在河上，橋上的鋼索都垂落
在水底。

　　在慘烈的二次世界大戰，歐洲的一些文化名城普遍遭受慘烈
的轟炸，有些幾乎完全毀滅。柏林、維也納、布達佩斯就是損失
極大的文化名城。當時布達山上的城堡也被炸得百孔千瘡。當然
也有例外，1944年盟軍進攻義大利，守城的德國陸軍元帥凱塞林
不僅是一位傑出的軍事統帥，更難能可貴的是他在整個義大利戰
爭期間，下令保護珍貴的古代歷史文化遺產。對於威尼斯等歷史
名城，為了避免戰爭傷害，他率領的德軍未經一戰而主動放棄，
從而在戰爭中得以倖存。凱塞林更宣布羅馬和佛羅倫斯這兩座歷
史文化名城為「不設防城市」，主動撤出軍隊，另闢它地作為戰
場。在戰後審判的時候，在義大利戰場上與凱塞林決戰的美國將
軍克拉克、英國將軍亞歷山大等人都為他求過情。這是題外話
了。在歷史沉重的負荷中，匈牙利終於走過來了。

布達佩斯之戀

　　從布達城堡的平臺上可以看見最美麗的多瑙河景色，綿延的
河道在遠處變得開闊了，河上的橋梁由近而遠依次排開，神采各
異。兩岸的建築紅瓦白牆，簇擁著幾座哥德式的宏大建築。

　　我注目於遠處綠色的自由橋，行前看過一部電影叫《布
達佩斯之戀》（英語：Gloomy Sunday，或譯《憂鬱的星期
天》），美麗的女子伊洛娜同時被兩個男人深愛著。一個是她工
作餐廳的老闆，另一個是在餐廳中彈琴的鋼琴師。伊洛娜同時擁

有兩個男人的愛，幸福滿足。鋼琴師為她創作了鋼琴曲《布達佩斯之戀》，從此這首令人心碎的樂曲和餐廳一舉成名。而那個電影的第一個鏡頭中的車隊就是從自由橋上駛向落座於布達的飯店。

　　而三個人和平共處的日子，因為一位德國無名小子漢斯的出現徹底摧毀。漢斯陶醉於《布達佩斯之戀》的同時，更迷戀上了溫婉美麗的伊洛娜。漢斯向伊洛娜求婚被拒絕，為此投河自盡，被餐館老闆救起。德國占領布達佩斯後，漢斯成了軍官，舊地重遊，回到餐館。他強逼鋼琴師彈奏著名的曲子，鋼琴師僵持著不理睬，這時伊洛娜主動唱起那首歌，並請鋼琴師伴奏。鋼琴師不甘受辱，舉槍自盡，血濺餐廳。隨後在餐館老闆被黨衛軍帶走即將送往集中營時，伊洛娜跑去向漢斯求救。漢斯強暴了她，滿足了自己夢寐以求的慾望後，嘴上便也答應了伊洛娜的請求。

　　次日在火車站，一列塞滿了猶太人的火車就要啟動，餐館老闆和一群猶太人在站臺上。漢斯收受了賄賂前去車站撈人，餐館老闆看見他，以為漢斯是來救自己，卻不料漢斯對他視而不見，轉身叫了另一個人的名字，然後揚長而去。曾經的救命之恩，因為愛的嫉妒發展成愛的仇恨。

　　漢斯因愛而生的嫉妒仇恨摧殘了伊洛娜的兩個情人，並欺騙了她的感情，玷汙了她的肉體。不過冤有頭債有主，在戰爭結束後，當漢斯以一個曾經在二戰中拯救過猶太人的大善人重回這家餐廳慶祝80歲生日時，伊洛娜終於報仇雪恨。

　　據說，《布達佩斯之戀》是1933年匈牙利音樂家賴熱・謝賴什和他的女友分手後在極度絕望的心情下所作。電影是為這首樂曲量身訂做，在電影中鋼琴曲低迴婉轉貫穿始終，樂曲中流露的

絕望情緒懾人心魄。據說當年數以百計的人在聽了這首樂曲後結束了自己的生命。這支樂曲隨之被冠以「匈牙利自殺歌」的稱號，一度遭到了許多國際知名電臺的禁播。

不過時過境遷，顯然有許多遊客和我一樣對這一部拍攝於1999年的電影印象深刻，一個傍晚我們坐在多瑙河邊的餐館吃飯時，餐廳的樂隊應客人的要求演奏了那首曲子。在和平的環境中，當遊客懷有閒適的好心情，那首曲子聽上去難免憂傷卻並不絕望。當我沉浸在樂曲中時，眼前浮現的是女主人伊洛娜婀娜的身姿，我多麼希望她能從餐廳裡走出來。

「恐怖博物館」

我在布達佩斯的街道上行走，時時尋找著伊洛娜的身影。那天去「恐怖博物館」，問路時邂逅一位老年婦女，雖然不會說英語，卻熱情陪我們走了一段路指引方向。她長裙飄逸，溫婉儒雅，卻已讓我領略到伊洛娜的風采。

「恐怖博物館」坐落於市中心的高尚居民區，這座建於1880年的文藝復興時期風格的建築，自1944年起就被匈牙利納粹頭子用作警察機構，號稱「忠誠屋」。對政權不忠誠的人都會被抓進來修理一番。匈牙利這個多災多難的民族，曾經在二戰中經受了德軍的占領和踐躪，在最惡名昭彰的波蘭奧斯威辛（Auschwitz）死亡集中營，有將近四十四萬來自匈牙利的猶太人是被匈牙利納粹政府送去的，而布達佩斯猶太人中的三分之一被屠殺。二戰結束後，蘇聯代表盟軍接管了該國控制權，首先就是接管了「忠誠屋」，並在此建立了國家安全部。卻沒有想到匈牙利擺脫了納粹

的殘暴統治，又陷入新一輪紅色暴政。國家安全部在民間建立一種互相檢舉，互相攻殲的人際關係氛圍，使人民再度陷入紅色暴政的恐怖之中。一直到1956年國家安全部才搬出這幢大樓。如今這裡成了恐怖暴政的雕像，受害者的紀念碑。

走進「恐怖博物館」，進門見到一尊衣架，一眼望去是黨衛軍的軍服，一轉身卻成了蘇聯軍隊的制服。此中寓意觀者自能體會。兩種不同的政權實施本質不同的暴政，留給人們的記憶卻同樣是痛苦不堪的。這也就難怪迎接新生活的人們竟然沒有為趕走黨衛軍的蘇聯軍隊歌功頌德，卻在同一個博物館的空間中記錄了德國和蘇聯兩個獨裁政權深刻在他們歷史記憶中的苦難。

納粹的侵略在博物館中有許多不多見的錄影資料。希特勒入城時，沿街擠滿了歡呼的人群，高舉著手臂行禮。一位病人坐在輪椅上，無力自己舉起手，身邊的親人急忙扶起他的手臂向領袖行禮。希特勒更是滿臉笑容，身後的德國軍官還特地從人群中抱來幾個孩子遞到他手中。希特勒一臉微笑，把孩子抱在懷裡。歷史的畫面充滿了欺騙性，政治人物在民眾面前作秀，連這位殺人魔王也可以看似如此親民。

還有一段影片使我難以忘懷。重疊的猶太人屍體像一座山，一架推土機來回地把屍體推到一個大坑中，裸露僵硬的人體，經過反覆的推擠，有些已經身首異處。推土機肆無忌憚地蹂躪著屍體，對生者的屠殺，對死者的踐踏都在那些影片中血淋淋地表現。

同樣蘇聯的糾纏也深刻地影響著這個民族。1944年蘇聯軍隊接管匈牙利後，1949年在蘇聯的支持下共產黨推翻了原來的共和國政府，建立了共產黨政權。1956年11月4日，匈牙利民眾對匈

牙利人民共和國政府表達不滿，爆發抗議活動，導致蘇聯入侵的暴力事件。運動以學生集會開始，祕密警察殺死上百人，參與民眾的示威暴民化，濫殺非武裝共產黨員，示威變成了暴亂。最後蘇聯軍隊占領匈牙利並配合匈牙利國家安全局進行了鎮壓。在那一年，匈牙利大約有二十萬難民逃亡西方。蘇聯隨後逮捕並以反革命的罪名處決了納吉等幾名主要領導人。1989年1月底，匈牙利宣布1956年事件不是反革命事件，而是一場人民起義；納吉是在當時特殊的環境下，為拯救國家而鬥爭的；匈牙利政府還為納吉舉行了遲到的國葬。東歐劇變後，匈牙利宣布把每年10月23日匈牙利事件爆發日作為國慶節。在國會大廈附近還樹立了納吉的立像。也是在這一天宣布匈牙利成為共和國。

在「恐怖博物館」牆上的電視螢幕上播放著一組組影片記錄了倖存者對於「大清洗」的回憶。殘酷的審訊，冷血的屠殺，幾百個受審者被送往監獄和勞改營，送上絞刑架。在社會的基層布滿了隨時都會打小報告的線人。在這樣的體制中沒有一個人可以感到安全。任何對政府的不滿都會被立即上報，於是你就災難臨頭。即便在裡面就職的人們互相之間也互不信任，充滿猜疑。這座建築由此成了人的生死審判庭。其實早在此之前，蘇聯共產黨就在國內進行了無數次慘絕人寰的大清洗，媒體的文字中是這樣形容的：「大清洗開創了人類歷史上不曾有過的先例：一個黨一半的成員被捕，一個政權的絕大多數上層成員被處決，一支軍隊的中高層軍官幾乎被全部消滅，一個國家的全體國民生活在恐懼之中。」在蘇聯大清洗70週年祭日的悼念儀式上，普丁總統在現場感傷得聲音顫抖地說，「他們是有著自己觀點的民眾，他們並沒有害怕說出自己的觀點，他們是民族最優秀的人物。」「現在

終於等到了所有人都認識到這是場民族悲劇的時刻，我們應永遠銘記這一歷史教訓並使之不再重演，這是所有人的責任。」而匈牙利人民用「恐怖博物館」的獨特形式把自己民族經歷的苦難記錄下來，一輛蘇聯軍巨大的坦克占據了館內大片的空間，四周牆上布滿死難者的黑白照片。

離開「恐怖博物館」已近傍晚，我們沿著河邊漫步，想好好享受一下夕陽斜照下的多瑙河，在途中卻邂逅一片散亂的鞋子。這些鞋子經過風吹雨淋，年久變形。有男鞋也有女鞋，有些裡面插著前來祭奠者獻的花。原來那是為了紀念二戰時被納粹槍殺後推入江中的猶太受難者設立的銅鑄雕塑。我閉上眼睛側耳聆聽河水的濤聲，眼前浮現的是一個個受害者被推入冰冷的多瑙河時的驚恐面容，扭曲身姿。那一整天所見所聞，讓我真切感受到歷史在這個城市中留下的沉重記憶。

自由橋頭的大市場

回到現實生活中，我想好好看看當地人現在的生活。在路上遇到一個來自南美哥斯大黎加的小夥子，他是IBM公司的員工，從自己的國家調來這個國際化的城市工作。言談間可以感受到他十分喜歡這裡的生活，也希望留下來。在與一些市民的交談中，說起過去沉重的歷史，人們如釋重負。從感情上他們更接納民主的德國，而不是俄國。對於未來的生活他們充滿信心和期望。

在多瑙河佩斯一側的自由橋頭附近，有一座古色古香的新哥德式建築，那是布達佩斯著名的中央大市場，始建於1897年。大市場裡空間高大寬敞，上上下下走了一圈，蔬果店鋪前，紅橙黃

綠藍靛紫，色彩鮮豔的蔬果整齊排列；肉製品商鋪前，香腸、燻肉品種豐富；香料舖前掛著一串串紅如火的辣椒，還有各種規格瓶裝的香料，還有品種豐富的酒類。樓上則是民間工藝品的集中展示：手繪蛋殼、穿著鮮豔的民族服裝的娃娃以及各種手工藝品成行排列。

　　大市場是他們日常購物的地方，可以直接感受市民的生活。一歐元等於三百福林，所以當我將幾百歐元兌換成福林時，手裡一下就有了六位數的鈔票，手裡的鈔票數都數不過來，突然有了富豪的感覺。本地市民人均收入一千歐元，換成福林就是十萬，我在大市場裡體會了他們的日常生活。

　　一萬福林的紙幣上印著一位緊抿著雙唇，意志堅定的國王聖伊什特萬一世，在他統治時期從游牧部落完成了向封建國家的轉變。第一天吃的鵝肝大餐就是用的它。二千福林上是一位面相慈善的王子基布里埃爾，留著略長的鬍鬚。我用他買了一堆色彩紛呈的水果。

　　一千福林上的馬加什一世國王，腮幫子上不留一絲鬍鬚，捲髮披肩，臉盤圓潤。他十四歲登基，曾經被新上任的波希米亞國王伊日・波傑布拉德扣為人質，直到他娶了波國國王的女兒才被釋放。無奈啊，國王也被逼婚。成年後他留學義大利，並將義大利文藝復興的文化成就推廣到匈牙利。我留著它去買博物館的門票。五百福林上是留著翹八字鬍的費倫茨王子，他領導匈牙利貴族反哈里斯堡起義失敗後被流放君士坦丁堡，在流放地去世。還有二百福林上留著絡腮鬍的匈牙利國王查理一世，他是匈牙利的創建者，使匈牙利恢復了大國的地位，國富民強。這一衰一盛倆國王，我用它們買了一個頗有民族特色的花布娃娃留作紀念。

那是個頗熱的天，大市場裡空調大開，溫度舒適。我們體驗了一個普通市民的日常生活，在食品舖前約花了十歐元，數出三千福林買了一堆牛奶、飲料和蛋糕甜點，帶回賓館去好好享受。

遭遇難民潮

布達佩斯似乎一定要為我此行留下刻骨銘心的記憶，當次日清晨我們打算坐火車去維也納時，卻有了奇遇。布達佩斯火車站擠滿了來自敘利亞等國的難民群，匈牙利的警察嚴陣以待排起人牆。當我們提著行李進站時，車站正門被關閉了，計程車繞到後面放我們下來。廣場上坐了不少難民，大多是青壯年，有些還攜帶了年幼的孩子。為了趕火車我們只能穿過難民群進入車站，看到來者是旅客，難民們禮貌地讓路。

在密集的難民人群中，一位帶著孩子的婦女留給我很深的印象。大熱的天她披著黑色頭蓬，與孩子們席地而坐，神態安詳，臨危不懼，氣定神閒。與她打了招呼，居然還能說英語。才知原先她是敘利亞的一名律師，丈夫在家被從天而降的炸彈炸死。為了子女的前途，她不得不拖兒帶女，離鄉背井。

後來聽說能夠舉家外逃的難民，大多算是富裕之家，普通的家庭根本無法負擔高昂的逃亡費用。出逃前成人起碼要付一千多美元給蛇頭，孩子每人也要五六百。難民中有不少大學生和高中生，以男性居多，他們渴望在沒有戰爭的土地上完成教育，建構自己的人生，同時還要負起整個家庭的責任。用他們的話說，如果不離開故國，他們就必定是戰場上的砲灰。

經過警察的封鎖線，我們出示了護照，然後才得到許可進

入站臺。可是我們所乘的國際列車在鐵軌的另一邊。這時也顧不了那麼多了，只能跳下路基，跨越鐵軌。見到我們手裡還提著行李，警察急忙跳下路基來幫助。

從火車的設施上就可以感受到匈牙利的經濟實力。火車延誤了一個小時後終於開出，陳舊的車廂沒有空調，天氣炎熱，行駛過程中車窗大開，噪音很大。不過與我們同車廂的幾位來自美國的教授和律師都會自得其樂，看書、聽音樂。經過兩個多小時終於到了與奧地利交界的地方。大家下車轉乘奧地利的火車後感覺立刻不同，新式的子彈火車，封閉式隔音車窗，空調很舒適，座位都是現代高鐵的格局，立刻感受到國家間經濟實力的懸殊。

當我抵達維也納，打開電視，有一則歐洲新聞正集中報導著難民潮。布達佩斯成了中東難民進入歐盟的門戶，匈牙利加緊在邊界上拉起了裝滿荊棘的鐵絲網。奧地利總理法伊曼公開批評，匈牙利對待難民的手法與二戰納粹德國對待猶太人無異。匈牙利外長西雅爾多反駁稱，法伊曼的言論「誹謗」匈牙利。他似乎已經預見到這一波難民潮會源源不絕。布達佩斯似乎註定要成為歷史事件的發生地，在二戰後歐洲遭遇的最大的難民潮洶湧來臨時，它又一次站在第一線，成為世界注目的焦點。

布達佩斯，今夕是何年？

維也納：藝術和科學的精靈

位於市區的心理學大師佛洛伊德住處。居室並不
奢華，也不寬敞，現在已是佛洛伊德博物館。佛
洛伊德自1891年起，在那裡工作和生活47年之
久，當時那裡既是他的心理診所同時也是住所，
他在那裡完成了大部分著作。

　　奧地利，一個富裕而典雅的國度，從布達佩斯坐火車去維也納，在過境交界處需要轉乘奧地利的火車。正逢初秋高溫天氣，差別就更加明顯。匈牙利的火車如同中國八十年代的車廂，沒有空調，一路上車窗大開，靠窗外的風降溫，噪音更是不可避免。乘上奧地利的火車，顯然是跨越了世界的一個等級，從發展中國家進入了第一世界。子彈列車，封閉式隔音車廂，座椅寬敞舒適。走出維也納火車站的站臺，即刻就感受到這個城市的整潔和條理。車站外是一個購物中心，有許多不同口味的快餐店和商店。我最喜歡那個包羅萬象的購物超市，要什麼有什麼，裡面還有許多維也納特色食品，其中就有他們特製的香腸。我們在一家快餐店中享用了維也納特色的炸豬排，味道真不錯。

　　維也納的市區並不大，皇宮古堡、英雄廣場、博物館等主要景點都集中在市中心，多瑙河穿過市區。維也納是一個充滿藝術靈氣的城市，市中心集中了一大片頂尖的藝術人文設施，歌劇院是一個地標性建築，周邊的商業大街上布滿了飯店和商店。

一幅名畫後面的二戰故事

　　走在維也納街頭，隨處可見廣告招貼上寫著：如果沒有《吻》，千萬不能離開維也納！《吻》是維也納分離派繪畫大師克林姆（Gustav Klimt 1862-1918）的代表作，如今成了這個民族的標誌，吸引了不少遊客的視線。在一片綠色的草地上，小鳥依人的女子依偎在高大男子的臂彎中，男子溫情地親吻著女子的右頰。他們身披金色的服飾，耀眼和溫馨充溢著畫面。這幅享譽世界的名作在上美景宮的維也納國家美術館展出。不過，曾幾何時

還有一幅同樣出自克林姆之手，題為《金色的女人》的畫作才是奧地利真正的標誌，可是將近十年前那幅畫在一場官司後被來自美國的奧地利移民帶去了美國。

根據那椿官司的真實故事由美國拍攝的電影《金色的女人》中曾有一組鏡頭重溫了那幅名畫創作時的情景，畫家克林姆一邊作畫一邊與畫中的女主人有一段隨意的對話：克林姆對女主人說：你看上去不是很放鬆，什麼使你顯得緊張。女主人臉色憂鬱，悶悶不樂地說：我的心放不下來，對未來沒有把握。

畫像上美麗的女主人艾蒂兒是維也納富商的夫人，她在畫中被克林姆描繪成埃及豔后般的絕世美女。其實，那幅畫原名是《艾蒂兒肖像一號》（Portrait of Adele Bloch-Bauer I）。畫面上一個神情略顯憂鬱的中年貴婦，一頭濃密的黑髮，兩腮浮著紅暈，手腕上戴著幾串金色的手環，身披金光閃閃的金色長裙，畫家給這條長裙上鋪滿了金色的圖案，也許生活中根本沒有這樣的服裝，顯然這是畫家克林姆以其自己的獨特風格對美麗高貴婦人的詮釋。貴婦的脖子上戴著一條銀光閃閃、十分名貴的項圈，只有這個物件是艾蒂兒真實的私人物品。那幅畫完成後一直掛在艾蒂兒家的客廳裡。1925年艾蒂兒因病過世，由先生繼承的畫作在二次世界大戰期間，遭納粹強奪而去。

身為知名象徵主義畫家，克林姆創辦了維也納分離派，他的畫作中大量使用性、愛、生、死等藝術永恆的主題，然後以他自己獨具特色的象徵式裝飾花紋加以呈現，畫中的男女們大多包裹在大面積金箔覆蓋的畫面中，輝煌的畫面盡情地展現了畫家對女性的瘋狂愛戀與痴狂。喜歡他畫作的人稱讚其作品蘊含的大膽象徵寓意，但是卻也招致不少保守派畫家的負面評價。而聞名世

界的艾蒂兒肖像是他一系列金色系列中最登峰造極的一幅，畫作中使用大量的金箔展現出絢爛奪目的金色線條，交織出細膩又迷人的女性特質，而他的同期作品《吻》更是享譽世界。二戰以後《艾蒂兒肖像一號》由奧地利政府取得並在維也納國家美術館內公開展覽。這幅畫作也成為該國的世界象徵。人們只要一看到那幅畫，就想到這個美麗典雅的國家。

可是2000年，名畫的擁有人布洛赫‧鮑爾在美國的遺族與合法繼承人瑪麗亞（Maria Altmann）與態度強硬的奧地利政府展開一場纏訟六年的跨海官司，並終於贏得法院判決擁有那幅畫的所有權。可是，為什麼瑪麗亞又最終迫使奧地利政府從國家美術館的牆上摘下了國家的象徵，義無反顧地帶回美國呢？

原因是儘管奧地利政府在戰後已經承認過去的錯誤，但卻在畫作被當作重要作品展出時，沒有在說明之中對女主人的背景和畫作的命運作出清楚說明，並將畫的名字改為《金色的女人》。於是名畫中的女子被作為一個孤立的沒有身分的人物展出，無形中成為象徵著奧地利輝煌年代的符號供後人景仰。而事實卻是這幅畫的命運緊密聯繫著遭受過被迫害的猶太人在奧地利的痛苦經歷。這樣隱匿歷史的做法顯然不能得到當事人後代的認可，當合法繼承人瑪麗亞向奧地利政府提出，只要他們願意在畫作的說明中提及此畫過去曾遭奧地利納粹分子掠奪的歷史，她就願意無償將這幅畫正式捐贈給奧地利國家美術館。沒有想到這樣合理的要求卻遭到政府強硬回絕。

於是這場不可調和的官司打了整整六年，瑪麗亞在官司進行過程中，不斷地夢迴黑暗的納粹年代。她年輕時在最後的關頭和丈夫逃出了維也納，而她的父母和家人卻沒有那麼幸運，陷身於

維也納其他猶太人同樣的被歧視，被迫害的困境，最後連生命都
不保。當瑪麗亞為打官司重返維也納時，她迫使自己重新面對痛
苦的過去，面對被迫與丈夫逃亡，離開生病的父母的自責。直至
2006瑪麗亞贏得了訴訟，這時奧地利文化官員與她交涉，希望以
金錢交換把名畫留下來。在整個訴訟過程中飽受痛苦回憶煎熬和
政府官員傲慢態度的瑪麗亞，回絕了這個遲到的歉意，將畫作帶
回她的移居地美國。隨後並將名畫以1.35億美金的天價拍賣，被
收藏家羅納德勞德收藏於他在紐約市的新藝廊。《艾蒂兒肖像一
號》因此而成為當時歷史上最昂貴的畫作。瑪麗亞在完成家族使
命五年後，於2011年以94歲高齡在美國辭世。

　　後來我專程去了紐約，來到曼哈頓上城第五大道的新藝廊美
術館，它位於大都會博物館附近。新藝廊是收藏家羅納德勞德的
私人美術館，面積不大，一樓和二樓是展廳，連寬敞弧形樓梯的
牆上也掛了展品。不過走進白色磚牆上鏤花的黑色鐵門，踏上白
色大理石鋪設的階梯，你即刻可以感受到這家私人博物館的高雅
和別緻。我興致高昂地直奔這家美術館，終於在二樓正廳中見到
了被恢復了原名的名畫《艾蒂兒肖像一號》。這幅畫被懸掛在二
樓展廳的顯著位置，許多參觀者都是為該畫而來。大家輪流地在
《艾蒂兒肖像一號》前面的凳子上坐一下，仰視著畫上一百多年
前的女人，為心中的故事所感動！

曾經被遺忘的美術奇才

　　還有一位在維也納美術界獨具特色的畫家長期被人們遺忘，
他就是埃貢・席勒（Egon Schiele）。他是繼克林姆特之後維也納

分離畫派的重要人物。他最有名的一幅畫《裸男坐像》（Seated Male Nude，1910）中，真人大小形容憔悴的人體似乎是他的自畫像，一絲不掛，一手枕於腦後，膚色彷彿沼澤般泛出綠色，橙色的乳頭，還有一對暴躁、血紅的眼睛凝視著觀眾。肌肉暴突的兩腿分開成弓狀彎成一個O字形，軀體的這個姿勢正預示著情慾的能量蓄勢待發。他沒有畫出裸男的腳踝，卻讓這幅作品顯得更具獨特的風格。他的畫作在生前就頗具爭議。

席勒於1890年出生在多瑙河畔的圖爾恩，那是維也納以西約20英里的一個小鎮。他於1906年被享有盛名的維也納藝術學院錄取。該學院後來兩次拒絕了青年阿道夫·希特勒的申請。作為一名早熟的天才，席勒很快吸引了維也納分離派的領軍人物克里姆特的注意。而分離派追求的是一場涉及眾多藝術形式的革命，它的藝術宗旨便是拒絕陳舊的古典主義，拒絕沉悶的沙龍藝術。

席勒的作品富有表現力，同時非常大膽。不同於克林姆特將情色隱藏於裝飾性背後，席勒對身體進行扭曲、伸展，但同時又充滿坦率。20歲時，席勒已經被視作克里姆特的接班人。但在維也納的傳統藝術氛圍中他的裸體習作招致了輿論聲討。據說當時奧匈帝國的皇帝法蘭茲·約瑟夫見到一幅真人大小的席勒的裸體畫，感嘆道：「這真可怕！」1910年，席勒的一組作品被從展覽上撤下，原因是「淫穢」。後來警察在他屋中發現了大量「淫穢」圖像，他還被送進監獄關了24天。1918年克里姆特在55歲的年紀去世後，席勒依然被視為他的繼承人，他也逐漸受到藝術市場的歡迎。當年他最後一場展覽中畫作全部售罄。然而好景不常，1918年10月，在一戰結束前一個月，懷有六個月身孕的席勒

夫人因西班牙流感去世。同樣感染了病毒的席勒在三天後隨妻子
而去。終年28歲，可謂英年早逝。

　　埃貢‧席勒死後似乎被人完全遺忘？他的重新被發現應該
歸功於維也納眼科專家魯道夫‧利奧波德。二戰後的幾年裡，魯
道夫‧利奧波德開始購買他所見到的每一幅席勒作品。利奧波
德不是一個富豪，但他熱愛維也納分離派藝術，特別是席勒的
作品。不久利奧波德就擁有了世界上最大的席勒作品收藏。1972
年，他出版了藏品的目錄全集。使世人再次記起這位被忽略的卓
越藝術家，席勒的聲譽再次令人矚目。奧地利政府也認可利奧波
德對於席勒的痴迷，專門在維也納博物館區建了利奧波德博物館
（Leopold Museum），如今這個美術館成為全世界席勒迷的必遊
之地。

　　扭曲，古怪，深刻，從外在的扭曲中，將人的精神的內在暴
露無遺，這是他的作品留給我最深的印象。赤裸裸的肌肉塊狀突
出，充滿力量，表達得淋漓盡致，重要部位一絲不掛盡展無遺。
你站在他的畫作面前難免不被深深地震撼。

　　2013年利奧波德博物館舉辦了一個名為「從1800年至今的裸
體男子」的展覽。展覽的策展人託拜厄斯‧納特（Tobias Natter）
說，「席勒為藝術家畫裸體自畫像打開了一扇門。」幾個世紀以
來，裸體女性在西方藝術裡飽受推崇，成為眾人欣賞羨豔的主
題。而以裸男為創作對象的藝術作品卻頻遭非議。對於維也納利
奧波德博物館《裸男》（Naked Men）主題展的組織者而言，展
覽將在社會上引發爭議也在意料之中。但最終公眾的強烈抗議，
還是超出了組織者們的預料。

　　為了宣傳那次展覽，利奧波德博物館在維也納市內張貼了180

幅大型海報，海報上是法國藝術家皮埃爾·科莫（Pierre Commoy）
和吉爾·布蘭卡德（Gilles Blanchard）於2006年合作創作的攝影
作品《法國萬歲》（Vive la France）。這幅攝影作品上呈現的是
三名全裸男性和三顆足球。隨之而來的批評讓博物館管理者不得
不為防備抗議行動而製定了應急預案，並用紅絲帶遮住了海報中
球員們的關鍵部位。

　　英國《衛報》的一位撰稿人的報導中寫道：「我很幸運，能
夠親眼見識這場展覽，並且擁有充裕的幾個小時徜徉在作品前。
席勒繪畫的關鍵在於他對於線條的自信。在展廳裡，我仔細研
究了這些作品──盡可能近地觀察它們。席勒下筆時沒有任何猶
豫，一氣呵成。無論用哪一種筆──鉛筆、蠟筆或是炭筆──他
都是直接而有力的。這與克林姆特縹緲、粗略的勾勒截然不同。
觀眾可以清楚看到席勒堅決而不羈的筆觸的流淌，短短幾秒鐘，
就描畫出翻捲的頭髮、褶皺的衣角、臀部的曲線。」

　　先後有60多名裸體藝術愛好者參觀了那個展覽。其中男性的
參觀者占絕對優勢。一名裸體參觀的40歲女性電腦工程師說：我
在這裡相當吃香，因為周圍只有男性。

走進佛洛伊德故居

　　在維也納市區中有不少名人故居，在阿爾瑟格倫德區，我
順著街道走進居民區，街道並不寬闊，兩邊的民居顯然有些年頭
了，四五層高，一幢連著一幢，之間都沒有間歇。穿過厚重的
門，登上寬敞和彎曲的樓梯，來到三樓，我輕輕敲著兩扇紫色
的木門，那就是心理學大師佛洛伊德的住處。居室並不奢華，

也不寬敞，現在已是佛洛伊德博物館。佛洛伊德自1891年起，在那裡工作和生活47年之久，當時那裡既是他的心理診所同時也是住所，他在那裡完成了大部分著作。1933年納粹執政後迫害猶太人，他們在柏林公開燒毀佛洛伊德的著作，佛洛伊德的所有著作都被禁止出版。一直到1938年維也納被占領，佛洛伊德仍不願離開。最後，由於他女兒安娜‧佛洛伊德被捕，他的房屋屢遭納粹匪徒搶劫，才不得不去了倫敦。隨後，佛洛伊德得到他的病人和朋友，拿破崙家族的瑪麗‧波拿巴公主的資助，公主花了一大筆錢，把他一家老小從納粹黨手上贖出來。1938年6月4日，他經過法國巴黎到達英國倫敦的漢普斯特。當他離國時被德軍要求簽署一份曾被納粹黨敬重、善待的聲明。佛洛伊德有幸離開了維也納，但他的左鄰右舍們就沒有那麼幸運，許多人最後都被關進了集中營死在那裡。佛洛伊德的四個妹妹也都在奧地利遭納粹分子殺害。

當時佛洛伊德住的街區，左鄰右舍大多是猶太人。我站在那條寧靜的街道上忽然想起看過的波蘭電影《戰地琴人》（The Pianist），其中的一個畫面血淋淋地表現了納粹迫害猶太人的血腥和殘酷。

在猶太隔離區中，有一天一個猶太家庭正在吃晚餐，納粹的軍車突然闖入，手持衝鋒槍的德國軍人衝上了公寓樓房，衝進了這個猶太家庭。納粹軍官喝令他們站起來，其中一位坐輪椅的老人連病帶嚇怎麼也站不起來。只見納粹軍官一揮手，兩個士兵上去，二話不說把老人推到陽臺上，連人帶椅一起從高處扔了出去。老人和輪椅在半空中分開，重重地摔落在石頭街道上，肝腦塗地。家屬的驚詫哭聲還沒有消失，又有十幾個猶太人被驅逐到

樓外，被喝令沿著警車的燈光奔跑，在半途中，德國士兵突然對著人群瘋狂掃射，猶太人一個個倒在血泊中……

走進故居的門廳，放著一張沙發供病人候診。他的工作室中，辦公桌後的窗架上掛著一面極普通的長方形鏡子。展出的歷史照片中有一幅當年佛洛伊德坐在這面鏡子前工作的照片。他的坐姿很有個人特色，閱讀和工作時，喜歡側著身子斜躺在椅子上，因此他坐的椅子是請人按照他的要求特製的。他瘦長的面容總是顯得異常嚴肅，目光機警地註視著前方。他應該是一個緊張型的人，每天要抽一盒雪茄。

佛洛伊德出版的著作《夢的解析》和《圖騰與禁忌》透過對人類各種極端心理情緒的研究，發布了獨具個人特徵的三大發現：夢是潛意識中慾望的滿足；伊底帕斯情結——兒子的戀母情結是人類普遍的心理情結；兒童具有性愛意識和動機。不論我們是否贊同他的發現，他的理論已經影響了人類八十多年。

1923年春，佛洛伊德被診斷患了口腔癌，這可能與他每天大量抽雪茄的習慣有關。即使在癌症被發現後他仍沒改變抽雪茄的習慣。在隨後的六年中，他接受了很多次手術。即使很痛苦，仍然拒絕使用止痛藥。在生病期間他繼續為病人診療和著書立說。1939年9月23日在倫敦時，他因下顎癌而要求安樂死。

金色大廳的音樂盛宴

在市中心歌劇院的周邊有許多餐館，傍晚時分我們在街道上悠閒地散步。這塊美麗的土地曾經居住過那麼多傑出的藝術人才，尤其是音樂家更是如數家珍般，可以列出長長的一串名字。

貝多芬、莫札特、史特勞斯等等歷史上著名的頂尖音樂家都與此
地有關。

　　音樂家們在暑期通常有較長的假期。我去時是9月初，他們
的假期剛剛結束。我購買了金色大廳新一季莫札特和史特勞斯交
響音樂會首場的票。那天傍晚這座城市難得下起了小雨，在久旱
之後迎來了一個溫馨的雨夜。踏著濕漉漉閃光的路面，我們穿過
一個街心公園向金色大廳走去。

　　金色大廳是維也納愛樂樂團常駐地。位於奧地利皇家音樂之
友協會大樓中，金色大廳始建於1867年，1869年竣工。是義大利
文藝復興式建築。外牆黃紅兩色相間，屋頂上豎立著許多音樂女
神雕像，古雅別緻。維也納交響樂團每個音樂季在此舉辦12場音
樂會。金色大廳共有1744個座位，300個站位。

　　金色大廳以其內部裝飾的金碧輝煌而聞名世界，走進劇場所
見正是這一片金黃。劇場中的座椅顯出了傳統的色彩，簡單的木
製翻椅，座位也並不十分寬敞。大廳的頂部頗高，使我想起了在
巴黎和威尼斯看見過的皇家宮殿中的大廳，許多宮殿的大廳是空
著的，而牆上的歷史照片展示的就是昔日舉行盛典派對的照片。
置身於金色大廳，我感受到了這種氛圍。四壁裝飾得金碧輝煌，
頂部還鑲嵌了一幅幅巨大的壁畫。8盞掛鈴形狀的水晶吊燈有規
則地排列著，把四壁照得輝煌燦爛。我坐在二樓的大廳中，注意
到演出過程中包廂中坐在第二排的觀眾都站起身來。幕間休息時
就去那裡串門，實地體驗了一下，才發覺第二排的視線被前排遮
擋了，難怪他們始終站著。並且，走近舞臺才發現，所有的麥克
風都掛在懸空中的幾條黑線上。遠處看不見，可是坐在臺側就一
目了然了。畢竟有些礙眼。

　　整場音樂會的氣氛是歡快的，交響樂結合著男女聲獨唱合唱，將莫札特和史特勞斯歡快的音樂融合在一起，充滿了輝煌的大廳。這些音樂都是我們熟悉的，歷經歲月傳之久遠。我曾經有幾次在音樂的進行中閉上眼睛，享受那純粹屬於聽覺的世界。那個世界是華麗的，具備生命力的。而這樣的音樂傳遞了幾百年依然具備頑強的生命力。

　　當天的指揮是一個幽默的人，他揮舞著手勢指揮觀眾跟著他的拍子鼓掌，於是在充滿互動的樂曲演奏中，臺上臺下融為一體。我想這應該是莫札特等前輩音樂大師們渴望的效果。音樂，在那個夜晚將來自世界各地的旅遊者融合在一起，大家共同陶醉在大師音樂的美麗氛圍中。

　　音樂會結束後已是午夜，雨停了，踏著濕漉漉的路面，在燈火依舊輝煌的市中心行走，感受到曾經去過的許多繁華都市的氛圍。人流逐漸少了，肚子有些餓了。前面的地鐵站附近有一個依然亮著燈火的快餐店。少許從音樂會出來的人站在店前的小桌前慢悠悠的吃著簡單的快餐。我們加入了那個行列，點了一些香腸和豬排。店長俐落地將半成品放進烤箱或是微波爐中加熱，很快就遞到客人手裡。夜晚的維也納是安靜的，在夜色中望著不遠處的城市地標歌劇院，想到多少藝術和科學的精靈曾經飛揚在這片土地上，我無數次將目光投射在黑色的夜空中，渴望與先賢們交集。

薩爾斯堡：莫札特的童年往事

在莫札特博物館的大廳裡，我看見他曾經用過的古鋼琴。幾百年前樂器的設計居然那麼簡樸，體積不大，袒露著原色的木質，可是卻由天才兒童彈奏出絕妙佳音。我從講解器的錄音裡聽到了莫札特的樂曲，琴聲悠揚。

　　走在薩爾斯堡（Salzburg）的街道上，我如同穿越中世紀。看到路邊有一處花團錦簇的白色建築，順道彎進去，一幢巴洛克風格的豪華建築前面，草地上盛開著艷麗的鮮花，每一簇花卉都被組合成優美的弧線，鐫刻在濃密的綠草地上。這就是赫赫有名的「米拉貝爾宮」，這是薩爾斯堡總主教沃爾夫‧迪特里希在1606年為他的情人所建造的宮殿和花園，當時以這位情人的名字命名為「阿爾滕奧宮」。沃爾夫‧迪特里希的繼任者為了抹去這段不便直言的故事，將其改名為「米拉貝爾宮」。「米拉貝爾」在義大利語中的意思是「驚人地美麗」。也是這驚人的美麗為我揭開了薩爾斯堡的面紗。花園中雕塑、噴泉和美麗的花卉相望，與花朵的艷麗形成鮮明反差的，卻是歲月在每一尊雕塑上留下的雨與雪的痕跡，一道道烏黑的水痕掛在壯士的臉上和風韻婦人的胸部，或許這就是穿越了歷史的美的留存。遠望不遠的山上，中世紀的城堡巍然聳立在山巔上守望著這座城市。

莫札特的童年往事

　　在維也納金色大廳聽完莫札特的音樂會，第二天一早我就起程坐火車前往他的出生地薩爾斯堡。走在老城的街道上，石板路面將我引向廣場上矗立的莫札特銅像。年代真有那麼久遠了嗎？數百年了，銅像站在廣場中央，風吹雨淋，金黃的銅色已經被厚厚的墨綠色覆蓋。

　　在糧食大街的一幢三層樓高的黃色公寓中，我找到了莫札特的故居，35歲的生命中他曾經在這座城市中生活了超過一半的歲月。上樓前我先進入後院，仰望著二樓他家的後窗，似乎能從那

裡聽見幼年莫札特的琴聲和見到他探頭張望的小臉蛋。現在這幢建築中設立了莫札特博物館，走進大廳首先看到的是他曾經用過的古鋼琴。幾百年前樂器的設計居然那麼簡樸，體積不大，袒露著原色的木質，可是卻由天才兒童彈奏出絕妙佳音。我從講解器的錄音裡聽到了莫札特的樂曲，琴聲悠揚。我閉上眼睛，與他的距離似乎近了。

尚還是6歲的莫札特，就時常由擔任宮廷樂師的父親帶領著，與姐姐一起從門前坐上馬車長途跋涉，四處去討生活。一張地圖顯示了莫札特幼年隨父親出行的蹤跡，他們去維也納，然後德國、義大利，英國、法國、捷克⋯⋯歐洲的許多地方都留下了他的足跡。當時成功音樂家的生存方式就是設法在大教堂或是皇家宮廷的音樂團中找到一席位置。6歲神童莫札特從小就在父親的嚴厲督導下開始了這種尋找生計的行程。出行就是一輛馬車，馬車承載得了莫札特所有的童年歡樂嗎？可是，馬車中的空間太狹窄了，父親的威嚴已經占滿空間，哪裡還有他的歡樂？下了馬車走進達官貴人中，在挑剔的目光中表演。然後聽候他們嚴苛的評論，這就是莫札特幼年的生活。時常一路顛簸，結果卻掃興而歸，很顯然他與普通孩子的童趣歡樂無緣。

也許正是這種密集緊張的生活，培養了莫札特自小就有一顆孤傲的心，這顆心似乎與他的音樂天才相伴而生，日益長大。他太早地被放在求生的嚴酷社會環境中，可是卻孤傲不變，與生俱來的傲骨從來不曾磨得圓滑，他十分討厭那些不懂音樂的達官貴人，遇有看不上的，他甚至不願意為他們觸動琴鍵。

當莫札特首次來到維也納皇宮時，一位曾經參與莫札特求職音樂會的人士留下一段這樣的敘述：當孩子們演奏時，觀眾幾乎

不敢相信自己的眼睛和耳朵。莫札特的傑出表現，震驚全場。當皇帝要求他用一根手指演奏時，他毫不猶豫的照做了。乾淨俐落地彈奏了好幾首曲子，讓在座的每一位大吃一驚。在他當時的年紀，已經可以看出他個性中的倔強，似乎他素來蔑視來自高貴者的讚美，尤其若是他們對音樂缺乏品味，他甚至不屑於為他們演奏。

莫札特16歲時，曾經在故鄉為當地的大主教演奏。薩爾斯堡仁慈的大主教史拉頓巴赫突然去世了，繼位者柯羅瑞多大主教是個嚴肅而高傲的人，他不喜歡四處活動的莫札特父子，在他眼裡，他們不過是兩個自視清高的小人物。為此他只給了莫札特一個薪俸微薄的小職位：樂長手下的宮廷樂師。加上他無端地討厭小個子的人，而莫札特又長不高，最後他們不歡而散，從此莫札特決心離開這個令他極度厭惡的故鄉。21歲時，大主教不允許他父親離開，莫札特只能和母親啟程前往慕尼黑。莫札特抵達慕尼黑便與巴伐利亞選帝侯在宮廷會面，呈上自己過去的成績單，謙卑地請求予以任用，言談間他坦率直言：自己在薩爾斯堡的不愉快，今後再也不想回去了。誰知說者有意，聽者無心，選帝侯敷衍說樂團並不缺樂師，隨即揚長而去，留下莫札特失望的身影。

從24歲開始莫札特在維也納住了九年，在那裡為宮廷作曲演奏。那是他創作最豐盛的時期，他創作了大量的作品，流傳至今。他一生曾有六個孩子，可惜四個夭折。自己也在35歲時病亡。

我在莫札特的故居中感受著他的真實生活氛圍，才有機會了解了那個時常在二層樓出沒的孩子的生活。他天才絕倫，可是相貌上並不像畫像上那麼美貌。他個子矮小，只有一百五十幾公分，身材瘦弱，幾乎就像一個永遠長不大的孩子。還有一種說

法，他也不是特別矮，不過他常出沒於王公貴族和富裕市民的社交圈，這些人因為生活條件好而身材高挑。因此，在這些人群中，莫札特顯得特別矮小。而且他的容貌也並不俊美，他有一個大大的鼻子，臉上有不少天花後留下的斑痕。黃頭髮，常常戴著銀白色的假髮遮蓋。可是就是這樣一個充滿瑕疵的生命軀體，卻創造出行雲流水般的暢想曲、如歡快小鹿跳動的進行曲，以及更多充滿生命奇幻的大樂章。

莫札特活著時是清高和孤傲的，可是他身後也無奈被故鄉的商家用作商品的廣告。走在薩爾斯堡的街道上，隨處可見廣告招貼上莫札特手舉著當地的特產衝著遊客微笑。一款以莫札特名字命名的巧克力由薩爾斯堡的宮廷糕點師在1890年發明，錫箔包裝紙上印有莫札特的肖像。

古典油畫般的鄉村景色

薩爾斯堡不僅是音樂天才莫札特的出生地，也是現代著名指揮家赫伯特・馮・卡拉揚（Herbert von Karajan）的故鄉，薩爾斯堡老城在1996年被聯合國教科文組織列入世界遺產名錄。每年夏天都會舉行薩爾斯堡音樂節。音樂節期間全世界的傑出音樂家蜂擁而至，城市的山谷、河邊到處都蕩漾著樂聲。

站在薩爾斯河邊眺望古城和山上的城堡，蒼翠的大自然中，兩岸黃白相間的建築散發著遙遠中世紀的氣息。1965年好萊塢在那裡拍攝了電影《真善美》（The Sound of Music）。從此一個薩爾斯堡修女瑪麗亞・馮・特拉普的故事傳遍世界。二戰時，這位修女憑藉著自己的歌聲，帶領一群孩子巧妙擺脫德國納粹，翻山

越嶺逃離被占領的奧地利。我們搭車經過的教堂、湖泊和豪宅裡到處都留下了當年拍攝的足跡。

走出薩爾斯堡，一路上山巒忽遠忽近，奧地利的鄉間是美麗的，沿途是大片翠綠的田野，深色的民居點綴在綠色的田野和茂盛的綠樹叢中，這些民居顯然是農人居住的，面積頗大，外形典雅。這樣的鄉村景色在中國內地沒有見過，美國西部的鄉村色彩和線條也沒有那麼豐富。那種感覺彷彿眼前滑過的是一幅幅色彩絢麗的歐洲古典油畫。

剛說古典，路上又偏偏閃出一座現代感極強的玻璃建築，門前立著一群抽象感十足的奔騰的牛群藝術造型。原來那是世界著名的運動飲料品牌紅牛的總部。紅牛公司的總部與生產線設址於奧地利的濱湖富施爾（Fuschl am See），是個距離薩爾斯堡不遠、人口一千三百多人的小鎮。

紅牛原本是一位華裔泰國商人許書標在1966年在曼谷創設的一個機能性飲料品牌，產品經常被夜班工人、長途貨運司機或泰拳選手拿來當作提神與健身用。1985年時，曾在亞洲地區分公司任職的奧地利商人迪特利希‧馬特希茨（Dietrich Mateschitz）因為對這款飲料的喜愛，加盟與許書標合資創立紅牛公司，由他負責將產品推銷到亞洲以外的市場。馬特希茨加盟後，為了增加產品在歐洲市場的競爭力，他對紅牛飲品的配方進行了改造，加入了碳酸，而變成一種氣泡飲料。歐洲市場似乎對氣泡飲料情有獨鍾，就連平日喝的白水，也加入了碳酸，一入口中，微辣微苦，感覺無數的氣泡與你的味蕾互動，口感十分新穎。

哈爾施塔特：湖邊的人間仙境

乘坐纜車登上高山，從400公尺高處鳥瞰山川湖水，首先被那一大片清澈碧藍的湖水吸引。偶有一艘擺渡船從對岸緩慢駛來，無聲地在湖面上劃出一道白線。湖邊依山而建的小鎮，如同一堆積木，那麼精緻微小。

　　從薩爾斯堡往東南方向70公里，有一片波平如鏡的湖，湖邊有一個七千多年歷史的小鎮，叫哈爾施塔特（Hallstatt）。該小鎮的平地面積很小，十多分鐘就可以逛一圈，可是周圍的山水卻如人間仙境般，充滿了自然的寧靜和博大。相比起兩岸高聳的山脈，和兩山之間寬敞、清澈的河水，小鎮更顯出寸土寸金的精緻。

　　我乘坐纜車登上高山，從400公尺高處鳥瞰山川湖水，首先被那一大片清澈碧藍的湖水吸引。偶有一艘擺渡船從對岸緩慢駛來，無聲地在湖面上劃出一道白線。湖邊依山而建的小鎮，如同一堆積木，那麼精緻微小。在那個瞬間，世界似乎是靜止的畫，遠山的雲，早晨時似還遮蔽著陽光，這時已經退到一邊，陽光普照四野。山巒蔥翠欲滴，我們在綠色中漫步，呼吸著清新的空氣。駐足遠眺群山與湖泊，想像著腳底下山的深處就是豐富的鹽礦。

　　哈爾施塔特以鹽著稱。遠古時代，山上的岩石還被海水覆蓋著，經過滄海桑田的地質變遷，海鹽留在了岩石裡。鹽在當地被稱為白金，在當年的作用如同今天的石油，在古時候是非常值錢的物資。該地是世界上最古老的鹽坑，中世紀皇家領地，這座小鎮有「鹽礦寶地」之稱。從西元前900年起，就開始開採，為了開採山鹽，鹽礦工人每天要爬上400多公尺高的山峰，再下滑到深深的山礦底部，敲打下一塊塊含鹽的山石，再將重重的山石背出礦井，背到山下，用蒸餾的方式將鹽析出、烘乾。歷史上為了爭奪鹽的資源，統治者不惜發動戰爭。鹽也始終是當地主教和貴族的首要經濟來源。同時也為維也納皇室帶來豐厚的財政收入。至今那裡還有一個鹽礦在運作並對遊人開放。

　　從山上下來，在小鎮中散步，哈爾施塔特小鎮依山而建，山崖上的民居都是木結構的，有些像中國湘西的吊腳樓，不過吊腳

樓建於水邊，這裡的屋子卻建於山崖上，下面有木柱支撐著，上面的橫梁鑲進了山體。就是在這麼有限的空間中，當地人卻把自己的家裝飾得美輪美奐。每一棟民居都是一幅獨特的風景，窗櫺上花團錦簇，花枝招展，紅橙黃綠藍靛紫，色彩紛呈。站在樓群前，你注目於美麗的窗口，正當你感嘆那番美景時，也許在小木屋裡，正有一雙眼睛在看著你呢？恰如卞之琳的詩描繪的：「你站在橋上看風景，看風景的人在樓上看你。」窗前窗外都是風景。

　　當地居民七百多人，生活過得有滋有味，人們死後的安排也別有一番風情。哈爾施塔特人有一個風俗，所有逝去的人在埋葬十年後骸骨都將被移出墳墓。人們將死者的頭骨及一些較大的骨頭取出，暴曬數週，直到骨頭呈現出柔和的象牙白色，之後在上面繪出死者的名字、逝去的時間，還有各種裝飾花紋，常見的有棕色花紋、綠色花朵、樹枝等。為了表達對死者的哀悼，且方便後人憑弔，這些美麗的骨頭被放在墓地對面的聖米高骸骨教堂裡。

　　聖米高教堂建於西元748年，內有三個不同時期建造的祭壇，數百年來，這裡放置了大約1200顆頭骨，其中有610個經過彩繪裝飾。為了區別，有的頭骨上貼標籤，有的繪上裝飾紋樣。據了解，這樣的做法已有1600餘年歷史。小鎮的半山上，有個彷彿從山腰平臺上伸展出來的墓地，各種植物的襯托下，豎立著一個個木頭的墓碑，刻有各樣藝術造型，墓地的美麗和藝術性實在罕見。

　　看著那一顆顆經過裝飾的頭顱，倒是沒有恐怖的感覺。我想到也許這些人中有不少是開採鹽礦的，他們常年出沒於深山中

的鹽坑，遠離人群。被我們這般稀罕的自然美景，對於他們就如同空氣和陽光那麼自然，也不稀罕。死了，埋在自己的家門不遠處，如同生命的輪迴，重新歸於平靜。

在哈爾施塔特湖邊漫步，在花街上的木椅中小坐，在路邊的民居中購物，忽然聽見遠處傳來一陣法國號聲，吹奏著動聽的音樂。急忙起身循著樂聲去到湖邊，一支管弦樂隊坐滿了一條小船，蕩漾於接近傍晚的空濛湖光山色中，船後有兩隻白色的天鵝悠哉遊哉地跟著游去。

布拉格：卡夫卡的故鄉

布拉格天文鐘主要由天文鐘盤、日曆儀和「使徒窗口」三部分組成；每逢整點，天文鐘上方的「使徒窗口」便自動打開，聖雅各、聖彼得等耶穌12信徒依序現身，側面的雕像便會牽動銅鈴鳴鐘，最後以雄雞啼鳴而結束。布拉格天文鐘堪稱奇特精緻的稀世珍品，數百年來，不僅遊客經常在此駐足停留，從世界各地來的鐘錶設計者、數學及天文學研究者也絡繹不絕。

　　抵達布拉格是秋天的傍晚，討價還價坐了一輛計程車來到老城區。住進一家位於餐館樓上的民宿。30多平方公尺的房間，兩公尺高的屋頂。裝修得很雅緻。這幢建築好像也有500年的歷史，也就是說莫札特的爺爺輩時這幢房子就已存在。當我在酒店中安頓好，沿著石子路走向布拉格廣場，天色已暗，廣場上人潮不斷。

布拉格廣場

　　廣場上的燈光是昏暗的，一排被燈光照成桔色的建築上，聳立起一座直刺雲天的青黃色的哥德式教堂——泰恩教堂。教堂頂端兩座黑色的尖頂直刺雲天，周圍六七支黑色的柱子上的點點白光，使得那些柱子看上去如同暗夜裡燃燒的鬼火一般。而在教堂左側的廣場上，矗立著思想家和宗教改革家胡斯的高大雕塑。儘管這尊雕塑也因為歲月的侵蝕，布滿了深綠色的鏽跡，但在整體昏暗的光場上，卻如一股昂然之氣矗立在那裡。

　　胡斯出生於1370年，是布拉格一位有影響的哲學家、宗教家與改革家。曾擔任布拉格大學的校長，是宗教改革的先驅。1415年他提出反對羅馬教宗販賣贖罪券。那還了得，簡直是要翻天了。1415年7月6日在德國西南角的康斯坦斯，教廷舉行會議以火刑將胡斯處死。可是教廷萬萬想不到，一人倒下了，卻激勵了千千萬萬人站起來。胡斯的死引爆了一場曠日持久的胡斯戰爭。支持胡斯的地方貴族及民眾起兵對抗羅馬天主教會以及支持天主教的羅馬帝國中央政府。戰爭持續了十多年，至1434年才結束。到了19世紀，胡斯成為反抗哈布斯堡王朝統治的標誌。第一次世界

大戰期間，正逢胡斯逝世500週年之際，胡斯雕像完成。在後來的社會抗議活動中，胡斯雕像所立之地也成為社會集會抗議的重要場所。

在這座光線昏暗，視如鬼城的廣場另一邊密密麻麻地布滿了遮陽棚下的露天餐廳，人頭攢動的餐廳給廣場帶來了生氣。我們即刻在那裡選了一個雅座就餐。大快朵頤捷克的豬肉料理，暢飲當地色澤醇黃清冽的啤酒。在酒與美食的作用下，視如鬼城的廣場，顯示出了不夜城的勃勃生氣。

第二天陽光燦爛，這時候再回到布拉格廣場，回望昨夜景色，才真正領教了布拉格多彩多姿的歷史沉澱。在陽光照耀下，古老的建築披上了金光，厚重的城市肌膚似乎即刻煥發了青春。羅馬式、哥德式、文藝復興、巴洛克、洛可可等各種風格的建築融彙在一起，不愧於世界建築博覽會的稱號。位於廣場入口處的70公尺高的鐘樓上跳動著聞名於世的天文鐘。

布拉格天文鐘主要由天文鐘盤、日曆儀和「使徒窗口」三部分組成；每逢整點，天文鐘上方的「使徒窗口」便自動打開，聖雅各、聖彼得等耶穌12信徒依序現身，6個向左、6個向右，側面的雕像便會牽動銅鈴鳴鐘，最後以雄雞啼鳴而結束。居於中間的天文鐘盤是核心部分，它是一個展示宇宙初態的簡單天象儀，鐘盤上發光的金色部分代表「太陽」，銀色的圓球代表「月亮」。

這座已有600多年的古董鐘至今仍然分秒不差，許多當地人經過這裡都會停下來，以天文鐘為準校正自己的手錶。曾經有傳說天文鐘是由鐘匠哈勞斯製造的，並傳說他被國王挖去雙眼，以防止他再製造同樣的鐘。其實這座中世紀天文鐘的數學模型是1410年查理大學教授簡·安卓雅（Jan Ondrejuy）設計的，這位數

學兼天文學教授與皇家鐘匠密庫拉什（Mikulas）合作完成了天文鐘的製作。而哈勞斯及其助手只是後來幫助維修過，天文鐘下面的日曆儀、上面的「使徒窗口」及兩側的雕像都是17世紀之後添加的裝飾部分。

天文鐘下面的日曆儀共分3圈，最外圈示意一年365天、中圈是12幅表示月分的圖畫、內圈為12星座、中心則是布拉格的城徽。布拉格天文鐘堪稱奇特精緻的稀世珍品，數百年來，不僅遊客經常在此駐足停留，從世界各地來的鐘錶設計者、數學及天文學研究者也絡繹不絕。

卡夫卡的文學世界

走過古鐘樓，約一分鐘就見到一幢外觀別緻的樓房，外牆上黑底色上凸顯著一尊尊以古希臘神話為題材的文藝復興式人物灰泥刻，那座樓被稱為「分鐘屋」，捷克作家卡夫卡曾經在那裡度過了少年時期。他的三個妹妹都在那裡出生。除了短暫出差和外出療養，卡夫卡一生幾乎都在布拉格度過，他常對朋友感嘆：「布拉格是我『帶爪子的母親』。你看，這裡是我的中學，那邊是我的辦公室……我的生活就在這個小圈圈裡。」

照片上的卡夫卡濃眉大眼，眼睛是灰藍色的。他褐色的臉表情豐富，充滿了生命力。他能說捷克語和德語，不過更多的是德語。卡夫卡當時在離家不遠的保險公司工作，可是就本性來說，他又十分討厭那份機械式的公務員工作。他鍾情於寫作，父親卻並不支持他的喜好。於是他只能利用業餘時間埋頭於自己的小書房，沉浸在自己的文學世界中。

　　他的小說展現的是一個獨特世界：在《變形記》中，一個旅行推銷員薩姆沙一覺醒來突然發現自己變成一隻使家人都厭惡的大甲蟲。情節荒誕，可是小說主人與周圍人際關係的疏離和隔閡，正是卡夫卡真切的人生感受。卡夫卡曾描述：我的童年是一個謎，我的生活圍繞著：死去的兄弟，有距離的妹妹，冰冷的家庭教師，尖刻的廚師。世界充滿了恐懼和有罪感，父親的手無處不在，留給做兒子很小的空間。而成年後，他曾經交往了四位戀人，卻都無一走進婚姻禮堂。他的其中一位戀人，最後也死於納粹的集中營裡。

　　卡夫卡曾說：「光亮也許把人從內心的黑暗中引開。如果光征服了人，那很好。如果沒有這些可怕的不眠之夜，我根本不會寫作。而在夜裡，我總是清楚地意識到我單獨監禁的處境。」他也就是在屬於自己的那個沒有光亮的孤獨世界中，將心中最奇幻的感受抒寫在作品中。他與社會的隔閡和自我孤獨，日後成就了他的作品成為現代主義文學的典型標誌。也許在周圍人們的眼中，他就是一隻不幸的甲蟲。

　　他的另一部未完成作品，長篇小說《城堡》中，土地丈量員K在深夜抵達。整個村莊被厚厚的積雪覆蓋。在濃霧和黑暗的籠罩下，絲毫看不見城堡山的影子。K仰望著面前的迷茫。他接受了指令而來，可是他來了之後卻沒有人承認他的身分？K在象徵神祕權力或無形枷鎖統治的城堡面前欲進不能，欲退不得，只能坐以待斃。

　　布拉格的居民中大多是捷克、德國和猶太人。而猶太人集中在河東岸的舊城區，與其他的社會族群有著明顯的隔閡。卡夫卡寫給友人的信中是這樣描述猶太作家當時的處境：「作為一個猶

太作家，生活始終受到三個不可能的因素困擾：不可能不寫作，卻不可能用德文寫作，更不可能寫出不同的主題和風格。基於這些無法迴避的困擾，在當時對於猶太文化的壓抑環境中根本無法寫作。」卡夫卡終身生活在布拉格猶太人身分認同的矛盾中，艱難地走著他的文學道路。

遺憾的是，卡夫卡的大部分作品既無題目又無結尾。他不停地寫作，又不停焚燒自己的作品。臨終前，他竟給朋友布洛德留下了遺囑：將其全部手稿付之一炬。幸好布洛德沒有遵照他的囑託，卻將他的未定稿作品《美國》、《審判》和《城堡》定名後出版，才使這位現代主義文學流派的鼻祖名揚四海，流傳至今。美國作家W・H・奧登說：「就作家與其所處時代的關係而論，當代能與但丁、莎士比亞和歌德相提並論的第一人是卡夫卡……卡夫卡對我們至關重要，因為他的困境就是現代人的困境。」自那以後，世人就用「卡夫卡式」來形容生活中的荒誕。卡夫卡生活的19世紀末期，猶太作家的無奈從他的作品中淋漓盡致地表達出來。

卡夫卡的另一個住處是位於古城堡附近的黃金巷22號。憂鬱、孤僻的卡夫卡不堪舊城區的喧鬧嘈雜，有一段時間他的一個妹妹在那裡租了一間屋，卡夫卡常常在下午和晚上到那裡去寫作。這裡與東岸的舊城區隔了一條伏爾塔瓦河，如今作為他的故居開放。故居中開了一家書店，其中有不少印有卡夫卡頭像的圖書，卡夫卡所有的著作在此都有銷售。那裡離布拉格著名的查理橋較遠，這一點對卡夫卡而言，雖然遠離了喧囂的古城可以安心寫作，可是在他心中，那座查理橋卻又是他生命中靈感的源泉，所以沒過多久他又回到了查理橋附近的地方居住。直至他病將不

治時，還向身邊的友人表示：「我的生命和靈感全部來自於偉大的查理大橋。」

卡夫卡去世後，當年還是17歲中學生的雅努斯出版了著名的回憶錄《卡夫卡對我說》，雅努斯在書中寫道：「我經常會為卡夫卡如此鍾情查理大橋而吃驚，他從3歲時便開始在橋上遊蕩，他不但能說出大橋上所有雕像的典故，有好多次我甚至發現他竟在夜晚藉著路燈的光亮在數著橋上的石子⋯⋯」

也許是這個緣故，現在在查理橋西岸設立了一個卡夫卡博物館。在那個布設雅緻的展館中，陳列了許多實物。卡夫卡有寫日記的習慣，流暢纖細的字跡從頭至尾填滿了紙面，他的鉛筆畫也是線條簡潔，卻生動傳神。

查理大橋

查理大橋離我住的酒店也就500公尺左右，了解了這座大橋在卡夫卡生命中的意義後，我無數次地徘徊在橋的上下。查理大橋（Charles Bridge）是布拉格人在伏爾塔瓦河上修建的第一座橋梁，距今已有650多年歷史。查理大橋以其悠久的歷史和建築藝術成為布拉格最有名的古蹟之一。查理大橋這座歐洲最古老的橋上有三十尊聖者雕像，都是出自捷克17-18世紀巴洛克藝術大師的傑作，被歐洲人稱為「歐洲的露天巴洛克雕像美術館」。現在這些雕像的原件都已經保存在博物館內，橋上的已經換成複製品。

走過歐洲許多地方，發現那裡的人們有一個傳統，據說只要用心觸摸雕像，便會帶給你人生的祝福。因此，許多地方都可以

看到那些銅質雕像上有某個部位會被人們反覆觸摸，以致發光發亮。在布拉格古堡中見到的一個裸體男孩，他的私密部位就被摸得發出金黃的光亮。同樣查理橋上的一些銅像的某些部位也同樣已被遊人摸得發亮。

其中橋右側的第八尊聖約翰‧內波穆克雕像，是查理橋的守護者。傳說當年這位主教因為拒絕向國王洩露皇后懺悔的內容，而被憤怒的國王從查理斯大橋上扔進伏爾塔瓦河。而當他即將被河水淹沒時，天空中奇蹟般地出現五顆燦爛的星星。後來聖約翰‧內波穆克被視為捷克的聖徒。在橋中部位置上有一個金色十字架，那裡就是當年聖約翰被從橋上扔下的地點。在聖約翰‧內波穆克雕像底座上有兩塊銅浮雕，左為「王后懺悔圖」，右為「聖約翰主教被扔下河的情景圖」，兩塊銅浮雕和聖約翰主教被扔下河地點的十字架銅像都已經被求好運的遊人摸得金光發亮。

有一個傳說，查理大橋使用波希米亞砂岩建造，為使得橋體堅固，用來黏合石塊的灰漿中加入了雞蛋。歷史上這一傳說沒有得到證實，後來進行了科學實驗，檢驗灰漿的無機和有機成分，才證實了建橋的灰漿中確實使用了雞蛋。「二戰」期間，當沉重的坦克從橋上碾過，橋依然穩如泰山。現在查理橋成了遊人最多的地方，與橋上年久發黑的三十尊雕像相映成趣的，是無數藝術品小攤，手工藝人們在此銷售他們的作品。

從城堡山上下來，跨過查理大橋，順著老城的石子路走進阡陌小巷，這一路上，會看到很多有趣的地方，真正顯示了布拉格文化的多元和豐富。而這正是今天的布拉格人引以為豪的。

距離橋頭不遠，就是中世紀刑具展，女兒在裡面一一尋找著高中時歐洲歷史課本上了解到的殘酷刑具，裡面都有展出。穿過

布拉格廣場繼續南行，沿路看見一家性博物館，裡裡外外的裝飾都是紅色，電視裡不斷播放標語Sex is fantastic（性愛棒極了）。小演播廳循環放映著歷史上最早的A片，1925年拍攝的默片，每秒約為16幀，而不是現在的30幀，所以男女主角的動作總像快進動作那麼滑稽。那個時代的A片演員身材肥胖而壯碩，沒有什麼美感可言。展品中有不少各個時代的性器具展示，這些物品也許在西方的世界中並不稀罕，目的都是為了助性。可是展館中還展出了古代為了禁慾所製作的如貞操帶等男性強加於女性的器具。特別不可思議的竟然還有父母控制青少年性慾的設置。其中有一個環用來放在青少年男孩的生殖器上，而另一端直接聯繫到父母的房間。如果男孩睡眠中勃起，父母那一端就會聽到鈴聲鳴響，真是何等不堪。

　　而距離不遠的共產主義博物館則展示了完全不同的主題，同時用影片和實物展示了這個民族所經歷的幾個重要的歷史變革時期。而令我印象深刻的就是「布拉格之春」時抗議者與蘇聯坦克在溫塞斯拉斯廣場周圍互相追逐的場面。

米蘭・昆德拉

　　1968年1月，陷入經濟困境數年之久的捷克斯洛伐克，在捷共中央第一書記杜布切克的帶領下，發起了名為「布拉格之春」的改革。這些改革計畫中包括建立黨內民主、公民投票、普選內閣、取消新聞審查制度和推行經濟自由化等一攬子的政治經濟改革方案。而這一企圖脫離蘇聯模式的改革嘗試，為這個當時仍然身處社會主義陣營的東歐小國帶來了無法想像的災難。

　　當年8月20日晚11點時，布拉格機場接到一架蘇聯民航機「機械事故，要求迫降」的信號，卻不知這是一次預謀的軍事占領。客機一降落，數十名蘇聯突擊隊員衝出機艙迅速占領機場。幾分鐘後，蘇聯第24空軍集團軍巨型運輸機以一分鐘一架的速度開始降落。隨後在一輛蘇聯大使館汽車的引導下，蘇聯空降師的軍車直撲布拉格。這天深夜在二十萬華沙條約成員國軍隊和五千輛坦克的武裝入侵後，捷克斯洛伐克萌芽中的民主化進程宣告失敗。在進攻開始六小時後，蘇聯軍隊控制了捷克全境。幾十萬捷克軍被全部繳械。21日拂曉，蘇聯軍隊占領布拉格，逮捕了杜布切克。這次軍事入侵導致了約有十萬人左右的難民潮，其中包括了許多精英知識分子。

　　我第一次了解這段歷史，是在美國導演菲利浦・考夫曼根據捷克作家米蘭・昆德拉的小說《生命中不能承受之輕》改編的電影中。1984年，米蘭・昆德拉發表小說《生命中不能承受之輕》，這是他一生中最具影響力的作品。小說以1968年為背景，講述了外科醫生湯瑪斯和他的妻子、情人們在布拉格的情慾生活。描述了捷克人在「布拉格之春」改革運動期間及被蘇聯軍隊占領時期生活和人際關係的種種困境。

　　外科醫生湯瑪斯是個固執地與世俗格格不入的人，他背叛父母的意願離了婚，有著眾多的情人，其中最為親密的情人是畫家薩賓娜。有一次他到郊外的一個小鎮上出診，認識了那裡的女招待特麗莎。兩人待在一起還不到一個鐘頭，就互有好感。特麗莎陪著湯瑪斯去了車站，一直等到他上火車。十天後特麗莎又去布拉格看湯瑪斯，兩人從此墜入愛河。對湯瑪斯來說：特麗莎像個孩子，被人放在樹脂塗覆的草筐裡順水漂來，而他在床榻之岸順

手撈起了她。同居一室的相處，由肌膚之親培養了彼此的愛意，可是畢竟獨居慣了的湯瑪斯還是不習慣的。

特麗莎搬到布拉格後，在薩賓娜的幫助下，愛好攝影的她在某雜誌社謀到一份工作。一天夜裡她在住處前的街巷裡看見蘇聯軍隊的坦克駛來，蘇聯入侵布拉格的那幾天，特麗莎可忙壞了，拿著相機不斷地上街去拍照。把街頭的抗議和蘇聯坦克都拍了下來。後來警察們盯上了她，把她叫到辦公室裡去訓了一頓，並沒收了所有的照片。

湯瑪斯雖然愛特麗莎，但是卻厭倦於家庭的束縛，尤其在情慾上，仍然肆意妄為。特麗莎雖然出身下層，但她內心渴望高尚的精神生活。對於湯瑪斯「博愛」的生活方式不能接受，然而又無法左右，痛苦地掙扎在情感的邊緣。在布拉格，湯瑪斯因一篇文章得罪有關當局，並拒絕在收回自己文章的聲明上簽字而受到迫害，不能做醫生，而去做清潔工。最後湯瑪斯與特麗莎二人移居鄉下。

小說中的主人常常站在窗前，遙望著院子那邊的高牆陷入了沉思。這似乎也是變革社會形態中一個有思想的人所能夠做的事吧。他們畢竟是小人物，對社會有許多看法和想法，卻無處表達，表達了得不到尊重，帶來的是無盡的懲罰。他們對於自己的命運缺乏把握的能力，在鬱悶中無處可逃的困境是生活在社會集權主義陰影下個人生活的必然結局。米蘭·昆德拉讓他的主人在情慾的世界裡自由的行走，實現他的慾念，這或許會是一種最好的解脫。可是最終他們還是遭遇了悲劇，兩人不幸在一次車禍中雙雙意外身亡。

由於米蘭·昆德拉對蘇聯入侵行徑的批評，在布拉格被蘇

聯軍隊占領後不久他就被列入黑名單。他的作品也全部被禁。1975年，米蘭‧昆德拉流亡法國。1979年他在法國完成了《笑忘書》，講述在蘇聯人占領之下的普通捷克人的生活。這部小說同時包含了幾篇並不關聯的故事，並夾雜了很多作家自己的思索，奠定了米蘭‧昆德拉流亡時期作品的基調。米蘭‧昆德拉曾六次獲得諾貝爾獎提名，但至今並未獲獎。

走出共產主義博物館，看見後面就是布拉格最大的麥當勞，同一個層面上還開著一家賭場。如同一個雜果拼盤，布拉格就是善於把各色品種那麼自然的混搭在一起。

前面不遠就是著名的溫塞斯拉斯廣場，廣場盡頭末端是雄偉的新古典主義建築——捷克國家博物館。其西北端則延伸到新城與舊城的邊界。廣場的中央有一尊高大的雕像安放在大理石臺基上，溫塞斯拉斯國王騎著駿馬、手持戰旗，顯得威風八面。溫塞斯拉斯雕像四周還圍繞著四位捷克歷史人物，在雕塑的基座上刻有這樣一句話：「聖溫塞斯拉斯，捷克公爵，我們的王子，請保佑我們世代長存。」

在參觀共產主義博物館時，曾經看了當時「布拉格之春」時廣場上抗議活動的錄影。示威的群眾圍著蘇聯軍隊的坦克，布拉格的警察沿途追打者倔強的人們。那時蘇聯軍人還向人群開了槍，子彈擊中了國家博物館的深灰色的牆面，而在那座如歷史老人般神色凝重的建築前面的地上，至今還留著紀念當年廣場上死難者的紀念碑。

對於布拉格我似乎有著某種情懷，我的父親曾經在上世紀50年代初期來過這裡。在家裡看到過一組相片，父親率領了中國建國初期的一個電影代表團訪問過此地。那時，中國國門關閉，除

了與一些社會主義和非洲國家交往外，幾乎沒有其他的交流。捷克當時還是社會主義的兄弟國家。父親和中國著名的影星張戈、郭振清西裝筆挺地出現在布拉格的街頭。布拉格遠山的城堡，流淌的河流都是我曾經在父親留下的照片中看見過的景色，冥冥中我似乎早已到過此地。我的到來已經距離父親的訪問60餘年了，如今實地一遊，景色依舊，但是時代全然不同，我面前的這個國家也在近三十年間經歷了重大的歷史轉變。

還記得父親那次曾經從捷克帶回來一個美麗的捷克水晶花瓶，常年放在家裡，那個花瓶瓶身上刻滿了花卉，青年時我曾用它養過一簇萬年青、後來還養過幾條紅色的金魚，透過一朵朵凹凸有致的花卉，望著裡面魚兒游動的水底世界，那是我少年記憶中一幅獨特的充滿生趣的畫面。

離開前，我也特地到布拉格廣場附近的水晶花瓶店中買了兩個具有現代感的花瓶帶回家。這也是滿足了一樁心願，與60年前父親的訪問遙相呼應。

文化深厚，卻又災難深重，這是一個許多制度尚在建立中的城市，這就是布拉格留給我的印象。離開布拉格去機場時，前來送行的司機是一位高個子帥氣的年輕人。與他聊起平日的生活，假日裡他常常去附近的國家遊玩。捷克也是歐洲申根國家之一，進出國境沒有限制。他感嘆說：父母那輩人，出不了國門，只能在有限的國土上徘徊。現在他們自由了，有了更多活動的空間。他開著豪華的賓士帶著我穿過伏爾塔瓦河上的橋梁，離開了城市的中心。當我望著那座古老的城市逐漸離我遠去，我內心由衷地為布拉格的年輕人慶幸，他們的生活天地越來越廣闊了。

巴黎：海明威無法忘懷的城市

登上巴黎聖母院的頂層平臺鳥瞰城市，在塞納河
的環繞下，市區的中心如同一個華麗的珠寶盒。
在一千五百多年的歷史中，巴黎曾幾度興廢，幾
度重建擴展，才有了今天的歷史沉澱和繁華。典
雅的巴黎在歲月的流逝中依然保持著她的雍容
華貴之尊。如今照片中的尖塔已經在一場大火中
焚毀。

　　坐在雙層旅遊車上周遊巴黎，古典式的公寓一座連著一座看不到盡頭，典雅的陽臺，高大宏偉的建築處處可見。穿行在繁華街道中，眼前稍縱即逝的紅藍黃白相間的聖誕燈飾，別緻而獨具創意。登上巴黎聖母院的頂層平臺鳥瞰城市，在塞納河的環繞下，市區的中心如同一個華麗的珠寶盒。在一千五百多年的歷史中，巴黎曾幾度興廢，幾度重建擴展，才有了今天的歷史沉澱和繁華。我們常說歲月催人老，典雅的巴黎卻在歲月的流逝中依然保持著她的雍容華貴之尊。

初識巴黎

　　對於巴黎這個名字，我並不陌生；對於巴黎的生活，我曾經在美國詩人和評論家馬爾科姆・考利（Malcolm Cowley）的名著《流放者的歸來》中讀到這樣的描述：「巴黎的地鐵列車慢得不像話，計程車也總是開得不夠快，而你卻要赴一個接一個的約會，從畫廊到書店，在那裡你沒有時間逗留，然後趕去聽音樂會，可是你根本不可能聽完──再快一些，再快一些，總是有什麼東西在等著，如果你不接連敲玻璃隔板叫司機再開快些，你就會永遠把它錯過。巴黎是個巨大的機器，它能使你神經興奮，使你感官敏銳。圖畫、音樂、街上的喧鬧、店鋪、花市、時裝、衣料、詩、思想，似乎一切都把人引向半感官、半理智的心醉神迷的境地。」他所描述的是1930年代的巴黎，已經那麼吸引人。對於初到巴黎旅遊的我，卻似乎是我在巴黎的真實心情。唯一不同的是，巴黎的地鐵雖然老了，舊了，速度倒是比以前快了許多。

　　我來到巴黎時，它正經歷著寒冬。巴黎的冬天日短夜長。早上9點天才亮透。人們剛剛開始出門。慕名巴黎法式麵包很久，天剛亮就去附近的麵包店。幹練的女店長剛剛準備停當，我是第一個顧客。第一次面對品種豐富的法式麵包和蛋糕，我和女兒目不暇接。1980年代在上海，住家附近的靜安賓館門前開了一家法式麵包店，每天出爐新鮮的法式麵包和蛋糕。那是上海時尚生活複歸的初期，過慣了典雅生活的人們，每天都會在麵包出爐前，把店面前的道路擁得水洩不通。人們偏愛法式麵包，因為它甜兒不膩，尤其是羊角麵包的外脆裡鬆，長條麵包的皮韌肉軟，既不失對人的食慾的挑戰，也充分體現了典雅與尊嚴。我終於有機會在真正的法式麵包店裡如願以償。

　　巴黎的天下午5點就降下夜幕。聖誕前後的巴黎，時而下些陣雨，雨勢還頗大，下完了又出太陽。到了晚上，氣溫降到攝氏幾度，走在香榭麗舍大道上，也難以抵擋穿透的寒冷，可是街頭巷尾依然人潮洶湧。

海明威的流動盛宴

　　海明威在《流動的盛宴》中說：「在巴黎，那時你幾乎可以不用花什麼錢就生活得很好，偶爾餓上一兩頓飯，絕不買任何新衣服，你就能省下錢來，擁有奢侈品。」恐怕那是30年代的巴黎。那時海明威寫作完就會去附近的咖啡館，「那裡很擠，很多人都幹完了工作上哪裡去。那裡有做完了工作的模特兒，也有作畫作到天色暗下來不能再畫的畫家，也有好歹完成了一天工作的作家以及一些愛喝酒的人和其他人物。」

　　1923年時，美國現代派詩人龐德住在巴黎市區盧森堡花園附近的消暑小屋裡，那時海明威時常去那裡串門。人們是這樣描述海明威的：他目光執著，留著牙刷小鬍子的大個子年輕人，他像中西部的人那樣緩慢地露齒而笑，他那時為國際新聞處工作，並且也已開始寫作短篇小說。他的作品被龐德說成是美國文學的新鮮事物。有時，他還和龐德約好去打網球。

　　貫穿巴黎市區的塞納河自然地把城區分成兩部分，河南稱為左岸，集中了不少咖啡館和公園，著名的盧森堡公園就在左岸。還有像花神咖啡館（Café de Flore）和雙叟咖啡館（Les Deux Magots）等沙特、西蒙・波娃時常在那裡聚集；海明威等短暫漂泊的美國作家也曾在那個區域活動過。左岸更自由，更具有人文氣息。而右岸則是金融中心和大公司的集中地。香榭麗舍大街、凱旋門、羅浮宮、巴黎聖母院、大歌劇院等等都集中在右岸。

　　為了追隨海明威的足跡。我慕名去了位於巴黎第六區聖日耳曼大道和聖伯努瓦街轉角的花神咖啡館，那裡長期以來一直以其知識分子精英主顧著稱。據說法國哲學家沙特和西蒙・波娃在那裡經常會面喝咖啡，討論他們的存在主義哲學。也有許多各個時代的著名作家如伏爾泰、海明威等經常光臨那裡。1994年還設立了文學獎花神大獎賽（Prix de Flore），每年在花神咖啡館頒獎。花神咖啡館的室內裝飾為經典的裝飾藝術運動風格，紅色座位，桃花心木和鏡子依然保持了二戰以來的風格。

　　與花神咖啡館相隔不遠的雙叟咖啡館也同樣擁有巴黎文學和知識精英聚集地的聲譽。加繆和畢卡索是那裡的常客。咖啡廳的名字來自於柱子上的兩個中國買辦的木製雕像。自1933年以來，每年會向法國小說頒發雙叟文學獎。

　　走進花神咖啡館，不大的館內裡擠滿了人，大多的遊客都是衝著昔日這裡名家雲集的聲名而來。我們坐在正廳的門邊，不遠處門前的一個小梯櫃裡陳列著咖啡館的經典甜點。我和家人試了其中的三款：巧克力蛋糕、檸檬塔和一款以維克多‧雨果命名的千層酥。最別緻的是千層酥的鬆脆細膩。比起美國的甜點有天壤之別。

　　在咖啡館小坐後，我們在周圍的街區散步，海明威的著作中曾經記錄，他常到這裡來喝咖啡，然後到附近的盧森堡公園散步。我走在石塊鋪成的路上，向塞納河的方向走去，沿途下了一陣小雨。虧得我戴了一頂鴨舌帽，讓雨水順著帽簷流躺，女兒前幾日還笑戴著鴨舌帽的我，像以前電影中的郵差。這幾日到了巴黎，她開了眼界，看到不少同樣戴鴨舌帽的，才知道鴨舌帽在歐洲還較為普遍。於是又改口說配上我的西裝，我看上去像是英國來的。那也不錯。

雨果的人道情懷

　　巴黎有不少狹窄的小路，地上鋪著小石子，路邊的梧桐已掉光了葉子。這樣的冬景讓我想起上海的西區，家門前的路上，就是成排的梧桐樹。一到深秋，秋風掃落葉，滿街都是梧桐樹黃色的落葉。巴黎的深冬和上海何其相似。

　　從海明威常去的咖啡館散步，跨過塞納河，登上聖母院所在地城中島，再往前走去到對岸，不遠就是作家雨果的故居。根據雨果的著名小說《悲慘世界》改編的音樂劇電影正在世界各地盛大公演，還獲得了奧斯卡電影獎最佳電影的提名，電影中的一個

場面讓我記憶深刻，主人翁尚萬強在街頭革命後，馱著領頭革命的小夥子從下水道逃生，鑽出下水道就遇到了警官沙威的追捕。沙威用槍指著他威脅說，再往前走一步，我就打死你。在生死存亡的關鍵剎那，兩種意志的角力在表面的平靜中爆發。只見尚萬強神情坦然，卻置若罔聞，繼續背著小夥子往前走。警官沙威看著他從自己的面前走過，也只能發愣。一個代表了善與愛，另一個卻是黑暗勢力。最終，尚萬強繼續往生的方向前進，沙威卻從精神上被徹底擊敗。尚萬強聽到身後響起了槍聲，回頭卻見沙威沮喪地自盡，一躍投入湍急的河流。

　　雨果的作品洋溢著濃郁的人道主義的色彩，貫穿他創作的主導思想是人道主義，他反對暴力，主張以愛制惡。他筆下的人物善惡分明，善良的人總是經歷了重重苦難。《悲慘世界》是他人道主義思想的代表作。他以生動的藝術形象為我們展示了社會邪惡勢力奴役勞動人民、逼良為娼的殘酷的現實。然而，作家深信唯有道德感化才是醫治社會災難的良方。《悲慘世界》的創作歷時三十餘年，從1828年起構思，到1845年動筆創作，直至1861年才終於寫完全書。雨果筆下的人物跨越了一百五十年的歷史直到今天依然能夠引起無數世人的共鳴，可見作品中對人性的開掘和把握的永恆魅力。

　　《悲慘世界》即將完成時，正是英法聯軍在中國肆虐之時，雨果也是西方並不多見的聲援弱勢中國的同情者，他曾寫信痛斥英法聯軍火燒圓明園罪行。走進他的故居可以看到，他為情人布置的中國客廳裡陳列了不少中國的掛幅：陶瓷、漆畫、木雕、佛像……，在故居中還陳列了雨果創作的一組「中國題材畫」。據雨果的《根西島記事本六冊》記載，他在一個被他稱為「碼頭」

的地方——孤島根西上，先後買了48次中國藝術品，共花了3000多法郎。可以感受到他對中華文化的偏愛。

行走在巴黎鵝卵石路上尋找著西方文學先賢們的足跡，我似有所悟，似有所感，深感榮幸。

走進羅浮宮

在浩如煙海的古典建築群中也有異類曾受過質疑。巴黎市中心最著名的歌劇院1860年12月建成，以巴洛克風格為主，極盡各種奢華之能，歷時十餘年方才建成，就曾被批評為不倫不類。還有美籍華裔建築設計師貝聿銘為巴黎羅浮宮設計的玻璃金字塔在1989年落成後曾飽受非議，但堅決支持貝聿銘設計方案的已故法國前總統密特朗則稱它為其任內取得的最值得驕傲的成績之一。一些批評者指責位於羅浮宮新入口的玻璃金字塔是一顆假鑽石，破壞了羅浮宮原有古典建築的和諧。當我站在廣場上，環顧四周，細心地感受，就會發現透明的金字塔並沒有遮擋原有建築的光彩，它若有若無的穿透性，使兩者和諧相處；也為封閉的古老宮殿，開啟了邁向光明的空間。從世界各地慕名而來的參觀者，絕大多數都選擇從玻璃金字塔進入這座古老的宮殿，也可見人們對這一創新建築的認可。

海明威曾經說，饑餓時走在巴黎的街上是很難受的，因為到處可以聞見路邊麵包店裡散發出來的香味。並且人們習慣了坐在路邊吃東西，不論是餐館，還是咖啡館，都設有路邊座位。他說饑餓時最好的去處是博物館，在那裡可以逃避來自食物的香味，還可以專心一意的欣賞藝術品。當你飢腸轆轆時，那些藝術品反

倒顯得更加美，對它們的理解力也更加深刻。

　　我穿過玻璃金字塔，進入羅浮宮，第一次近距離觀賞了面帶神祕微笑的蒙娜麗莎和美麗多情的女神維納斯。

誰是蒙娜麗莎

　　達文西1503或1504年在義大利的佛羅倫斯開始創作不朽名畫《蒙娜麗莎》，大約於1519年完成，隨後他移居法國，不久便在那裡逝世。幾年前在新聞中看到一則故事追索了這一創作的緣起。2011年一支考古學家小組就開始對佛羅倫斯聖厄休拉地區的一處廢棄的女修道院進行挖掘，在裡面考古學家們發現了兩具女子的骨骸，許多近代歷史學家認為，其中一具就是蒙娜麗莎的原型人物麗莎——吉拉蒂尼。據研究她是一個富有的佛羅倫斯絲綢商人的第二任妻子，曾為達文西創作蒙娜麗莎時做過模特兒。當她的丈夫過世之後，她來到修道院成為一位修女，1542年7月15日死於修道院，享年63歲。

　　據說，達文西最初只是畫了一個坐在黑暗和沮喪籠罩下的女人，蒙娜麗莎的臉上並沒有使人著迷的那一抹難以捉摸的微笑。而那一抹令世人著迷的神祕微笑據說來自達文西長期的助理，更有人相信那位助理曾經是達文西的情人。當然還有藝術史家推測，那幅畫實際上是達文西一個詭祕的自畫像。各種揣測提供的訊息讓我從多個側面了解了畫面背後的故事，一幅2D平面的尺寸不大的畫至今令人回味無窮。前不久，一幅蒙娜麗莎的年輕版被確認，那幅畫早比現存於羅浮宮的那幅畫早了15年。似乎在達文西晚年的藝術生涯中，蒙娜麗莎成了他經久難忘的主題。蒙娜

麗莎臉上那一抹神祕的笑容，似乎稍縱即逝，卻將達文西的心緊緊地抓住。也是這抹笑容近五百年來抓住了世人的心。

多情嫉妒的維納斯

　　站在身材勻稱，線條優美的女神維納斯（Venus）像前（希臘名：阿芙蘿黛蒂Aphrodite），我試圖真正讀懂她的身世。關於維納斯，我還在數幅油畫中，聽到了她的故事。她是天空之神「烏拉諾斯Ouranos」和大地之母「蓋婭Gaia」爭吵時的產物，誕生在塞普勒斯海濱礁石上捲起的泡沫中。波提且利Botticelli的名作《維納斯的誕生》（La nascita di Venere）細膩地描述這段故事：西風之神Zephyrus和四季女神Flora合力將剛誕生的維納斯吹到岸邊，在吹拂中，五彩玫瑰花瓣也紛紛落在維納斯的身上，雲神也為維納斯披上霓裳。

　　但美貌並未為她帶來幸福的愛情：在神話故事中，維納斯是美神與愛神，但她自己的愛情故事卻頗多磨難，雖然先後與諸神如海神波賽頓（Poseidon）、酒神戴歐尼修斯（Dionysus）、信使神墨丘利（Mercury）等都有親密關係，但都沒有圓滿的結局。在維納斯的戀愛史當中，較為撼動人心的算是與戰神阿瑞斯、和與阿多尼斯（Adonis）這兩段，但終究還是以悲劇收場。

　　維納斯最初嫁給火神赫菲斯托斯，如同美女嫁給了一個鐵匠。她與戰神阿瑞斯的戀情雖然為他們帶來了可愛的小孩邱比特，但卻並沒有因此而獲得幸福，兩人的戀情終究被火神赫菲斯托斯發現，難以持續。她又鍾情與美男子阿多尼斯，可是又未能阻止阿多尼斯去從事危險的狩獵，最終阿多尼斯被野獸殺死，令

維納斯心痛欲裂。維納斯是一個美麗的多情女神，也許是她的多情，和愛情轉移速度，使她沒有堅固的愛情。女神尚且如此際遇，何況普通人呢？

維納斯個人的愛情充滿波折，同樣在對兒子邱比特的戀愛上也是百般干涉。因為眾人都說賽姬這位凡人比她漂亮，她便心生嫉妒。於是命令兒子邱比特，用他的神箭射傷賽姬，使她愛上世界上最醜的男人……可是當邱比特見到了賽姬，便被深深吸引，顫動不止的心使他拿不穩手中的箭，不小心劃破了自己的手，使自己墜入愛河……邱比特不願違背母親維納斯，但又無法忘懷賽姬。於是，他自稱自己是邪惡的大蛇，威脅賽姬的父親將賽姬嫁給他，但不准賽姬看見自己的容貌，每晚直到午夜燈火俱滅時，邱比特才與賽姬同床共寢。

時光荏苒，邱比特與賽姬經過了三年幸福快樂的日子！賽姬總好奇於自己先生的容貌，終於趁著邱比特熟睡時，點了火光偷窺丈夫，卻驚見身邊躺著英俊年少的邱比特。邱比特發現賽姬違背了彼此的諾言，悲傷地離她而去。

哀傷欲絕的賽姬來到了維納斯面前，自願委身為僕，希望能讓維納斯消除對自己的怨恨。維納斯指使她做許多常人難以勝任的辛苦工作，賽姬都無怨無悔地完成了。最後，維納斯要賽姬到陰間要求皇后泊瑟芬把她的美貌裝一點到盒子裡，然後帶回來給維納斯。賽姬也不畏艱險完成了任務，不過回程的時候，她卻受困在陰間無法脫身。邱比特聽說賽姬遇險，便潛進陰間找到昏迷的賽姬，用箭刺醒她。然後自己飛到奧林帕斯，找天帝宙斯幫忙。宙斯感動於雙方堅貞的愛情之後，宣布邱比特和賽姬正式結婚。

　　「美麗與愛情」對人性而言往往有「得之，我幸；不得，我命」的矛盾情結，在嫉妒心的驅使下，維納斯也曾千方百計去阻止邱比特和賽姬的戀情，卻適得其反促成了他們美麗的結合。他們的愛情之路充滿了艱辛，卻終得善果。聽完這樣的故事，站在美麗的女神維納斯面前，始於我少年時對她的愛慕難免有些消退，真想對她說：美麗的女神，如果你少一些嫉妒，多一些寬容，你一定會更完美。

　　巴黎就是這樣一個城市，他曾經如此繁華，他依然如此繁華。當我來到的時候，是他的寒冬，可是我依然看見它被烏雲遮擋下穿刺而出的冬日陽光，只要有了那一抹陽光，古老的建築就煥發出不凡的光彩。

　　有一天晚上坐計程車，開車的是一位30多歲的年輕人，他原是電子工程師，因法國經濟不好，政府砍預算，失去了工作，改行開計程車。他說，如果新一年經濟情況好轉，他又可以再找新工作。問他巴黎的市區為什麼始終這麼熱鬧。他說：經濟不好，可是人們的生活方式不曾改變，也不願改變。

　　年輕時旅居巴黎的海明威曾經說：「巴黎是一座非常古老的城市，而我們卻很年輕。」比起巴黎的歷史，不論來此尋訪的人多大年紀，都永遠顯得年輕；比起巴黎的典雅，不論你是帥哥或是美女，你也無法不屈尊表達敬慕。那個冬天，我來巴黎，看見了這座魅力城市的嚴寒冬季，香榭麗舍大道上的聖誕燈飾依然閃爍著獨特的璀璨，街道上依然遊人如織，餐館裡依然杯盤交錯。當我離開時，難忘巴黎的盛宴在我記憶中的深刻印象。

威尼斯：靈動的水上世界

在高高的橋頭往四下張望，可以遙想江河奔向逐漸寬廣的愛琴海，然後從那裡再匯入亞德里亞海。馬可波羅就是循著這樣的路徑從歐洲出發，前進亞洲。他的足跡踏遍了歐亞大陸。

　　在歐洲列車上過了一夜，清晨終於到達了水都威尼斯。水都的火車站和城市的建築一樣，顯得有些年頭了。走出車站，站在高高的臺階上第一次向這座名揚四海的水都投去第一瞥。這一瞥沒有看見美人的風華絕代，卻與她的遲暮打了照面。威尼斯的入口並沒有太多修飾，就像你看見一位清晨起來，還未梳妝的中年婦人，尤其是年輪漸顯的臉上，些許的雀斑和皺紋，都沒有來得及用粉底掩蓋，如此這般，即便曾是一位貴婦，恐怕也難以給人留下動人的美感。

　　這就是我跨越了半個世界來尋找的那位貴婦？帶著些許的失望，我在一個看似臨時的小小售票庭裡購買了水上巴士的月票。走到世界的任何地方，我都容易想起曾經的遊歷。威尼斯的入口讓我想起中國南方的車站，不同的是有一條不算清澈的河流淌過來，給岸上的景色增添了些許靈動。抬眼望去，兩邊的河面上架著兩條風格截然不同的橋梁，似乎不太協調。陳舊的路邊幾位守在平板車邊的車夫，見我手裡提著行李，就上來兜客，問我要去哪？望著河道上來來往往的水上巴士，又讓我想起曾經去過的泰國湄公河，那條河道更寬闊，我曾坐著相似的水上巴士，在兩岸來回。

　　乘上水上巴士，看到的是另一番景象，前方的河道逐漸寬闊，沒過多久就駛入一條大江。儘管是寒冬，陽光卻燦爛，對岸的房屋建築物上彷彿鍍上一層金黃的光亮。碧藍的江水氾動著微波，天空也是藍色的，於是在美麗的藍色中，兩岸迎面而來的建築呈現出豐富的色彩。船行越遠，景象越美，如同一幅長長的畫卷，隨著行船徐徐展開。浩瀚的水世界上竟然蕩漾著一個歷史悠久的城市。

　　威尼斯，許多歷史上重要的人物曾經在這裡留下足跡。馬可波羅出生在這裡，並從這裡出發跨越遠東；拿破崙曾經以戰勝者的姿態踏上這塊疆土，並將聖馬可大教堂門庭上的四匹銅馬掠為己有。這四匹青銅馬曾被威尼斯人在第四次十字軍東征時，從拜占庭帝國搶過來，終於又落入更強者的手中，被拿破崙搬去巴黎。這也似乎形象地演示了世界的財富歸屬的歷史邏輯。一直到法蘭西帝國解體，這四匹青銅馬才又歸還威尼斯。還有廣場邊上的花神咖啡館開業於1720年，曾經是許多歷史上著名的作家詩人喜歡逗留聊天的地方，那裡的靈氣綿延至今。

　　從聖馬可廣場登岸，曲徑通幽，真正開始感受這位雍容貴婦的風韻。紅色的磚牆上刻印著歷史的沉澱，小巷中的樓房裡如今已經鮮有居民。在高高的橋頭往四下張望，可以遙想江河奔向逐漸寬廣的愛琴海，然後從那裡再匯入亞德里亞海。馬可波羅就是循著這樣的路徑從歐洲出發，前進亞洲。他的足跡踏遍了歐亞大陸。1271年馬可波羅隨父兄動身去中國。他們從威尼斯乘船到黑海南岸登陸，然後從陸路輾轉，最後抵達現在的北京。馬可波羅去過中國很多地方和見到許多當時比歐洲先進的文化成就，並加以傳遞。這就是歷史上文化傳遞著的足跡。

　　在小巷深處探尋，隨處可見屬於義大利的獨特，不過許多今天的特色，曾經是昨天的舶來品。其中便少不了馬可波羅的功勞。在威尼斯街邊時常見到的披薩，底薄而脆，面上餡料足。填飽了肚子，還口齒留香。據傳說，這種食物和中國北方的大餅還有淵源，是義大利人根據馬可波羅從中國帶回來的大餅改良後，做成了人見人愛的義大利特色披薩，比膀大腰圓的美國披薩好吃多了。

　　威尼斯的特色玻璃製品遠近聞名，據說也是馬可波羅從敘利亞帶來。現在，威尼斯島上就有玻璃器皿製造廠，經過發展的工藝已經成為威尼斯的一個品牌，這種造型獨特，以紅藍白為主要色彩元素的玻璃器皿，似乎注入了威尼斯運河的靈動。

　　聖馬可廣場一側的威尼斯總督府是一處獨特的去處，上上下下走一遍，彷彿經歷了人生的各個階段。大廳裡展示著歐洲歷史上最大的巨幅壁畫，威尼斯知名畫家丁托列托（Tintoretto）繪製的「天國」（Paradiso），高7.45公尺寬21.6公尺，占滿了整面牆，是全世界當時最大的一幅油畫，也是威尼斯藝術巔峰時期的代表作。

　　在層層大殿中瀏覽了無數令人震撼的大幅壁畫和穹頂畫，然後經過通道走入地下，看見的是一個完全不同的世界。宮殿的底層，建了一座地牢，沒有窗戶，與外界隔絕，叫天不應，呼地不靈，與上層的繁華世界完全隔絕？從地牢裡出去，經過連接兩座建築間的是嘆息橋。

　　嘆息橋是密封式拱橋建築，由內外望能透過橋上的小窗子看見外面的世界，遙遠的運河和河上的行船若即若離。嘆息橋的兩端連接著法院與監獄，死囚走過橋面之時，常是行刑前的最後一刻。身臨其境，任何人難免為即將結束的人生發出嘆息，這座生死橋也因此得名，它是威尼斯最著名的橋梁之一。

　　嘆息橋的名字是十九世紀時，由英國詩人拜倫所取，也不知從什麼時候開始，為犯人建築的生死橋在俗世人的心中有了另外一層美好的意思。威尼斯當地有一個傳說，日落時如果戀人們在嘆息橋下的貢多拉小船上親吻對方，就將會得到天長地久的永恆愛情。這個傳說轉眼使得嘆息橋成為世界上最具浪漫色彩的橋

之一。

　　在威尼斯有四百多座橋，以里亞托橋最為有名，建於1180年，它又名商業橋，原為一座木橋，1580—1592年改建為石橋，是威尼斯的象徵。橋上中部建有廳閣，兩側店鋪林立，銷售著各種紀念品和特產。這裡每天遊客川流不息，既可從橋上眺望運河，又可在兩側的商店購物，完全沉浸在節日的氣氛中。馬可波羅就出生在里亞托橋附近的小巷裡，莎士比亞的名劇《威尼斯商人》也是以這裡為背景。我曾記得電影《威尼斯商人》中驚人的一幕，基督徒和猶太商人在橋上紛爭激戰，互相把對手從七公尺高的橋上投進河裡。

　　《威尼斯商人》是莎士比亞四大喜劇之一。劇中描寫威尼斯一位身無分文的貴族青年巴薩尼奧，為向富家嗣女鮑西婭求婚，向好友安東尼奧借錢。安東尼奧因貨船尚未到港，只好向猶太高利貸者夏洛克借債，並被迫立約：如不按期償還，就讓夏洛克從安東尼奧身上割一磅肉。巴薩尼奧與鮑西婭一見鍾情，但安東尼奧的貨船卻遇險未歸，債務到期他將被罰割下一磅肉。鮑西婭毅然扮作律師，去威尼斯營救安東尼奧。在法庭上，鮑西婭說：安東尼奧不能還債，夏洛克可以割他身上的肉，但是不能拿他身上的一滴血。鮑西婭以驚人的才智，駁倒夏洛克，打贏了官司。

　　為了愛情，不惜借債，是威尼斯人巴薩尼奧的作為；為了朋友的愛情，不惜簽下殘酷的條約，是威尼斯人安東尼奧尼的情義。威尼斯人真的像莎士比亞戲劇中表現得那樣注重情義？為愛情孤注一擲？

　　有一個傍晚我走在聖馬可廣場上，迎接新年晚會的舞臺正在搭建，一張巨大的面具豎立在舞臺上，海藍色的花飾後面露出一

對柔情的眼睛，這樣的眼睛在威尼斯街頭時時會遇到，這就是威尼斯特有的嘉年華面具。每年二月的威尼斯嘉年華，是當地獨具文化特色的一項活動。這項活動開始於基督教降臨的中古世紀，那時階級劃分嚴明，統治者和貴族階層，與貧窮的勞動階層勢不兩立，而每年的嘉年華則是這種衝突關係緩解的時候。在嘉年華會的舞臺上，每個人戴上面具，不分尊卑，隱藏在華麗的裝扮後面，享受著虛擬的和平共處。平民戴上面具即可出入總督的晚宴，位高權重的貴族戴上面具可以忘記身分的約束，在遊戲裡放浪形骸。階級的藩籬暫時被打破，人間的平等在一個虛擬的環境中得到實現。

Bauta（巴達）是最便宜和最受歡迎的面具，Bauta面具像一張沒有表情的鬼臉，出現在18世紀末期，一開始是由男性佩帶的，後來女性也開始佩帶，面具只遮住上半部的臉，帶上這種面具的人常配上帽子與蕾絲披肩或是羊毛、絲綢的外套，將它變成豪華裝飾的一部分。作為來自東方的旅遊者，我對街上隨處可見的嘉年華面具印象深刻，臨走時不忘買了一個小面具帶回來放在書櫃裡作紀念。

在威尼斯最賞心悅目的是登上聖馬可廣場的鐘樓，從高處可以360度全方位鳥瞰城市全景。威尼斯城一面向海，大運河如同一條蜿蜒的蛇在城市中穿過。站在高處鳥瞰全城，才發現城市疆域並不大，但是卻曾經在世界歷史上發生過巨大的能量。我彷彿聞到聖馬可廣場上瀰漫的戰火硝煙，多少次激烈的戰鬥在這裡發生。我又彷彿看見文藝復興運動之後，歐洲人步著馬可波羅的足跡，通過大運河走遍世界各地，亞德里亞海上商船飄洋，載著貨物往來頻繁。

　　十六世紀時威尼斯在歐洲非常強大，威尼斯人不甘心守候在運河環繞下曲徑通幽的小島上，他們衝出運河，勇敢的走向世界海上貿易之路。儘管在這個過程中發生了許多歷史進程中並不美麗的衝突和紛爭。但是當我一遍又一遍地在運河上行駛，感受蔚藍的運河波濤，歷史的長河中的骯髒和醜陋都已沉入水底，站在船上回望岸上數百年矗立的建築，浸染著昨日的風塵，如同邂逅一位昔日的貴婦，芳華不再，可是餘韻猶存。

　　看著眼前的美景，我卻想起了近年時常見到的報導，威尼斯海水倒灌，聖馬可廣場上全被淹沒，不甘寂寞的人們在平時廣場上的露天咖啡座前面游泳。原因是威尼斯的城郭並不建築在陸地之上，城市的根基由數百萬根打入潟湖湖底的木樁拼接而成。由於威尼斯的地下遍布海水，地勢沉降極易引起地基進水和腐蝕，建築物的穩固度因而受到影響，導致樓體不斷下沉。每年11月開始的雨季，是威尼斯遭受洪災最嚴重的時期，漲潮會引發海水倒灌。海水從岸邊和地面無數縫隙中漫上來，將整個城市陷入一片汪洋。

　　當我行走在乾燥的聖馬可廣場上時，心中十分慶幸倒灌的海水早已退去。也正是因為城市下沉，海水上漲的原因，城市中的建築內部已過於潮濕，不太適合居住。從上世紀五十年代至今，威尼斯的常住人口從18萬4千人迅速減少到不足6萬。很難想像，十幾二十年後，還有多少人會堅持住在那裡？威尼斯是否終將被海水吞沒？她會不會成為下一個消失的文明，從世界的視線中沉入海底？但是不管發生了什麼，威尼斯的繁榮盛景作為人類文明的重要部分將鮮活的留存在人們的記憶中。

佛羅倫斯：仰視大師之地

文藝復興運動的代表人物喬托設計的教堂鐘樓，
約有13.7平方公尺寬、84公尺高。如此高的鐘
樓，在中世紀教堂建築中實屬罕見。當震徹寰宇
的鐘聲在天空中迴盪，我久久佇立在鐘樓下，凝
神靜聽。

　　走進義大利佛羅倫斯（Florence），需要懷有一顆對先賢的敬畏之心，那裡曾經產生了無數卓越的作家、藝術家。他們的名字如雷貫耳：達文西、但丁、伽利略、拉斐爾、米開朗基羅、多那太羅、喬托、莫迪里阿尼、提香、薄伽丘……文藝復興時期，他們齊聚一堂，共同創造了人類文化歷史上的輝煌燦爛。走在佛羅倫斯的街道上，隨時都會邂逅他們傳世的傑作，這些天才們的足跡印刻在城市的每一個角落。1861年義大利統一後佛羅倫斯曾在1865—1870年成為義大利的首都，直到1871年遷往羅馬。

　　佛羅倫斯曾經匯聚了這麼多傑出的大師，有一個不能忽略的原因，是他們幸運地遇到了堪稱偉大的麥地奇家族。這個家族的成員酷愛藝術，在其保護和資助下，眾多卓越的藝術家們創造了海量的、閃耀著文藝復興時代光芒的建築、雕塑和繪畫作品，佛羅倫斯因此才成為文藝復興的堡壘，成了歐洲藝術文化和思想的中心。1737年麥地奇家族最後一個統治者去世後，佛羅倫斯重又陷入奧地利的統治。

　　我抵達佛羅倫斯時正是中午，冬日的陽光暖暖地照在街道上。街道並不寬闊，卻顯得異常整潔，密布著許多四五層樓高的房子，在房子之間的街道如同長長的甬道。我們住的酒店，其實是一棟公寓民居，一房一廳的套房，比巴黎的旅館寬暢許多。屋內的家具全是民居的擺設，廳裡還配備了廚房設備。也讓我入鄉隨俗，體驗了義大利居民的生活。

　　我曾從不同的角度觀察這座城市：站在阿諾河對岸的米開朗基羅廣場上遠觀，在靜靜流淌的阿諾河環繞下，城市寧靜如田園，大衛雕像站在我的身後。遠處大教堂的圓形穹頂和喬托鐘樓高高聳起，成了顯著的地標。我也曾登上聖母百花大教堂的穹頂

鳥瞰城市，不規則的街道、成片的紅瓦交織出了城市的風景，洋溢著溫暖的色調。每當我站在高處眺望城市，遐想著無數傳奇的心靈曾經在這些街道中走出不尋常的步子。

永遠走自己路的但丁

有一句名言耳熟能詳：走自己的路讓別人去說吧。說這話的就是來自佛羅倫斯的著名詩人但丁。

清晨的城市顯得異常清靜，我從旅館出去散步，就必然經過但丁的故居。如同一條小巷的街道，清晨時人跡稀少，唯獨我在故居前面徘徊，不經意間我恍如做了先哲的鄰居。據說，但丁曾經住在那座三層樓的故居裡。時常從那裡散步去市區中心。那段路不遠，我就曾走了很多次。

路前方的共和國廣場上是安靜的，許多店鋪還沒有開門。我是這座歷史悠久的城市中的一個早起的行走者。我喜歡用自己的腳去丈量歷史的跨度，去探尋歷史的積澱，去觸摸歷史的脈絡。

但丁最著名的作品是《神曲》，在作品中作者與地獄、煉獄及天堂中各種著名人物的對話，內容廣泛，如同「百科全書」，行文中閃爍著文藝復興時期人文主義思想的曙光。在這部長達一萬四千餘行的史詩中，但丁堅決反對中世紀的愚民政策，表達了對真理執著的追求。恩格斯評價說：「封建的中世紀的終結和現代資本主義紀元的開端，是以一位大人物為標誌的，這位人物就是義大利人但丁，他是中世紀的最後一位詩人，同時又是新時代的最初一位詩人。」

只有走在佛羅倫斯的街道上，才能夠真切的感受到當年但

丁的勇氣。城市處處瀰漫著宗教的氣息，教堂的宏偉建築雄霸天際，一個具有獨立思想的詩人何以與之抗衡？青年時期的但丁就充滿了政治熱情，曾經被選為該城行政官。可是後來他在政黨鬥爭中被清洗。但丁被沒收全部家產，判處終身流放，在放逐之地，他創作了不朽巨著《神曲》。

我曾想去但丁故居拜訪，恰逢星期一，故居博物館休息，不得其門而入。但丁被流放後自此再未回到故鄉，直至客死於拉文那。了解了但丁最終的故事，我似乎找到了理由為自己不得其門而入解嘲，因為離開後的但丁，就沒有再回來。在《神曲》中，但丁將一生中的恩人仇人都寫入詩中，對教皇揶揄嘲笑，他將自己一生單相思的戀人貝亞德，一個25歲就去世的美女，安排到天堂的最高境界。

有一則故事曾經這樣描繪：但丁年輕的時候，喜歡在佛羅倫斯的廣場上仰天枯坐冥思。尤其是在仲夏之夜，他常常伴著滿天的星斗坐到天明。這個孤獨的青年詩人有著十分驚人的記憶力。一天晚上，有個陌生人躬下身說道：久仰您的詩名，知道您是佛羅倫斯的驕傲。在下承諾回答一個問題，但苦於自己學識淺薄，無法解答，特請先生襄助。我要回答的問題是：世上最好吃的東西是什麼？但丁脫口而出說：雞蛋。那人點點頭走了。幾年之後的某一天，但丁仍然坐在那個廣場上仰望星空，還是那個陌生人走上前去，繼續數年前的對話：那麼如何烹調呢？但丁看了來人一眼，不假思索地回答道：放一點鹽。

但丁時常坐的那塊石頭就在聖母百花大教堂前的廣場，從我的旅館去那裡都會經過但丁的故居。我只能反覆的在他年輕時曾經獨步的路上徘徊。因此也自然多了一分與偉人共處的親切。

人類建築史上的傑作

在聖母百花大教堂，我真正見識了世界上最大的穹頂畫的魅力，也有機會設身處地體會了畫家創作畫作的極盡艱難。我和女兒在狹窄的階梯上攀登了四百六十三級臺階，登上了一百十五公尺的高處，氣喘吁吁地爬上了大教堂的最高層，往下望，可以鳥瞰那個奇大無比，可以容納一萬五千人的教堂全景。大教堂於1296年奠基，1347年秋天爆發黑死病，工程被迫中斷。1367年由全民投票決定在教堂中殿十字交叉點上建造直徑43.7公尺，高52公尺的八角形圓頂。1418年佛羅倫斯市政府公開徵求能夠設計並建造大圓頂的方案。精通羅馬古建築的工匠菲利波‧布魯內萊斯基（Filippo Brunelleschi）勝出，為總建築師。在建造拱頂時，他沒有採用當時流行的「拱鷹架」圓拱木架，而是採用了新穎的「魚刺式」的建造方式，從下往上逐次砌成。

大教堂於1436年3月25日舉行獻堂典禮。前後花了一百四十年才建成。這座使用白、紅、綠三色花崗岩貼面的美麗教堂將文藝復興時代所推崇的古典、優雅、自由詮釋得淋漓盡致，當之無愧地被命名為「聖母百花大教堂」。喬爾喬‧瓦薩里（Giorgio Vasari）所繪的巨幅穹頂畫《末日審判》布滿整個高大的穹頂。這幅巨幅畫作表現了天堂和地獄的畫面，整幅以藍色調為主的畫，上部分細緻描畫了天堂的勝景，人們幸福和諧，愉快；下半部則是恐怖地獄的寫照，一個個赤身裸體的冤魂，經受苦刑的折磨。

宗教故事一直是文藝復興時的主題。對於畫作的內容我共鳴

不多，倒是站在高處對於這幅畫的創作過程細究起來。行前我特地讀了米開朗基羅的傳記，其中有些記載繪聲繪色地描畫了他艱難卓絕的創作過程。後來米開朗基羅曾模仿聖母百花大教堂設計了梵蒂岡聖彼得大教堂，並在羅馬的西斯汀大教堂創作了穹頂畫《創世紀》和壁畫《最後的審判》。他曾嘆服聖母百花大教堂的絕妙設計，不無遺憾地感嘆：「可以建得比它大，卻不可能比它美。」隨後我們登上聖母百花大教堂的頂層平臺，從那裡可以全方位鳥瞰這座有著千百年歷史的古老城市。

聖母百花大教堂位於佛羅倫斯市中心廣場，正值聖誕節期間，遊人如織。傍晚天色漸黑，我和太太慧華、女兒彥寧正在教堂邊上的咖啡廳小坐，就聽見一陣宏亮的鐘聲從室外傳來。我們急忙起身走出咖啡店，鐘聲來自聳立在面前的那座巍峨雄偉、圖案典雅的喬托鐘樓。我們抬頭仰望，聆聽著從空中傳來的鐘聲。鐘樓的設計者是文藝復興運動的代表人物喬托，他是歷史上第一個突破中世紀沉悶繪畫風格，將宗教畫創作注入生命氣息，將人物生動的表情在繪畫中加以表現的偉大畫家！現代美術師家貝朗遜（B.Befeason）曾這樣評價道：「繪畫之有熱情的流露，生命的自白，與神明的皈依者，自喬托始。」喬託所設計的這座鐘樓約有13.7平方公尺、84公尺高。從1384年起動工，三年後建成。如此高的鐘樓，在中世紀教堂建築中實屬罕見。當震徹寰宇的鐘聲在天空中迴盪，我們久久佇立在鐘樓下，凝神靜聽，讓心隨著鐘聲蕩漾，我仰望著宏偉的鐘樓，暗夜裡唯有它白色的四方形身軀恢弘屹立，上面的紅綠色花紋在燈光照耀下清晰可見。

文藝復興的核心思想——人文主義起源於14世紀下半葉的義大利，其後遍及西歐整個地區。人文主義者以「人性」反對「神

性」，用「人權」反對「神權」。「我是人，人的一切特性我是無所不有。」是他們標誌性的口號。為了追隨先哲的理想，我在這古老文明交織的都市裡，吸吮著藝術的芬芳，享受著人間的快樂。

走過廣場邊上一家不起眼的小店裡，我看見遊客魚貫出入於一家門面簡單的店鋪，也趨前觀看，就見在五尺櫃檯上，一位義大利女子，動作十分俐落，把剛剛出爐的各種款式的披薩切成小塊，裝在小碟中出售，立即可取。那些披薩和我在美國常吃的顯然不同，餡餅薄而脆，上面的料卻非常豐富。我嘗試了幾款不同的口味，其中有一款上面放著一顆大肉丸，其味鮮美。義大利的美食有自己獨特之處，獨居特色的義大利披薩令我印象深刻。

將神帶回人間的畫家

在聞名於世的烏菲茲博物館裡，展出了麥地奇家族所有的藝術收藏，他們收藏的文藝復興藝術品別處無與倫比。我終於看見了歐洲文藝復興早期佛羅倫斯畫派藝術家桑德羅·波提且利的作品。他曾是達文西的同學。

1477年桑德羅·波提且利以詩人波利蒂安歌頌愛神維納斯的長詩為主題，為麥地奇別墅創作了《春》。畫中波提且利對古代神話故事重新演繹，象徵「華美」、「貞淑」和「歡悅」的三美神手拉手翩翩起舞，畫面左上方是風神，他擁抱著春神，春神又擁著花神，被鮮花裝點的花神向大地撒著鮮花；畫面中間立著女神維納斯，在她頭頂飛翔著手執愛情之箭的小愛神邱比特；畫面的右下方是主神宙斯特使墨丘利。整幅畫面洋溢著青春的舞動和

生命的氣息，這幅畫已經和《維納斯的誕生》一起，成為波提且利一生中最著名的兩幅畫作。

1485年桑德羅・波提且利又創作了另一幅傑作《維納斯的誕生》，描繪了女神維納斯從大海中誕生的場景，繪畫風格與當時的畫風大相徑庭，不注重用明暗法來表現人體造型，而更強調輪廓線，使得人體有淺浮雕的感覺。畫面中的女神肌膚潔白，金色的長髮飄逸，是美的化身；女神的臉上掛著人間的憂愁、人性的迷惘和困惑在女神的臉上生動的體現。神性與人性相得益彰，互為映襯。

桑德羅・波提且利的作品表現的是畫家對希臘神話的獨特理解，畫面上的每一個神都充滿了人所嚮往的美麗和生命力。女性的性感特徵呼之欲出，肉體的豐腴和女性線條的優美迷人，這都是為什麼這兩幅名畫從青春少年起就深刻進我記憶的原因。桑德羅・波提且利的傑作體現了對於當時充斥畫壇的呆滯死板藝術風格的揚棄，他將高高在上的神帶回人間，回返自然，將自己嶄新的藝術靈感淋漓盡致地揮灑在畫面上。

可惜的是，桑德羅・波提且利的作品年代太過久遠，掛在牆上的原作，作為稀世珍品已經被罩在玻璃罩下加以保護，畫作的顏色也已黯淡，遠不如我在畫冊上看見的印刷品來得鮮豔奪目。但是我依然在這些五百多年前的大師傑作前面流連忘返，尋找我青春少年時曾有過的激動和遐想，放飛我壯年時與大師傑作面對面時的滿足。

米開朗基羅的不凡人生

佛羅倫斯市整座城市如同一個環環相扣的博物館。還有一位歷史上的偉人生於佛羅倫斯，也葬於此地。他就是偉大的雕刻家、畫家米開朗基羅。他是義大利文藝復興盛期一位多才多藝的巨人。

如果說達文西創造了內心深邃、高度智慧和風格文靜的典型；桑德羅‧波提且利創造了生命的朝氣，人性與神性的完美結合；那麼米開朗基羅則以塑造了充滿力量、堅毅果斷的英雄形象而不朽。他的筆下、刀下的英雄雖然取材於宗教、神話故事，卻個個充滿英雄主義色彩，是力與美的結合。

米開朗基羅最負盛名的作品是雕塑《大衛》。這座雕塑立像高5.5公尺，是在一塊被人損壞過，閒置了近半個世紀，沒有雕刻家再敢動手的巨大大理石上雕刻而成。米開朗基羅刀下的大衛是一個充滿著旺盛生命力，有著必勝信念的健與美的英雄形象。

大衛是聖經中的少年英雄，一位曾經殺死侵略者非利士巨人歌利亞的年輕人。米開朗基羅選擇了大衛迎接戰鬥時的狀態，他充滿自信地站立著，左手抓住投石帶，右手下垂，頭向左側轉動著，面容英俊，炯炯有神的雙眼凝視著遠方。大衛體格健美，神態沉著。米開朗基羅有意放大了人物的頭部和兩個胳膊，使得大衛在觀眾的視角中顯得越加挺拔有力。我從不同的角度仰望大衛，都可以同樣感受到他的巨人感。他年輕壯碩的軀體是男性美和力量的象徵。我曾經在佛羅倫斯市區多處街道上都邂逅了英俊的大衛，可見他在當地民眾心中的地位。

　　可是當我仰望著米開朗基羅創造的英雄形象時，我的眼前卻總是揮之不去這位並不具備完美身軀的藝術家本人。人們曾經對米開朗基羅外形這樣描述：中等身材，肩頭很寬，骨骼和肌肉突出，因為勞作過度，身體變了形，走路時頭往上仰著。背傴僂著，腹部突向前面。他還是壯年時就經歷了漫長的歲月，完成了羅馬西斯汀教堂的穹頂畫。可是當他創造了巨人般的奇蹟後，他的視力也壞了。長年累月仰著頭作畫，使他看任何東西都要放在頭頂上才能看清楚。他在詩中自嘲道：「我的皮肉，在前身拉長了，在後背縮短了，彷彿是一張敘利亞的弓……」

　　在米開朗基羅全盛時期，他也並不能夠按照自己的意願進行創作。他是傑出的雕塑家，卻幾次三番的被來自教皇的命令打斷自己所心儀的創作。他先後被教皇招去羅馬為西斯汀教堂進行穹頂畫《創世紀》和壁畫《最後的審判》的創作。英才遭受小人嫉妒的事也曾屢屢發生在大師的身上，米開朗基羅的藝術才能招致教皇的藝術總監勃拉曼特的妒忌，他唆使教皇暫停了米開朗基羅正在進行的教皇陵墓，強求雕刻家去畫西斯汀教堂穹頂壁畫。

　　其實米開朗基羅並不精於壁畫和穹頂畫的技法，可是孤傲的他也接了下來。他幾乎趕走了勃拉曼特請來的畫家，只留了幾個助手，把自己關在搭滿支架的教堂裡獨自進行創作。從1508年5月開始的四年中，成了他人生中最黯淡又最崇高的歲月。他既經受著從教皇那裡拿不到一文錢的窘困，又面臨著一家幾兄弟依賴著他的經濟支援進行大肆揮霍的家庭亂局。「我的精神處在極度的苦惱中。一年以來，我從教皇那裡沒有拿到一文錢，我什麼也不向他要求，因為我的工作進度似乎還不配要求酬勞。工作遲緩之故，因為技術上發生困難，因為這不是我的內行。因此，我的

時間是枉費的。保佑我！」

　　面對教皇的不斷催促，他的作品卻遭遇許多技術上的困難。剛畫完一部分，作品已開始發霉，畫面上的人物變得模糊不清。可是他還得咬著牙繼續下去。經過漫長的等待後，教皇最終無法忍受看不到作品的憤怒，拿起手杖打他。米開朗基羅只能被迫承諾：「當我能夠的時候！當我能夠的時候就會讓您看了！」最終，米開朗基羅揭開了所有遮蓋。一幅傳世的傑作展現在眾人面前。

　　1539年，已經61歲的雕刻家又被教皇召到羅馬，在25年前完成的《創世紀》穹頂畫下的祭壇壁面上繪製《末日的審判》。在繪畫過程中他還從作畫的臺架上摔下來，摔壞了腿。等到最後《末日的審判》完成時，他已是一個70歲的老人。創作中發生了一個小插曲：一次教皇來看他作畫，一位隨從批評他的畫中有太多猥褻的裸體，放在教堂裡是大不敬的。而只配放在浴室和旅店裡。個性非常迂直的米開朗基羅第二天就把那人的肖像放在畫中的地獄裡。後來教皇面對隨從的抱怨也只能調侃說：他把你放在煉獄裡，我還可以救你，放在地獄裡我就一點辦法也沒有了。

　　米開朗基羅活到89歲，度過了70餘年的藝術生涯，他經歷人生坎坷和世態炎涼，也用他卓傲不群的藝術天才完成了無數卓越的創作，而每一幅作品的完成，都經過了不為人知的艱苦卓絕。他一生所留下的作品充滿了磅礴的氣勢和人類的悲壯。

　　帶著無數大師的故事，我離開了佛羅倫斯，那是新年的除夕。在嚴寒中整座城市正期待著新年的到來。在暗夜中我坐的列車駛離文藝復興的發源地，當新年的曙光降臨時，我已經與這座城市告別。

莫斯科：蕭斯塔科維奇和他的見證

凝視蕭斯塔科維奇的照片，他緊抿著雙唇，目光專注地註視著前方。這目光中沒有溫情，他的鼻梁堅挺，更凸現了眼睛的深邃，而在這深邃中，卻充滿了警覺和防範。有時他會用那雙優雅的鋼琴家的手托著下頜沉思，那時臉微微俯下，眼睛躲在了深黑色的圓形鏡片後，變得意義不明了。

　　故人終將遠去，歷史卻永遠不能被遺忘。讀了蕭斯塔科維奇（Dmitri Dmitriyevich Shostakovich）口述回憶錄《見證》，該書是這位蘇聯時期最負盛名的音樂家，在晚年口述完成，並囑咐年輕的音樂學家伏爾科夫帶到外國發表的回憶錄。《見證》為讀者和史學研究者揭開了一道厚重的黑幕，從他在史達林統治時期的創作生活，世人了解了鐵幕之內，威權之下，一個音樂家所經受的心靈折磨。

　　「等待槍決是一個折磨了我一輩子的主題。」晚年的蕭斯塔科維奇向伏爾科夫講述往事時，在長時間的沉默後說道。凝視蕭斯塔科維奇的照片，他緊抿著雙唇，目光專注地註視著前方。這目光中沒有溫情，他的鼻梁堅挺，更凸現了眼睛的深邃，而在這深邃中，卻充滿了警覺和防範。有時他會用那雙優雅的鋼琴家的手托著下頜沉思，那時臉微微俯下，眼睛躲在了深黑色的圓形鏡片後，變得意義不明了。也有的時候，他脖子微縮著，卻又顯出了心中時時湧現，無法排遣的恐懼。他顯然不是一個無所畏懼的人。也許正因為這樣，他才顯得更真實。他說一生都在等待槍決。所以從他的相片上看，即便是穿上了筆挺的西裝，有時也顯出難以掩飾的虛弱，精神繃緊了，時間太久，都快撐不住了。

　　1934年，蕭斯塔科維奇28歲，已經發表了一系列重要作品，是蘇聯音樂界最閃耀奪目的新星。同年，他的歌劇《姆岑斯克縣的麥克白夫人》在列寧格勒舉行首演，好評如潮，不久開始在歐美各國公演。一年多後史達林出席觀看了該劇在莫斯科的首演，第一幕還沒結束便憤然離場。之後，《真理報》發表了一篇題為《混亂而非音樂》的文章，對歌劇及其作者進行猛烈的抨

擊，「聽者從歌劇一開始就被接連不斷的、故意安排得粗俗、混亂的音響驚住了。」所有人都知道這家蘇聯最權威報紙的未署名文章是史達林授意所為，風向一下轉變，各大報紙和樂評人紛紛改口，對歌劇和作者進行攻擊。各省的工人與農民聚集在廣場上揚聲抗議，沒想到一齣歌劇還會騷動工人和農民，顯然是組織所為吧。轉眼之間，蕭斯塔科維奇從高空跌入低谷，變成了「人民的敵人」。他幾乎被絕望淹沒，絕望到要自殺。從此之後的四十年人生中，他始終把自己看做人質，是一個被判了重罪的人。

他的作品被批「形式主義」。讀者可知道，在蘇聯以及五、六十年代的中國，「形式主義」這個概念的含義不僅僅指在藝術、文學、與哲學上，對形式而非內容的著重。那儼然是一種帶有濃烈政治意味的指控。目的就是指責作者搞修正主義，反黨反社會主義。由此被批者入了另冊，成為黨和人民的敵人。

蕭斯塔科維奇在外省巡迴演出的路上讀到這篇文章，憤怒壓抑得他透不過氣來，他對友人格里克曼說：「如果有一天，我的雙手被砍斷，我還可以用牙齒咬住筆繼續譜寫音樂。」可是他更悲哀地發現，昨日還對他笑臉相迎，讚不絕口的朋友們都和他形同陌路，認為他即將被關入監獄。當時正是大清洗的氛圍，「古拉格群島」正成為一個新的國度，關押被史達林判定的「人民的敵人」。人們都認為他不久將成為那個新國度的成員。

於是加倍的恥辱和恐懼襲來。在這一年的大清洗中，兩千多萬知識分子被處決或莫名其妙地失蹤，死神的魔爪在每個人的頭頂揮舞。於是，蕭斯塔科維奇為自己準備了一個小箱子，整個夜晚他無法入眠，他不想讓妻子和不到一歲的女兒看到他被抓，所

以，他每天晚上都拎著箱子在電梯口抽著菸，等人來抓他。他後來描述當時的心情：「我懷著一種有罪的感覺坐著，而事實上我沒有犯任何罪。」

幸運的是他最終倖免於難，史達林沒有將他關入監獄，這位才華橫溢的音樂家對他的統治者來說還是一種有用的裝飾。「史達林喜歡把一個人與死神面對面地放到一起，然後讓這個人按著他指定的旋律跳舞。」蕭斯塔科維奇說，他最終選擇了屈服，公開做了檢討。

1937年，作為贖罪，他完成了《第五交響樂》，將它獻給史達林。蕭斯塔科維奇稱這部作品是「一個蘇聯藝術家對於公正批評的實際的，創造性的回答。」這顯然也是天才的音樂家面對惡劣的創作氛圍，在求生本能驅使下所能做的讓步。《第五交響曲》也常被比擬為命運交響曲或被評為具備「新貝多芬風格」的交響曲。也因此為蕭斯塔科維奇在風雲變幻的蘇聯樂壇贏回了一度失去的聲譽。

而最深刻地造成他心靈恐懼的，是他的兩位至交好友蘇聯元帥圖哈切夫斯基與先鋒派導演梅耶荷德突如其來，不明不白的死。

他們兩人都是在大清洗中被處決了。梅耶荷德和妻子賴赫的愛情被蕭斯塔科維奇視為那個恐怖年代的奇葩，梅耶荷德發痴般的愛著她。不過後來的悲劇也令人髮指，梅耶荷德被捕後，立刻有人到他家裡把賴特殺了，還拿走了她所有的珠寶。她身中十七刀，雙眼被刺穿，痛苦地哀嚎了很久，可是沒有人敢來救她。

圖哈切夫斯基元帥一年半前才被晉升為元帥，他總是比史達林技高一籌，引起史達林的嫉妒。於是每一次和史達林會面，

為了避免得罪領袖，都是由他提出建議，然後他的助手故意糾正他，最後明智的決策總是作為史達林的建議加以採納。後來史達林利用德國間諜提供的假情報把他槍斃了。

令蕭斯塔科維奇不可思議的是，兩位好友遭遇厄運前都表達了一個相同的願望。梅耶荷德後悔自己沒有成為一個普通的小提琴手，而44歲的圖哈切夫斯基元帥素來也喜歡音樂，在被捕前居然也表示希望自己只是一個小提琴演奏員。那是一個在大樂隊中不引人注意的位置，他們根據指揮棒的指引發出不同的旋律，卻從來不會有人去注意到他們的存在。難道經過自己奮鬥而達到事業高峰的導演和元帥，忽然希望洗去自己身上的所有光環，歸於平庸。蕭斯塔科維奇不由得發出感嘆：「這種巧合使我感到驚訝和可怕。一位是名導演，一位是著名的將領——突然都希望做一個渺小的，不受注意的人，只想坐在樂隊裡拉拉小提琴。」何謂高處不勝寒？此真乃也。當生命受到威脅時，生存下去是最低的要求。

在蕭斯塔科維奇記憶中「那個時候，為了說個笑話，你就得把客人帶到浴室裡去。你得把水龍頭開得大大的，然後把這個笑話低聲告訴他。甚至笑也得輕輕地笑，用手搗住嘴笑。」人們習慣於互相告密，官方對監控者進行竊聽，所有的人都生活在恐怖籠罩的牢籠中。

而在生命中帶給他如此大威脅的，就是當時至高無上的史達林。他多次見過史達林，「沒見他有什麼魔力。他是個貌不驚人的普通人，又矮又胖，頭髮略帶紅色，滿臉的麻子，右手明顯比左手瘦小，他總是藏著右手。他的相貌同無數畫像上的樣子一點也不像」。史達林不僅喜歡文藝，還喜歡統領文藝。當他動員蕭

斯塔科維奇前往美國參加文化與科學界保衛世界和平大會時，起初蕭斯塔科維奇是拒絕的。因為他的音樂在國內被禁止。於是史達林親自出馬對他進行勸說。那時史達林顯示出了大度和柔性的偽裝。當蕭斯塔科維奇說：自己的作品受到禁止，被批判。史達林居然表現出十分驚訝，「沒有，我們沒有下過這個命令。檢查人是小題大作，主動採取了不正確的做法，我們沒有下過這樣的命令。我們要在審查機關中整頓這些同志。」然後又詢問了他的身體狀況，當聽到他經常噁心時，就答應要派醫生前去給他檢查身體。

史達林還有不為人知的殘忍的一面。蕭斯塔科維奇記得三十年代中期，三百多位烏克蘭盲人歌手從各地匯集來莫斯科，參加官方組織的民間歌手大會，當這些「烏克蘭活的博物館，活的歷史」聚齊之後，幾乎全部被槍決了，因為這些可憐的盲人們，他們唱的是舊調子，但是烏克蘭正在進行偉大的事業，而這些盲人，唱著曖昧的舊歌曲，唱的是他們流浪的歌，審查員沒有辦法去審查，於是就索性全部殺掉了。這又是蕭斯塔科維奇關於史達林的另一個記憶。有著這樣的記憶，可以想像在與面前的這位個子矮小的領袖交談時，不管領袖說什麼，他都難以抹去自己心中的恐懼。他始終如履薄冰，祈求著災難不要落到自己的頭上。

許多年後蕭斯塔科維奇回想起自己為什麼能夠受到批判而活下來，他覺得原因是自己參加了為電影《攻克柏林》和《難忘的1919》的作曲，還因此受到褒獎。而史達林是非常喜歡電影的，並且親自負責電影業。

說到這裡他還記得一件即好笑且悲慘的事。史達林審片時

習慣讓導演坐在前排，自己坐在後排。這樣一來坐在前排的導演在整個審片過程中飽受折磨，聚精會神地注意著後排的每一點反應。有一次電影放映過程中，史達林的祕書拿進來一份文件，史達林看後生氣地說：「這是什麼破爛貨？」前面的導演以為是說他的影片，嚇昏過去一屁股坐在地上，被人扶出去。最後導演甦醒過來才聽說史達林說：「這部影片不壞，我們喜歡這部電影，不過以後不請導演來了，不，不請了，他們都太神經質。」

蕭斯塔科維奇骨子裡是一個蔑視強權的人，時代卻迫使他匍匐著行使著怯懦者的行為，因為他也希望活著。和俄羅斯歷史上曾經存在過的癲僧一樣，以瘋癲的行為保護自己，避免暴君的猜忌。可是在他們的瘋言瘋語中，時常混雜著真言。

蕭斯塔科維奇的第七交響樂《列寧格勒》不僅為他在蘇聯帶來了至高無上的榮譽，同時也享譽世界。

從1941年9月9日開始，聖彼得堡市民被納粹德軍圍困872天，德軍聲言：「不接受任何形式的投降，要將列寧格勒從地圖上抹去。」六十多萬城市居民死於飢餓和轟炸。軍隊頑強抵抗最後終於取得勝利。西方輿論的評價「列寧格勒的抵抗乃是人類在經受不可思議的考驗中取得輝煌勝利的一個榜樣。在世界歷史上也許再也不能找到某種類似列寧格勒的抵抗。」就是在這樣的環境中，蕭斯塔科維奇在被圍困的最初幾個月裡創作了《第七交響曲》又叫列寧格勒交響曲，這是他獲得世界性聲譽的一部作品。

1942年3月5日，蕭斯塔科維奇撤退到大後方古比雪夫市，和莫斯科大劇院樂團一起，在空襲警報中完成了《第七交響樂》的首演。五個月後，戰鬥機的飛行員冒著被擊落的危險將樂譜空投到列寧格勒。此時餓殍滿城的列寧格勒已經湊不齊一支完整的樂

隊，首次排練時只來了二十多人，一半的樂手都是被擔架抬來的，飽受饑餓的指揮甚至無力揮動指揮棒。但是經過一次短暫的排練後，《第七交響樂》在列寧格勒大劇場首演了，饑餓的人們從四處聚攏進來，在德軍的隆隆炮聲中，樂團圓滿地完成了演出，許多樂手在演出結束後精疲力竭暈厥過去。

《第七交響曲》獲得了巨大的成功，它對蘇聯軍民士氣的提升是不可估量的。史達林將它宣傳為反法西斯的頌歌，並得到了盟國的好評。1942年7月19日，數百萬美國人在電臺裡第一次聽到了這首氣勢恢弘的交響樂，《時代》雜誌為此將蕭斯塔科維奇身著消防制服、頭戴消防帽的照片登上了封面。他以一個抗擊法西斯的民兵形像出現在世界的目光中。

但是多少年後，在《見證》一書中，蕭斯塔科維奇卻表示：「《第七交響曲》是戰前設計的，所以，完全不能視為在希特勒進攻下有感而發。侵犯的主題與希特勒的進攻無關。我在創作這個主題時，想到的是人類的另一些敵人。」「我毫不反對把《第七交響曲》稱為《列寧格勒交響樂》，但它描寫的不是被圍困的列寧格勒，而是被史達林所破壞、希特勒只是把它最後毀掉的列寧格勒。」

當然即便在同時代，知識分子的遭遇也有例外，在《見證》中記述到，著名的話劇藝術家斯坦尼斯拉夫斯基就被照顧得很好，享受著政府為他提供的優渥條件，住在高尚的公寓住宅中，以致不知民間疾苦。有一次排演一齣反映市民生活的話劇，他就不能理解為什麼普通人們都住在一間房分隔成幾小間的所謂公共公寓中。當人們告訴他，這些人沒有房子可住，他竟然天真地說：「這不可能，人們不可能沒有自己的公寓房子，你們這是愚

弄我。」在蕭斯塔科維奇眼中，斯坦尼斯拉夫斯基日常吃著政府為高級知識分子和黨內幹部提供的特供食品，不知窮人苦。天才又天真的斯坦尼斯拉夫斯基還以為那是只有少部分人才知道的祕密。而其實大家都知道，只有他自己蒙在鼓裡。

「回頭看，除了一片廢墟，我什麼也看不到，只有屍骨成山……」這是蕭斯塔科維奇接受伏爾科夫訪問時，時常忍不住說的一句話，他已經徹底地從心裡將史達林拋棄了。他也將自己一生曾經的榮耀和成就深深地埋進那片廢墟之下。威權之下，順我者昌，逆我者亡。即便是天才豪傑，也難盡情抒懷。他留給後世的遺產中，不僅有他靈魂掙扎中產生的傑出音樂創作，作為歷史親歷者，把記憶寫成文字，留下的見證，功在千秋，告訴後世一個真實的蘇聯。

明斯克：亞歷塞維奇筆下的人們

一些才18，19歲的孩子，剛剛達到成年的門檻，有些甚至在全不知情的情況下，就被送到阿富汗前線去打仗。骨瘦如柴的娃娃兵，以為是去開荒的，卻降落在阿富汗。突然被投入一個陌生的，與原先告訴他們的完全不同的地方。

　　諾貝爾文學獎得主亞歷塞維奇（Svetlana Alexandrovna Alexievich）具備非凡的勇氣面對人類的苦難。她的作品深入蘇聯現代歷史中一系列悲劇的現場，對曾經歷過苦難的當事人深度採訪，將支離破碎的歷史場景重新復原，採用複調式的寫作完成了一幅幅歷史的畫面。

　　《鋅皮娃娃兵》記錄了1979年12月蘇聯入侵阿富汗，在與阿富汗各派游擊隊的數年戰爭中，蘇聯軍官、士兵、護士、妻子、父母、孩子的血淚記憶。《車諾比的回憶：核災難口述史》用三年時間採訪了這場災難中的倖存者：車諾比核能發電廠的反應爐發生爆炸，一些人當場死亡，更多的人被迫放棄家園，逃離被嚴重汙染的土地，成千上萬活著的人因高輻射核燃料洩露而感染各種疾病。《二手時間》講述了蘇聯解體後，從1991年到2012年二十年間痛苦的社會轉型中，俄羅斯普通人夢碎的生活。她的系列作品用與當事人訪談的方式寫作，記錄了阿富汗戰爭、蘇聯解體、車諾比事故等蘇聯歷史上重大的事件。同樣這些事件也深刻地影響著整個世界。她的作品形成了一道獨特的文學記述歷史的景觀，為此贏得了諾貝爾文學獎的殊榮。

　　從她的作品中，我們聽到的是悲劇事件的倖存者、或者是他們的伴侶、父母的傾訴，他們的情緒總體是低落的、充滿了悲傷，難免也有憤怒，更多的是對現狀的無奈。作者將自己隱藏在這些人群身後，用她的筆，將當事人最真實的感受呈現給讀者，而凝聚其中的個人挫折，集體失敗和曲折的民族道路，正是讀者以史為鑑的最好材料。

　　在《鋅皮娃娃兵》一書中，她揭露了一個事實，一些才18、19歲的孩子，剛剛達到成年的門檻，有些甚至在全不知情的情況

下，就被送到阿富汗前線去打仗。骨瘦如柴的娃娃兵，以為是去開荒的，卻降落在阿富汗。突然被投入一個陌生的，與原先告訴他們的完全不同的地方。剛到部隊，首先要受到老兵的欺負。進入戰場，周圍都是慘狀，切除的肢體都堆在帳篷外，屍體都半裸露著。戰場上異常血腥，你死我活的戰鬥迫使他們變得殘暴。

一位母親傾訴到：「他們把我的孩子帶走，剃成禿子，過了五個月送來一口棺材。」

那一陣，從前線空運回來的鋅皮棺材特別多。士兵的家屬最怕看到的一個情景就是軍隊的人來到家門口，門外停著一個封閉得嚴嚴實實的鋅皮棺材。他們會告訴你，你的孩子陣亡了。可是那個棺材無法打開，你都不知道裡面躺著是不是自己的孩子。前線傳回來最可怕的說法，有一種炸彈，人被炸了以後只能用桶子來收屍，那簡直是粉身碎骨了。

許多從戰場上回來的戰士帶著傷痛，有許多嚴重傷殘，可是城市裡的人稱他們為「阿富汗人」。他們不像參加衛國戰爭中保衛國家的士兵那樣受人尊重，當人們了解了這些士兵在阿富汗戰場上的情況後，還回過來罵他們是殺人犯。

娃娃兵們也很迷失，原先他們頭腦中被灌輸的東西是：參加偉大的衛國戰爭，可是等到明白過來，卻發現被投進了異國土地上的另一種戰爭。本想當英雄，結果不知道自己變成了什麼？回國後他們又被與保衛過祖國的殘廢軍人區別對待。士兵收到女朋友的來信，不願與他繼續交往。並說：你的雙手直到胳膊手肘都沾滿了鮮血。

為了一場不義的戰爭，年輕的士兵做出犧牲後，回國還要遭到社會的歧視。所以他們許多人，常年生活在底層，生不如死。

他們反而希望回到戰爭的環境中，因為回到和平的國內，沒有人看得起他們。士兵們感覺信仰破滅：讓我們打仗，我們打了，也許為了某種事業去打仗，可現在又開始說我們是殺人犯。經歷了極其殘酷的戰爭，回來後也很不適應，見到街道的轉角都緊張。

作者採訪了很多活著的士兵，其中有許多都已經嚴重傷殘，還有陣亡士兵的父母。她記錄的是這群人流血的記憶和破碎的心。翻譯家高莽說：「她自己沒經歷過戰爭，透過採訪真實還原戰爭中的小細節，寫出了最真實的戰爭。」她是非常勇敢的。

《鋅皮娃娃兵》出版後，社會的反應也是兩極的。作者寫出了真實，可是士兵的家屬不要這些真實被揭露，士兵們有些也反對她的作品。他們已經在戰場上葬送了自己的青春，同伴們犧牲了生命，難道還要讓人們去罵他們兇殘？母親們說：孩子年輕、英俊，可作者寫文章說他們是殺人犯。士兵的母親說：在哪場戰爭中都有汙穢，可是我不願重提汙穢。

在社會紀實報告《二手時間》中，亞歷塞維奇將前蘇聯解體後，今日俄國不同階層民眾的真實生活展現在讀者面前。國家狀況的改變使每一個人的生活都發生了翻天覆地的變化，其中大部分的普通百姓生活在物資缺乏，工作無著的困境中，有些更是過著顛沛流離的生活。歷史時常會和活著的人們開玩笑，專制獨裁的蘇聯解體後，人民並沒有迎來和諧富足的民主社會，價格飆漲、失業、民族衝突，恐怖襲擊，艱難的現實困境使人們對克服困難失去信心。原先的信仰已經支離破碎，重塑社會的精神凝聚還沒有成型，迷途中的羔羊前路迷茫，於是一個十分奇怪的現象出現了，有些人開始懷念史達林，覺得史達林領導下的蘇聯是一個強大的國家。

　　轉型時期的人民，面對的是充滿複雜矛盾的歷史和現實，他們痛恨史達林時代，在那個時代中他們飽受迫害。可是他們卻又不得不承認：那是一個殘酷的時代，可是人們建設了強大的國家，戰勝了希特勒。

　　蘇聯學者B‧基謝廖夫認為，史達林模式的突出特點是：「全面集中管理社會生活的所有領域，將行政命令方法與國家恐怖手段相結合，直至組織大規模鎮壓和建立強制性勞動的集中營……」前蘇聯時期史達林在國內進行了無數次慘絕人寰的大清洗，媒體的文字中是這樣形容的：「大清洗開創了人類歷史上不曾有過的先例：一個黨一半的成員被捕，一個政權的絕大多數上層成員被處決，一支軍隊的中高層軍官幾乎被全部消滅，一個國家的全體國民生活在恐懼之中。」

　　年長的一代痛恨那個時代，可是面對變化的現實更加措手不及；年輕的一代不曾經歷過舊時代的殘酷，卻渴望新時代一個強勢的民族和國家。這種矛盾錯綜複雜，正是作者的社會實錄提供給我們的真實社會圖像。社會的變革引來雪崩似的變化，到底是史達林，還是赫魯雪夫，或者是戈巴契夫，還是普丁？社會轉型如何體現公正，輔助弱勢群體，而不是只推崇強勢者。

　　一位59歲的母親安娜活在當下，聽到來自四面八方的聲音：生存就是鬥爭，強者戰勝弱者。我們必須長出利角和鐵蹄，穿上盔甲，弱者無人需要。走在熟悉的街道上，看到的都是陌生的外國名字的商店，裡面找不到俄國的商品。面對所見到的現實，於是她吶喊：這不是我需要的！

　　這位母親其實在蘇聯解體前也是飽經創傷，她的父母先後進過監獄，自己從幾個月大就跟著母親生活在勞改營。等到3歲

大就被從母親身邊帶走，安排在營房，每天只能隔著鐵絲網看見母親。她和她的同儕有一個獨特的名字，就是從禁區來的孩子。等到她走出孤兒院時，原先所接受的所有教育都發生了本質的變化。社會的價值觀完全被顛覆，報紙上寫文章說到她記憶中的英雄卓婭從小患有腦膜炎，精神分裂才放火燒了德軍的房子；保爾．柯察金也不是英雄了。她再訪問住過的勞改營，看守者說：「我們所有的痛苦就在於，我們既是兇手，又是受害者，我們是同一種人。」整人的和被整的人重新坐在同一張桌上，彼此心知肚明，可是卻沒有人出來承擔責任。

如今她這個年紀似乎無法融進劇變的社會，看著自己的兒子四處奔波做生意。她已經很不習慣，最終說了一句實話：「我還是更喜歡從前那些人，他們都是自己人，我和那個國家一起長大，經歷了它所有的歷史。而對現在的國家，我無動於衷，這不是我的國家。」

她的兒子從軍校畢業，從少校變成了商人，專賣義大利的暖氣煤氣和通風設備。他活著從阿富汗回來，可是發現原來的祖國沒有了。新的國家的人們鄙視他們，罵他們是殺人者。他的一位戰友開槍自殺了。

他有兩個孩子和一隻狗一隻貓，一連幾個星期，只能喝粥。為了生活，他晚上卸過貨車，鋪過馬路瀝青，當過保全。後來被迫做了生意，賣電腦，賣牛仔褲。戰友們聚在一起時，酒醉後互相擁抱，高唱《共青團員之歌》。他們也開始懷舊，懷念蘇聯時期，他們總是抱怨：「今天已經無法無天，我們需要史達林。」其實他們自己經歷的時代並不是史達林的時代，如果實話實說，他們一方面很懷舊，另一方面也對未來恐懼，都想離開那個國

家。在生活中他們與下一代人已無法溝通，他們生活的是同一片土地，卻感覺已是兩個完全不同的國家。後來他終於如願以償，和全家移民加拿大。

也有的懷念完全是一種諷刺。他們著迷的是那個社會的畸形權力形式，可以輕而易舉地將社會扭曲變形於集權統治下，稍有自由意志的人可能被送去勞改營。他們企望著這樣的權力為他們帶來社會的公正。

一位母親，她的女兒是下士警員，死在車臣，腦門上中了一槍，她究竟是怎麼死的？母親一直在追求真相，可是上級就說她的女兒是喝醉了酒，吸食毒品後自殺了。可是母親不相信這種說法，她堅決地要挖掘真相。就這樣和官方槓上了。在遭遇了當局的忽視後，她說：「應該讓史達林從墳墓中復活，他隨便就可以把現在這些當官的銬起來拉出去槍斃，輕而易舉。我不會可憐他們，我想看到他們痛哭流涕的可憐相。」這位母親在史達林死的時候才出生不久。關於史達林她只記住一件事，就是在史達林的領導下，他們成了勝利者。可悲的是她的希望很容易灰飛煙滅，任何一位無視法制的基層領導，都可能再次徹底摧毀她的幻想，導致她的期盼走向失望和絕望。

美國著名歷史學家、作家芭芭拉·塔奇曼在她的著作《驕傲之塔：戰前世界的肖像，1890-1914》中曾寫道：「在歷史的一頁翻過去，人們重新追溯、重構的時候，就會出現一種美化，大塊大塊地卸掉抹掉一些東西，然後把那些美好的東西提純、放大，那些所謂的『美好』往往是當今失落的東西。」

還有一位年近50的音樂家，在她20多歲時認識了年長她許多的男友，男友從勞改營出來不久。在她的印象中前蘇聯的男人都

是蒙難者，或者在戰場上，或者在勞改營，有的是從戰場上下來直接進了勞改營。戰爭和監獄是俄語中兩個重要的詞。「而俄羅斯女人從來就沒有過正常的男人。她們一直在給男人醫病。」這位音樂家始終扮演了一位耐心的療傷者的角色，她用自己的意志力和忍耐力拯救了她的男友，同時拯救了她自己的生活。後來她的男友與她結合，最後得了癌症病逝。可是在他們共同相處的歲月裡，兩個都曾經有過失敗婚姻的人和睦相處，互相拯救了對方。對於那個不堪的史達林時代，他們勇敢地把它甩在身後，開始了一段真正屬於自己的全新生活。她開始掌握自己的命運，而不是乞求至高無上的人的恩賜。

亞歷塞維奇就是這樣一個敢於揭開傷疤，透過血跡斑斑，直視人類心靈苦難的作家。她有巨大的勇氣去接近社會底層最無助，最脆弱的群體，近距離地傾聽他們的苦難心聲，而這些聲音時常被人們忽略。生活的步伐永遠往前走，可是總有更大的群體被丟落在後面，無人了解他們，人們不屑於聽他們的故事，體恤他們的痛苦。這樣的群體在世界的不同國家，即便美國都可以看到。亞歷塞維奇不僅記錄了他們的故事，她更帶領讀者穿越歷史的迷霧，看到了人間悲劇的真相，進而去思索這些悲劇產生的真正原因。

美洲

洛杉磯：孤獨的音樂天才麥克‧傑克森

舊金山：慕然回首間

紐約：零度地帶的昨日與今天

麻州劍橋：初秋走進哈佛

亞特蘭大：隨風飄逝

洛杉磯：孤獨的音樂天才 麥克‧傑克森

麥克‧傑克森離開後，世界並不缺少他的聲音，他的歌被無數遍地播放，被歌手傳唱。這時世人才真正意識到，世界曾經不公地對待了他，並真正痛惜世界失去了一位不可複製的音樂天才。

　　2009年6月，當全世界的歌迷們都在熱切期盼著麥克‧傑克森復出歌壇，他也正在為世界巡迴演唱會進行密集排練的時候，卻突然傳出消息，因私人醫生過量注射藥物危及生命，麥克‧傑克森撒手人寰。我工作的電視臺離傑克森病逝的醫院大約15分鐘車程，一個享譽世界的音樂奇才就這樣在我們身邊離開了世界。為了悼念他的逝世，CNN電視網直播了他的葬禮，那時我是洛杉磯KSCI-CH18電視臺晨間新聞的製作人，我們也利用CNN的直播訊號，對華語觀眾做了一次同步直播。當時那個叫做《洛城活力早餐》的每天兩個小時的新聞直播節目才開播沒多久，帶領著一個尚還在磨合中的團隊，我們做了一次十分有意義的嘗試，也在第一時間和華語觀眾一起表達了對一代音樂奇才的深深悼念！

　　媒體對於麥克‧傑克森似乎從來不太友善，即便在他突然辭世後，也有許多負面的報導傳出。有的消息甚至說，麥克‧傑克森早已病入膏肓，虛弱的身體已經不允許他唱歌，更不用說重現雲端漫步的絕妙舞姿了。人們常說，謠言被重複了千百遍，也會成為真理。似乎有許多人對那些負面的傳說信以為真。

　　終於我看到了記錄麥克‧傑克森最後排練的記錄影片《就是這樣》（This is it）的公映，如同一把鋒利的劍，劃破了瀰漫世界的謊言。我看見一個藝術的天才充滿生命力地在舞臺上閃耀著他生命的最後光芒，或許這道光芒如同暗夜裡劃過天際的流星，稍縱即逝，卻依然耀眼，讓我難以忘懷。

　　影片中在彷若來自天際的音樂中，麥克‧傑克森身穿太空衣出現在舞臺中央，身上的螢幕依稀可見歷史的回映。太空衣一片片打開，身穿黑夾克，紅褲子和黑皮鞋，戴著墨鏡的麥克‧傑克森走向前臺，邊歌邊舞。於是我重新看見了充滿靈動的雲端漫步

舞蹈，聽見了他獨具特色的嗓音。

麥克‧傑克森在排練場上的一舉手一投足都充滿了藝術的魅力，給我留下深刻的印象。排練場上，事無鉅細，只要與演出的藝術品質有關，他都會平心靜氣，卻又充滿熱情地與製作人、音控師，或是歌手、舞者溝通。他的藝術靈氣，無法抵擋地穿透了每一個合作者的靈魂深處。

「這裡有個錯誤，沒有第二個音節，大家都停一下，第一個音節後，我們就開始過渡。再走一次。」麥克‧傑克森對電子琴表演者耐心解釋。

他又向製作人建議：「如果這樣的話效果會更好，讓它繼續轟鳴，它響了一會之後，全場慢慢安靜。那個門開了之後，鋼琴響起，推土機出現。」麥克‧傑克森扮演了一個環境的保護者，張開雙臂擋在象徵著野蠻踐踏地球的推土機的前面。

在談到一段表現地球被破壞的影像片斷，麥克‧傑克森深情地說，「我太喜歡這一線陽光，一個小女孩在大森林中，一隻蝴蝶在飛，小女孩醒來了，可是地球卻已滿目瘡痍，大火燒毀了森林，遍地枯枝……」

影片中有一個動人的場景，演出人員手拉著手，圍成一個很大的圓圈，麥克‧傑克森很有感情地對全體創作人員說：「這是一次歷險，一次不同尋常的歷險，不需要擔心受怕的歷險。這是一次美妙的經歷，把觀眾帶入從未有過的境界，向他們展示前所未見的才能，盡情釋放自己。我愛你們，我們是一家，我們就是一個大家庭。……讓世人注意這個世界愛的重要性，愛不可或缺，互相關愛，我們是個整體。」

一位電吉他手感嘆道：「這是奇蹟，我們是在見證天才，他

就是國王，同時又是一個很謙遜的人，他就是音樂的化身，你還要期待什麼？我們都是調味料。」

製作人這樣評論傑克森：「他是完美主義者，他知道自己所有的歌曲的拍子和調子，你騙不了他，你得真地熟悉他的唱片，然後從中找出一部分發展新的東西。……他很有才能，功底深厚。而且富有創造性，能夠深入人心，無人能夠企及。」

排練場上光芒四射的「國王」摧毀了所有媒體中對他妖魔化的描述。在音樂中，他是創造者、主導者和指揮者，無人能夠遮掩他的光芒！

對於麥克・傑克森最具有攻擊性的負面新聞始於1993年一個13歲男孩喬丹・錢德勒的指控，說麥克・傑克森對他進行了性侵。這件駭人聽聞的戀童案還並不是唯一指控。在第一宗戀童案發生十年後，又有一位癌病患兒在父親的唆使下以同樣的罪名狀告麥克・傑克森。這兩件最後都不成立的案件所經歷的漫長審理過程，最終將一個活力四射的音樂天才送上了死亡之路。

從來不曾經歷過幸福童年的麥克・傑克森特別渴望和孩子們在一起，似乎他本人就是一個在心靈世界裡未曾長大的孩子。他喜歡把孩子帶到家裡去玩，喜歡和孩子們睡在一間房裡，有時甚至是一張床上。他對世界毫無戒備，卻恰恰成了外界攻擊他的突破口。有人質疑一個成人和孩子睡在一張床上，有沒有戀童的行為？1992年5月，麥克・傑克森和歌迷喬丹・錢德勒一家第一次見面，隨後這家人就和麥克保持著不錯的交往。但是交往稍久，以牙醫為職業的埃文・錢德勒就開始頻頻對麥克・傑克森提出各種物質的要求，當要求達不到目的時，就阻止自己的孩子和麥克・傑克森接觸。

　　埃文・錢德勒在一份電話錄音中露骨的說：「如果我得不到我想要的，這會是一場腥風血雨，事情會越鬧越大的。他（指麥克・傑克森）將會前所未有的丟人，身敗名裂，他一張唱片也別想再多賣出去。」隨後埃文・錢德勒在為兒子喬丹・錢德勒拔牙時，使用了大劑量的藥性極強的鎮靜劑異戊巴比妥（sodium Amytal）後，讓兒子提供偽證，說麥克・傑克森碰過自己的生殖器。後來這個案子一直糾纏著麥克・傑克森。使他疲憊不堪，甚至提前停止了全球巡迴演唱會。

　　在麥克・傑克森成為被告之後，警方要求對他進行裸體檢查，以求證男童喬丹・錢德勒關於麥克・傑克森生殖器的描述是否符合事實。迫於盡早解決糾紛，還自己以清白，麥克・傑克森最終同意了進行這項充滿人格侮辱的檢查。在雙方律師、一名醫生、一個檢察官、一名傑克森的保鑣以及一名攝影師在場的情況下，醫生和警方對著他的身體各個部位進行了長達25分鐘的裸體檢查。並且對其生殖器、肛門、臀部等所有部位進行了拍照、錄影。這次侮辱人格的裸體檢查給麥克・傑克森的身心造成了極大的影響，成為他心理上一塊永遠無法抹去的陰影。

　　裸體檢查結束後的第二天，1993年12月22日，麥克・傑克森在夢幻莊園透過衛星電視直播，舉行了個人聲明的發布會，第一次現身回應指控他的戀童案。麥克・傑克森非常疲憊的說：「我希望你們所有人都能夠在真相水落石出之前耐心等待。不要像看待一個罪犯那樣看待我，因為我是無辜的。我已經被強迫去接受了一個完全沒有人性，充滿恥辱的檢查。這可以說是我一生中遭遇到的最令我感到羞辱的事情。但我忍受這個檢查，是因為我能夠用它來證明我的清白，我完全是清白的。」

案件發展最終的結果，被官司糾纏得精疲力竭的麥克‧傑克森終於接受了身邊工作人員，以及好友伊麗莎白‧泰勒建議的庭外和解。麥克‧傑克森總共支付給錢德勒一家三口以及錢德勒的律師拉里‧費爾德曼2200萬美元，錢德勒父子放棄在刑事訴訟中作證。

在麥克‧傑克森逝世後，已經成年的喬丹‧錢德勒終於良知甦醒，出面揭露當年完全是在父親指使下才做出了虛假的指控。數月之後，據悉，這名前牙醫埃文‧錢德勒開槍擊中自己頭部結束了生命。或許這也是對誣陷者的一種報應。

麥克‧傑克森所經歷的第二次戀童案起因是出於對一個名叫加文‧阿維佐的晚期癌症病童的同情。當麥克‧傑克森得到消息，一個被醫生診斷最多只能活一個月的癌症病童，希望能夠見到他。麥克‧傑克森次日就親自給病童打了電話。隨後把病童接到住處夢幻莊園，帶給他許多的快樂。可是沒有想到，1993年發生的一切，又再度故技重演，傑克森再次被告與病童睡在一張床上，有戀童的嫌疑。更甚於第一次的是，傑克森還被戴上手銬，關押起來。前後經過約兩年的審理，2005年6月13日，陪審團終於達成了對麥克‧傑克森的無罪判決。無辜的麥克‧傑克森被釋放。隨後他搬離了夢幻莊園。在他心目中最純潔的孩子們，讓他嚐到了處處陷阱的可怕。他的精神狀態受到了難以彌補的傷害，為了擺脫長期無法入眠的痛苦，他對藥物的依賴進一步加重。可是只要當他重新站立在舞臺上，他依然光彩奪目。

傑克森年幼就在父親的嚴厲管教下從事音樂演出，他從來沒有享受過真正意義上的童年。所以他那麼著迷於去塑造一所充滿童趣的夢幻莊園。可是，人世間從來，也不可能存在純潔的樂

圍，更何況他是一位身價億萬的歌星。人世間所有貪婪的目光，都會披著正義的幌子聚焦過來。對錢財的貪婪，以及對於種族的歧視，多種因素造成了傑克森的悲劇。病童的家屬和律師想盡辦法從他身上榨取錢財，甚至是被租來送麥克‧傑克森和律師的航空公司，也被揭露在飛機上祕密地裝上了錄音設備，試圖高價把錄音內容出售給大型的電視臺和廣播電臺。

即便在美國這樣一個自由的國度，也不能寬容一個心靈上有缺陷的音樂天才。貪婪的孩童的父母，蛆蟲樣的律師，以標榜公正的法律，糾纏著他。以虛假的正義為幌子，對天才進行蠶食。我彷彿看見，無助的天才被撕咬得百孔千瘡，無處逃遁，最後精疲力竭地倒下。

但是，麥克‧傑克森離開後，世界並不缺少他的聲音，他的歌被無數遍地播放，被歌手傳唱。這時世人才真正意識到，世界曾經不公地對待了他，並真正痛惜世界失去了一位不可複製的音樂天才。

舊金山：驀然回首間

大門邊的灰牆上鑲著一塊半公尺寬的長方銅牌，
銅牌歷經日晒雨淋，色澤已經顯得有些黯淡。我
讀了銅牌上的英文字，心頭突然湧上一陣難言的
驚喜。我還記得她的自傳中的一幅幼年留影，在
一片廣袤的田野上，她在自家的藩籬前充滿童稚
的笑著。

　　美麗的邂逅是生活的賜予，可遇而不可求。美麗的邂逅是生活長河中優美的波瀾，柔和的漣漪會為平淡，甚至有時是寂寞的生活增添亮眼的色彩；抱著一顆迎接不期而遇的美好的心，享受生活的賜予，生活會更豐富。

　　剛到美國的時候，我曾經住在舊金山市中心的一幢公寓裡，那個區域介於市中心商業區與貧民區之間，門前車流如潮。尤其是到了夜晚，會看見城市的貧民夾雜在匆匆行走的上下班人群中，流浪者會在街邊搭鋪睡覺。我每次進出公寓的大門都是匆匆而行，從沒有留神看一眼大門附近的陳設。有一天為了等一位朋友，才終於有機會在大門前面好好地站一站。

　　站在街上等人，如果不是急事，我喜歡暫時放開心中的期盼看街景，沒有風景的時候，就看街上的車流和過往的行人。每一次我那樣做，都會有所收穫。只是那天當我站在舊金山基理大道和泰勒街的交界口觀望時，我的收穫比任何一次都更為豐盛。

　　就在我面街而立時，我看見一輛公共交通車從街上駛過，車上有一對乘客正指著公寓樓說著什麼。公車駛遠了，街上出現了瞬間的寧靜，我轉身看我住的公寓，大門邊的灰牆上鑲著一塊半公尺寬的長方銅牌，銅牌歷經日晒雨淋，色澤已經顯得有些黯淡。我讀了銅牌上的英文字，心頭突然湧上一陣難言的驚喜。難道這是真的嗎？我問自己。

　　正在我顯得興奮異常的時候，我的朋友來了。我急忙把他拉到銅牌前面，告訴他我的發現。他也和我一樣的驚訝，他在舊金山已經住了十幾年，可還是第一次聽說過這個消息。

　　我即刻和他聊起我離開中國以前讀過的一本《鄧肯自傳》，講述了這位現代藝術家曲折波瀾的一生。我還一直清晰記得個性

奔放不羈的她，有一次在舞臺上見到蘇聯的著名的戲劇藝術家斯坦尼斯拉夫斯基，走上前去熱情擁吻，把斯坦尼斯拉夫斯基嚇得連連後退。我還記得她的自傳中的一幅幼年留影，在一片廣袤的田野上，她在自家的藩籬前充滿童稚的笑著；還有她的死簡直不可思議，風把她脖子上的長圍巾吹到敞篷車車輪的軸承上，轉動的軸承把圍巾越捲越緊，圍巾絞斷了她的脖子……。難道所有這些當年曾經在我年輕的腦海裡迴盪了無數個日日夜夜的故事，就曾經發生在我身邊的這片土地上？曾經是書本上的歷史，竟然和我的生活近在咫尺。不經意間我站在了歷史的一塊沃土上，記憶裡的故事頃刻都活了起來。儘管歷史已經斗轉星移，這片遺址卻始終是這位藝術家生命密碼中的起點。我再次去讀銅牌上的文字，上面寫著：美國現代舞的創始人鄧肯生於此地。當年這裡還是一片開闊的鄉村。

美麗的邂逅是生活的賜予，可遇卻不可求。可是在影視作品，或是文學作品中美麗的邂逅總是常常閃現它的身影。文學名著中先例不少，就是我在寫小說的時候也時時不忘為書中的主人創造一些那樣的機會。為了什麼？可能是有了邂逅，故事會更好看？也可能有了美麗的邂逅，生活會變得更令人回味！

紐約：零度地帶的昨日與今天

在紀念館最底層，不僅可以看見被飛機撞斷的鋼梁，扭曲著掛在牆上，大廈原址的泥漿牆依然樹立在那裡，一根扁平的柱子高高地立在底層的廣場中央，那是雙子星大樓僅存的最後一根柱子，灰色的水泥柱上黏貼著救援失蹤者的照片。

　　2017年9月11日我攜女兒到紐約旅遊，特地前往911恐怖襲擊紀念館祭拜。16年前住在舊金山的那個早晨，忽然被朋友的電話從睡夢中叫醒，打開電視看到所有主流電視臺都在直播發生在紐約的恐怖襲擊：飛機攔腰撞進世貿中心雙子星大樓，傲人於412公尺之上的世貿雙子星大樓轟然倒塌⋯⋯這些記憶並沒有隨著時間的流逝而有絲毫的淡薄，因為那不是我個人生活的片段記憶，也不僅僅是關係美國一國的悲劇事件，而那是一個因此導致整個世界從此發生深刻變化的歷史悲劇。

　　這次紐約之旅是911恐怖襲擊後我第一次回到紐約，走近位於「零度地帶」的死難者悼念水池，我撫摸著一個個鐫刻在黑色大理石上的死難者的名字，眼睛卻無法離開水池中心那個四方形的黑洞，黑洞的形狀正是我記憶中世貿中心大樓的形狀，而此時它不再向上伸展，不再高聳入雲，直指雲天。它變成一個看不見底的深淵，吸納著從不間斷的潺潺水流不停下瀉，不知流向何方？而跟著這些水流一起沖向那無底深淵的是二千多個活生生的生命？即便這些生命曾嘗試伸出雙手要抓緊周邊的崖壁，可是無情的流水一瀉到底直落三千尺。在基地組織的恐怖分子將劫持的客機衝入世貿中心的南北塔後，塔樓倒塌。襲擊事件中遇難者共有二千九百七十人，世界貿易中心死亡二千七百五十三人。

　　紀念館中人流最擁擠的是恐襲當天的實物和照片音像陳列館。一段段呼叫911救援的錄音都是從世貿中心大樓裡打出來的。簡直難以想像，那些聲音中沒有聲嘶力竭的呼喊，仍然那麼沉著，聲調不高，卻字字句句都那麼清晰：飛機撞進北樓，需要緊急救援！那是南樓打出來的求援電話，可是僅僅十七分鐘後，南樓也遭到另一架飛機撞擊。也有受困者打給親人的訣別電話：再說一次我

愛你！沒有無助的哭泣，沒有聲嘶力竭，那麼平靜地告別，留給生者一個美好的回憶。我和所有在場的人都摒住呼吸，仔細傾聽著16年前的那一天，那些曾經的生者留給世界的最後的聲音。

最震撼的是一幅照片，在開始冒煙的大樓裡，一扇落地大玻璃前，站著一位身穿西服的年輕女子，她望著窗外。從服裝上看顯然是某金融公司的職員，穿著熨燙平整的西服套裙來上班，剛走進辦公室沒有幾分鐘就遇到了一陣巨大恐怖的撞擊，整個大樓都在晃動，電燈滅了，空調停了，空氣越來越稀薄，溫度逐漸升高，呼吸變得困難。9月的紐約還是夏天的尾巴，沒有空調的密閉空間中的氣息令人窒息，她一定已經聽到了關於大樓遭遇撞擊的災難訊息，可是飛機引起的燃燒阻斷了逃生的路，她知道自己走不出去。她站在窗前望著窗外，攝影者的超長鏡頭把她的神情定格在那個平靜的瞬間，她的神情中沒有驚慌。還有一些照片記錄了飛躍出燃燒的大樓的那些漂浮在空中的生命的最後瞬間，他們像鳥一樣飛翔！

當我走到紀念館最底層，不僅可以看見被飛機撞斷的鋼梁，扭曲著掛在牆上，大樓原址的泥漿牆依然樹立在那裡，一根扁平的柱子高高地立在底層的廣場中央，那是雙子星大樓僅存的最後一根柱子，灰色的水泥柱上黏貼著救援失蹤者的照片。

911恐怖襲擊是和平時期國際恐怖主義的一次大屠殺，將近三千條生命在兩個多小時中瞬間消失。如同晨起，尚看到陽光明媚，一片烏雲遮天蔽日，世界瞬間改變。從那以後，這種現代社會的災難已經越來越頻繁地在歐美世界中發生，生命的無常也似乎在現代社會的車禍死亡率之後，成為和平世界人們防不勝防的死亡威脅。

還有一幅大樓逃難者的照片，前後六、七個人年紀參差不齊，其中只有一個人用各種布料把自己的腦袋都包了起來，連眼睛都被蒙了起來，而他周圍的其他人卻只有兩位手裡拿著毛巾捂著嘴，其他的人身上沾了不少塵土，卻沒有任何防護。我站在他們曾經走過的樓梯殘片前久久凝視，樓梯的階梯已經變形殘破，可以感覺到他們踉蹌的腳步。在大樓最終坍塌前，他們最終順利地走出了大樓。滿面滿頭的塵埃中他們艱難地呼吸，他們現在還好嗎？

帶著這個疑問我詢問了不少周圍的人，希望了解更多當時倖存者的生活狀況。可是更大的恐怖卻隨著許多訊息向我襲來，他們中的許多人或是已經離開人世，或是正遭受著嚴重空氣汙染造成的嚴重後遺症的折磨。

雙子星大樓倒塌後留下的碎片中參雜著石棉、鉛、玻璃、重金屬、混凝土、有毒氣體、油等與爆炸性燃料混合的危險物質，大樓內數百個辦公室內屍體的碎片充滿空氣並覆蓋現場周邊地區。據專家統計因雙子星大樓倒塌的碎片和塵埃所導致的疾病，已經奪去超過一千人的生命。這些殘骸從曼哈頓市中心的世界貿易中心雙子星大樓舖天蓋地地四處飛揚，超過3.7萬人被正式認定為致病。走出大樓的倖存者和當時前來搶救的所有人，以及後來加入清理現場的工人們，許多都因此染病，被癌症等病症所折磨。並且根據醫學專家們的預估，在未來五年內，這些死亡人數的累積數字將超過世貿雙子星大樓中死亡的三千人。

早上我走進911紀念館大門前，和在門前保全的一位警察聊了幾句。我看到附近新世貿已經聳立，就問他：16年前遭遇恐襲時，方圓之間是不是都化為廢墟。他指著五百公尺外的美國郵政局大樓說，當時其他大樓都毀了，唯獨這幢大樓倖存，可是當時

外牆上布滿了倒塌雙子星大樓衝擊四散的殘片，部分外牆受到損壞。隨後關閉修繕了幾年再開放使用。我望著依然站立的美國郵政局大樓，彷彿看見一個曾經被鋪天蓋地的碎片和塵埃撲打得蒙頭垢面的倖存者，它依然站立著，而更多的人卻病了死了。

在恐襲發生後美國政府行為的缺失也造成了一次嚴重的公共衛生事件。在襲擊發生後的幾天內，美國環境保護署（EPA）署長克里斯蒂娜·托德·惠特曼（Christine Todd Whitman）在曼哈頓下城向媒體保證，周邊的空氣是安全的。15年後惠特曼在接受《衛報》採訪時第一次承認，她當時說的話是錯誤的，她向受毒性物質影響而生病的人道歉。可是當時生病的許多人已經離開了這個世界，他們無法聽到她的道歉。

紐約州勞工聯合會醫生Jim Melius博士，一直負責觀察911致病者的政府衛生計畫。他說：「在接下來的五年中，因世界貿易中心相關疾病導致的死亡人數將超過911當天的死亡人數。……有很多人現在病得很重，肺部疾病導致他們至少減少十年壽命。」

記者訪問了當年的一位女清潔工，52歲的Merita Zejnuni說：雙子星大樓倒塌時她在離雙子星大樓約幾個街區距離的高盛公司辦公室裡工作。她回憶道：「塵土塞滿了我的嘴和喉嚨。整個身體從頭到腳被塵土掩蓋了，看起來像個鬼魂。」她的身體後來出現了症狀，導致嚴重的慢性咳嗽，最近發現罹患了乳腺癌。而她得病後也是透過律師才了解到可以向政府申請賠償。和她一樣，而許多在雙子星大樓附近的塵埃中暴露導致生病的人們，由於他們遠離公眾的注意，至今仍未受關心。

還有一位45歲的木工詹姆斯·諾蘭（James Nolan）受訪時表示，911當天他在現場幫助鋪排消防水管，清理受難者的遺體，

後來肺部和腿出現了問題，為此他開始就醫，服用大量藥物，但是情況仍然日益嚴重。最終他向紐約市提出告訴，起訴政府在沒有有效防護設施的情況下，將他們派往救災現場。他無奈地說：「我們不得不為了應得的補償而奮鬥，」他說：「我很高興這個案子有了結果，這樣即便我死了，我的妻子和孩子還能得到一些補助。他們還要活下去，這樣最起碼可以給他們有一些保障，我可以感覺到一點安慰。」詹姆斯‧諾蘭的遭遇並不是少數，許多當年參加救援的人如今都掙扎在生死線上。

讀到這樣的報導，我很難想像當年那些英勇忘我的救難勇士們，他們有力的臂膀曾經扛起風雨飄搖中的美國國旗，如今他們的臂膀卻只能抓緊拐杖支撐自己贏弱的身體；他們的臂膀曾經扶助過無數的逃難者，可是如今他們卻需要別人的正視和援助；他們的身影曾經那麼高大強壯，如今他們不再強壯，他們在死亡線上苦苦掙扎。

在展館中我終於找到了那面美國國旗，那是恐怖攻擊發生後，在「零度地帶」樹立起來的第一面國旗，我還清晰記得那個歷史畫面，三位英勇的救援者在廢墟中將它升上旗桿。記錄了當時情景的那幅照片曾經成為一種力量和信心的象徵鼓舞著受挫的美國人民。如今旗幟上沾滿了廢墟的塵埃，作為展品靜靜地躺在櫥窗裡。可是當時的救援者們也躺倒了。當年的英雄病了，他們成了背負十字架的受難者，可是享受著和平的人們並不了解他們經受的苦難。想到這些我十分鬱悶。尤其當我站在「零度地帶」，抬頭眺望著高高聳立的新世貿大樓，看到周圍川流不息的人流和平地生活著，更覺得這些英勇的救援者不該被社會遺忘。社會責無旁貸地應該救助他們，以免使他們孤獨地在黑暗中獨自掙扎！

　　終於有一天，曾經在曼哈頓下城16英畝遺址工地工作的數千名警察、消防員和施工人員向紐約市提起訴訟，聲稱將他們送到「零度地帶」參加救援時沒有提供適當的防護裝備。他們最起碼應該戴上呼吸面罩才能進行救援，可是他們什麼都沒有。2010年，在911發生9年後，經過多年的抗爭，美國國會通過了40億美元的《詹姆斯・扎德羅加911健康與賠償法案（James-Zadroga 9/11 Health and Compensation Act）》向受害人提供用於醫療和健康的救助資金。扎德羅加法案以參加救援工作的警察隊長命名，他因呼吸道疾病於2006年病逝。而在此之前救援者們不得不為獲得相關醫療救濟資金而費盡心力。

　　又過了一年，聯邦世界貿易中心衛生計畫（WTCHP）成立。該組織現有75000名註冊會員，其中87%參加了「零度地帶」的救援、恢復和清理工作。其餘的是紐約居民。這一聯邦機構成立的目的，是直接負責監督受「零度地帶」汙染所導致的各種疾病患者。研究發現曾參與救援的紐約消防局救援人員罹患肺病、甲狀腺癌、結腸癌、前列腺癌和血癌的風險遠遠高於普通人。WTCHP已經認證了3.7萬人患有嚴重的呼吸道或消化系統疾病，以及癌症等疾病。其中大多數來自紐約市，82%是男性。自2011年創建該計畫以來，已有1140名註冊會員死亡。專家認為，這些數字還不是最終的結果。這是一場前所未有的災難，結果將令人難以置信，政府應該長期關注這些人的健康狀況。

　　近年來石溪大學Stony Brook University的研究人員宣布，在911第一批救援人員中發現了認知功能障礙的病例，這種症狀是導致阿茲海默症的主要危險因素。這個消息無疑引起了更多病患的恐慌，相關的律師收到了許多問詢電話。

面對不斷增加的病患死者，官方和民間都有同樣的呼籲：樹立一個新的紀念碑，與世界貿易中心紀念碑並立，以悼念因911遭遇了有毒空氣汙染導致生病和死亡的人們。他們的提議終於在2017年911週年前得到實現。也就是在911恐襲發生16週年前夕的9月5日，世貿雙子星的一塊鋼鐵殘骸被樹立在紐約的Point Lookout，附近黑色的紀念牆上除了列出911當天的遇難者外，也刻上參加「零度地帶」救援和清理工作後生病死去者的名字，這些姓名將繼續更新。除了鋼鐵殘骸，公園東面有一棵梨樹，是從雙子星移植過來的「倖存者樹」。從那裡可以眺望24英哩外的新世貿大樓。建造者說選擇那個地點，是因為發生恐怖襲擊時，從Point Lookout的海灘上可以清晰看見世貿雙子星在燃燒，事後人們聚集在海灘上組織了祈禱集會，為此在那裡設立紀念碑很有意義。可惜對於更多來自世界各地的旅遊者，這是一個缺憾，因為前往911紀念館祭拜的人們，不可能看見那個紀念碑。

在紀念公園中有一塊像旗子一樣的牌匾指向「零度地帶」，上面刻有沃爾特‧惠特曼的詩〈海灘的夜晚〉：「所有這些發金光和銀光的星星都會重新發光，大星星和小星星都會重新發光，它們會永久存在，碩大的不朽的太陽會永久存在，沉思的月亮也會重新發光。」這是善良的人們的美好願望。

16年後再度訪問紐約，這個世界確實已經改變，走過第五大道上的川普大樓，一塊塊巨大沉重的石頭築起的路障，在一個街口之外就開始阻攔機動車進入。大門口兩位荷槍實彈的士兵在那裡站崗。遊客們在大門口照相，順便把站崗的士兵也當成了背景。走過時代廣場，入夜之後，一家家百老匯劇院正上演著享譽世界的經典劇目。廣場上人潮洶湧，周邊的高大建築上大面積的

廣告版光芒四射，將整個街區照亮成了白晝。可是，走路時卻要時時注意每個街口設立的打著鮮明大字NYPD字樣的巨石路障。這些路障就是為了阻礙可能發生的汽車衝撞，而那已經是近期世界各地發生的恐怖襲擊的慣用方式。在廣場中心的街上，紐約警察局的辦公室就設立在那裡。或許這就是先進世界的現狀，在愉悅與休閒的時刻，總有那麼多符號提醒你今日的世界，沒有一個地方是絕對安全的。

　　離開紐約的那個中午，我特地在位於第五大道紐約圖書館旁邊的布萊恩特公園用了午餐。那天陽光明媚，氣候宜人。在高樓簇擁下的中心大草地上，綠草如茵，遍布著或三五成群，或一二相伴，或坐或躺休閒午餐的人們，真的是千姿百態。從服裝可以看出，他們都是附近辦公樓裡的上班族，利用午餐休息時間在陽光下稍事休息。在我附近不遠處，三個不同族裔的年輕女孩，買了三個素菜沙拉便當，圍著一張小桌坐著，愉快地談笑，中午的陽光透過茂密的梧桐樹葉撒在她們身上，使她們色彩艷麗的夏裝更充滿的生命力。看見她們愉快地說笑，我眼前浮現出在911紀念館照片上看見的女孩，她們年齡相仿，本也應該和我面前的女孩一樣在陽光下享受最自由、美好的生活，儘管這樣的生活並不輕鬆，每天都會有很大的工作壓力，或許也有個人情感上的波折，可是她們仍然可以在陽光下健康地生活著。可是照片上的女孩卻永遠走入歷史無法回頭，想到這些令我唏噓感嘆。我為面前的三位年輕姑娘感到高興，看著她們笑，我也在心裡笑。看見草地上那麼多神情輕鬆的人們，我內心被深深地感動！我為他們驕傲！因為16年前的災難並沒有擊倒紐約人，並不能改變他們的生活，他們仍然自由地享受著陽光！享受著生活！

麻州劍橋：初秋走進哈佛

哈佛燕京圖書館以豐富的東亞文獻收藏聞名於世，規模僅次於美國國會圖書館的東亞文獻館藏。在館藏中張鳳查到我的父親以群的若干本書，以及由她推薦獲得收藏的我的散文集和小說，我彷彿找到了一個處所與逝去半個世紀的父親會面。

　　紅牆綠樹，濃蔭下小路蜿蜒，在校園的草地上，放著一些各種顏色的椅子，學生們自在地坐著讀書。我特地挑了一片格外蔥翠的草地坐下，吸吮著她的青新氣息。我從心裡慶幸自己終於有機會貼近這片凝聚了精英智慧的土地。

　　哈佛大學是美國歷史最悠久的名校，是全美三千多所大學中當之無愧的「王者之王」，先後有8位美國總統，40位諾貝爾獎得主和30位普立茲獎得主畢業於該校。中國歷史上著名的趙元任、林語堂、梁實秋、梁思成等傑出人物也都畢業於哈佛大學。所以哈佛歷來在我的記憶中，具備她無法磨滅的「神祕感」。這種「神祕感」來自於她的常勝不衰，和人才輩出。

　　哈佛校園中的一尊哈佛先生的座像前，導覽的小夥子指著一雙被訪問者撫摸得鋥亮的鞋子打趣說：許多來訪者撫摸了，甚至有的人讓自己的小寶貝親吻了哈佛先生的鞋子，以為就會有好運氣以後考進哈佛。在這裡要特別告訴大家關於哈佛先生的三個謊言：第一，雕像並非約翰哈佛先生，而是臨時拉了一位年輕英俊的學生來代替的。第二約翰哈佛先生只是慷慨的捐贈者，而非創校者。第三，座像下寫著哈佛大學建於1638年，其實確切的日期是1636年。可是歷史上的誤會延續至今，沒有人願意打破美好的傳說，即便是人為的童話。小夥子的話音未落，又有人前往撫摸哈佛先生的鞋子。

　　承蒙撰寫哈佛系列的張鳳女士為我介紹了關於哈佛威德納圖書館（Widener Library）的一個真實的故事。富豪威德納的遺孀慷慨捐助了這個圖書館，並在圖書館中建立了一個「哈利・埃金斯・威德納紀念室」。裡面存放著兒子哈利個人收藏的3500卷書，主要是19世紀英國作家作品和19世紀的繪本。紀念室的門平

常是關著的。

哈利・埃金斯・威德納（Harry Elkins Widener）出生於1885年，家裡是美國費城有名的富豪。哈利於1907年畢業於哈佛大學。他在校時就對藏書著迷，畢業後沒幾年已經成為相當有名的藏書家。他收藏了莎士比亞《第一對開本》（First Folio）和古騰堡聖經（Gutenberg Bible）等善本圖書。在1912年春天，他與父母一起去英國，在那裡購買了培根的散文集（1598年第二版Essais）等書籍。滿載而歸時，哈利與他的父親喬治・威德納和母親埃莉諾・威德納在法國的瑟堡（Cherbourg）登上了一艘新下水的豪華客輪──鐵達尼號，他們一家還有兩個僕人住在頭等倉。

4月14日晚上哈利和他的父母參加了鐵達尼號船長開的一個「派對」，一夜狂歡後，鐵達尼號撞上了冰山。哈利在把母親埃莉諾送上第4號救生艇之後卻沒有跟著上船。據說逃命的急迫中他突然想起剛買到的孤本培根的散文集還在船艙的抽屜裡，便與他父親一起回倉裡去找。沒想到這一去就再也沒回來。

哈利葬身冰海時年僅27歲。威德納夫人是全家唯一的倖存者。回到美國後她致信哈佛大學，表示要把兒子的珍貴藏書捐贈給哈佛圖書館。哈佛大學知道這個消息後非常歡迎，卻回信表示：「哈佛圖書館很缺乏藏書空間，也沒有合適的地方存放哈利的藏書。要不然這樣，您乾脆送哈佛一個新圖書館吧。」

對哈佛的要求，威德納夫人居然答應了。哈佛即刻選出黃金地段最好的一塊地用於建造新圖書館，哈利的母親捐贈350萬美元用於設計和建築。到了1915年，哈利・埃金斯・威德納紀念圖書館落成。美國參議員洛奇在主題演講中指出：「這個高貴的學習的禮物，帶著一個巨大的悲痛的陰影來到我們之間。」

　　圖書館中設立了一個哈利收藏紀念室，有關這個紀念室一直都有各種各樣的傳說。有人說那間屋子是威德納夫人特地為兒子的幽靈所建的。如果威德納的鬼魂回到人間，愛書如命的他一定會去找自己的藏書。威德納夫人建造這個紀念室就是為了讓兒子的幽靈能有一個安靜的歸宿。威德納夫人還與圖書館簽下合約，哈佛工作人員每星期要在威德納肖像下放置鮮花；而陳列在圖書館中的那本珍貴的古騰堡聖經（Gutenberg Bible），每一天都要翻過一頁，彷彿象徵著哈利仍在繼續閱讀。這些做法一直延續至今。

　　這已是我第二次踏進哈佛校園，此次是去參加由哈佛中國文化工作坊、北美華文作家協會紐英倫分會在哈佛燕京圖書館舉行的哈佛中文演講研討會。同時受邀的還有來自臺灣中研院歐美研究所特聘研究員李有成教授和中國大陸的兩位年輕教授唐小兵和曾傳芳。

　　哈佛燕京圖書館以豐富的東亞文獻收藏聞名於世，規模僅次於美國國會圖書館的東亞文獻館藏。哈佛燕京圖書館1928年開館時，是哈佛燕京學社下面的一個私人圖書館，主要收集中國和日本的資料，所以那時叫「漢和圖書館」。圖書館發展得很快，所以哈佛燕京學社的董事會就決定把整個圖書館捐給哈佛大學，然後哈佛大學就把燕京圖書館放到文理學院裡面的一個分館，於是，1976年就變成哈佛文理學院圖書館系統的一個分館。在館藏中張鳳查到我父親以群的若干本書，以及由她推薦獲得收藏的我的散文集和小說，我彷彿找到了一個處所與逝去半個世紀的父親會面。

　　那天的活動在圖書館聚會廳舉行，滿滿的坐了一屋子參加

者。曾撰寫了《哈佛問學錄──與哈佛大學教授對話30年》、《一頭栽進哈佛》等書的獲獎作者暨北美華文作家協會副會長張鳳主持了研討會。她從23年前李歐梵教授創設哈佛中國文化工作坊後就協助主持，十多年前又協同王德威教授擔任召集主持，吸納來自世界各地哈佛訪問學者和各國的華文作者精英，一些著名作家如聶華苓、趙淑俠、王安憶、李銳、朱天文、陳忠實和梁秉鈞等都曾經來此參加了哈佛演講聚會。那天張鳳柱著手杖來到現場主持演講會，原來她前不久摔傷了膝蓋，正在復健康復中，她的到來使我們這些演講者都倍感榮幸。

這次我們四位演講者圍繞文學與離散、20世紀中國的文化記憶、回憶錄與口述史，以及歷史事件的文學表達進行深入探討。各人在互為相關的話題上，從不同角度奉獻獨特見解。在交流中每個人都感到自己的話題和其他幾位的互有關聯，相互之間既有互補也有延伸。

李有成教授闡述了：離散之所以為離散是因為存在著兩個中心，自己的家國和前往的居留地。這正是人類學家柯立佛所說的「根」與「路」的關係，根屬於過去的記憶，路卻屬於未來，導向未知。我所從事的海外華文文學的小說創作正是在李教授所描述的離散狀態下的寫作。有時也難免從不斷延伸的路上回望自己根的故事。而我關於父輩們坎坷經歷的回望，即是對根的回望。

我則透過珍貴歷史照片，攝取了著名文化人郭沫若、潘漢年、葉以群和趙丹在中國近代曲折波瀾命運的轉折場景和細節，觀照20世紀國際大背景下中國進步文化人的坎坷際遇。如今，前輩們已經離開了這個世界，他們的身影漸漸遠去，但是他們的音容笑貌依然常留在我的記憶中，他們留給我們的是寶貴的文學財

富，崇高的人格品質。他們即便在極其艱難的歷史歲月中，不論是忍饑挨餓，或是經受著精神上來自各個方面的干擾和迫害，仍然矢志不移地熱愛著自己的民族，自己的人民，自己的文化，矢志不移地追尋著對文學的探索。這是父輩們留給今天這個世界永遠不朽的精神財富。從現場聽眾的反應來看，儘管我力求冷靜的敍述，卻依然激發起聽者無限感概。

上海華東師大歷史學系副教授、哈佛燕京學社訪問學者唐小兵結合自己著作《與民國相遇》，作了歷史記憶、歷史寫作與公共文化為題的演說。就歷史事件的文學表達進行深入探討。強調歷史記憶是「最為重要的心智結構的基石」。他又是三十年代左翼作家的研究者，而我的講題正在他的研究範圍中。所以相視一笑，留下了日後交流的空間。

四川外國語大學教授、訪問學者曾傳芳則就美國歷史事件的文學表述為例，闡述歷史學家和文學家對事件表述的不同側重。前者更多側重人物的外部行為，而文學表現則更注重人物精神世界和內心感受。她的闡述對於日後打算以前輩的故事為小說素材的我，頗有啟發。

演講會後在校園裡漫步，正是下班和下課的時間，路上人流從各個方向來去穿梭。我心裡載著滿滿的收穫，有些被燃起的靈感還在悄悄地孕育火苗。看見忽然熱鬧起來的哈佛校園，心奔騰著，快樂著。傍晚，我和同行的女兒在哈佛廣場附近的香港餐館吃了道地的中餐後，沿著小街跨過夜色籠罩下的查爾斯河，去哈佛商學院散步。曾聽文友介紹過商學院那裡有與哈佛主校園不同風格的建築。美國教育界有這麼一種說法：哈佛大學可算是全美所有大學中的一項王冠，而王冠上那奪人眼目的寶珠，就是哈佛

商學院。尤其是夜色中，一幢幢結合了古典與現代風格的建築在寬闊的林蔭道兩邊錯落有致，高大透明的大玻璃窗裡燈光灑向校園，我們在其間走過，既寧靜亦感深邃。

在那一片片幻化的光影中，我想起了十多年前在澳門工作時，曾經主持過電視臺的一個訪談節目，在節目中採訪過時任澳門科技大學副校長的史達偉（David Smith）教授。他來自哈佛，曾在哈佛大學任教25年，擔任法學院副院長15年。一個人大半的生活是在哈佛度過的，所以我在節目的開場白中說：「他血液裡流著哈佛的血，是一個真正的哈佛人。」史達偉教授的許多學生都已經成為當今世界的領導者。

我記得就是那一次，親耳聽到他介紹被外界視為哈佛教育體系中的瑰寶——案例教育法。史達偉教授介紹說：哈佛教育體系中的一個重要成功經驗是在大學生教育中非常注重綜合教育，注重把學生培養成全面發展的人才。學生的基礎課程中包涵著哲學、科學、藝術、文學和語言。哈佛從新生入學開始就把注意力放在這五個基本核心課程的學習上。在法學的教育方面，哈佛強調案例法的教學方法，即強調運用法律原則和條例，分析具體案例，幫助客戶解決他們的法律問題，並知道如何做一些法律的研究和調查。老師每天都會指定學生對特定案例提供自己的看法，並以此訓練他們在大庭廣眾之下陳述各人觀點的能力。

「在我剛到的時候，哈佛法學院對我來說是一個可怕的地方，因為老師每天都指定你做好預習。在那裡他們訓練我要像律師一樣思維，成為一個專業的人士，能幫助人們解決法律的糾紛。然後對指定的案例提供自己的看法。你不知道誰會被當眾叫出來。開始的幾天，我坐在課堂裡擔心得兩腳直發抖，我害怕老

師把我叫出來時，我無法正確地回答問題。但是這正是法學院訓
練學生敏捷思維，分析解決問題的妙方。並培養在大庭廣眾之下
陳述各人觀點的能力。」

說到那段求學的經歷，史達偉教授描述了一個有趣的細節。
哈佛法學院的教室裝飾古樸，牆上懸掛著一幅幅真人尺寸的法官
油畫象。他說為了逃避教授的提問，他有時真想做一個油畫框套
在自己身上，讓教授以為他是一幅油畫，而躲過提問。

案例法教學方法的寶貴之處在於，他不僅讓老師向你傳授知
識，而且讓老師教你如何去學習和掌握運用這些知識的方法。因
為如何去學習那些知識的方法才是最重要的。這樣一種案例法的
法學教育，是1850年從哈佛大學法學院開始運用和推廣。隨後哈
佛商學院和醫學院也推行了這一方法。這三個學院都意識到要著
重教會學生診斷問題和解決問題的辦法，無論是為病人還是為其
他客戶。現在這個方法已得到全球許多商學院推廣和運用。

這時查爾斯河的對岸，隱約傳出幾次閃電，樹蔭下可以感
受到零星的雨點。可我們遊興未盡。看著身邊走過的背著雙肩書
包的各種族裔的學生，因為哈佛的教育理念和方法使他們變得得
天獨厚，他們不日將成為世界商界精英的領袖。我想起曾請史達
偉教授給中國的老師提些建議。史達偉教授略一思索說：第一要
訓練學生有獨立思考的能力，用自己的能力進行分析；第二要教
會學生熱愛中國文化，中國有博大精深的文化歷史，學生可以從
中不斷地吸收文化營養，這對學生未來的歷程十分重要；第三訓
練他們有好的價值觀，因為社會上存在許多不同的價值觀，每天
都在影響年輕人，而一個老師就有這樣的機會教導學生有好的品
行，當然老師本身就是榜樣。

　　史達偉教授的回答言簡意賅，但他強調的獨立思考的能力、對本民族歷史文化的熱愛，以及確立正確的價值觀可謂一個成功的人所必須具備的條件。

　　當我們走出校園，沿著哈佛大街重新走上查爾斯河上的大橋，遠方的天際再次亮起了閃電，頃刻之間大雨滂沱，密集豆大的雨珠忽然而至，把我們從頭到腳徹底澆濕，彷彿當年聽了史達偉教授的醍醐灌頂，我彷彿經歷了一次哈佛的洗禮。那個溫暖的夜晚，我在滲透衣衫，侵入肌膚的雨水中感受到了絲絲陰涼。陣雨約莫持續了十分鐘，等到我們濕透了衣衫，跨越查爾斯河上長長的大橋，走進燈火燦爛的哈佛廣場，雨又變得淅淅瀝瀝，溫柔纏綿了。這是我在哈佛最深刻的記憶，經受了一場洗禮，從靈魂到肌膚都與它更親近。

亞特蘭大：隨風飄逝

走進故居先從照片上認識瑪格麗特·米契爾，少女時清純活潑，一對晶瑩的大眼睛洋溢著快樂；步入中年後，臉部增添了滄桑的線條，目光趨於凝重。為了維持生計，瑪格麗特·米契爾做了報紙的撰稿人，自立謀生。

　　我曾經在電影《飄》中領略過亞特蘭大的風光，這是一個美國南部的重要城市。19世紀初美國總統林肯領導的以解放黑奴為目的的國內戰爭的主戰場就在那裡。電影《飄》中展現的當北方軍隊兵臨城下，亞特蘭大市民大逃亡的混亂場面，和最後戰火把整個城市焚為灰燼的災難，都已成為世界電影史上的經典。我曾經在亞特蘭大夏季炎熱的街頭尋找郝思嘉身後傲岸不群的橡樹，以及綠蔭環抱下門廊高大，陽臺寬闊的典型南方建築，卻不知道這些都已經隨著歲月消失。現代化的城市建設已經徹底地改變了城市的面貌。

　　風靡世界的美國小說《飄》（GONE WITH WING）的作者瑪格麗特・米契爾的故居就坐落在亞特蘭大，是一幢在現代化建築群簇擁下的棗紅色的二層公寓。三角形的尖頂，寬闊的前廊，前廊上放著幾把竹編躺椅。這座舊居在城市改建時原已推倒，1976年重建。後來又兩次被身分不明的人縱火焚燒。這座房子的經歷和小說《飄》的傳奇一樣使人著迷。在這幢擁有11個隔間的公寓裡，瑪格麗特・米契爾住在底層的一個一房一廳的單位，空間狹小，日光微弱。也就是在小客廳的一張小桌上，她用打字機開始了《飄》的寫作。

　　走進故居先從照片上認識瑪格麗特・米契爾，少女時清純活潑，一對晶瑩的大眼睛洋溢著快樂；步入中年後，臉部增添了滄桑的線條，目光趨於凝重。她自幼喜歡寫作，少年時就發表了很多作品。19歲時她母親去世，父親是一位富有的房地產經紀，反對她寫作，曾明確表示：如果瑪格麗特・米契爾堅持以寫作為生，父親在經濟上不會給她任何支持。為了維持生計，瑪格麗特・米契爾做了報紙的撰稿人，自立謀生。

　　瑪格麗特‧米契爾有過兩次婚姻，說起她的兩個丈夫就使人想起《飄》中郝思嘉的丈夫白瑞德和她日夜思慕的妹夫這一對人物。瑪格麗特‧米契爾的第一個丈夫和第二個丈夫約翰原是室友，瑪格麗特‧米契爾幾乎同時認識他們。但是命運註定了瑪格麗特‧米契爾的第一次選擇的失誤，當她和第一個丈夫結合時，約翰是男方的伴郎。她的第一次婚姻很短暫，結婚三個月就和丈夫分居。拖了一年辦了離婚手續。19世紀初的美國南部是保守勢力的大本營，很難想像一個離過婚的女人會遭受多大的歧視。家人勸她告別紅塵，去教堂做修女。她卻選擇了另外一條路，並且開始了她的又一次愛情旅程。

　　在故居的牆上掛著一幅瑪格麗特‧米契爾婚後送給約翰的照片，她目光專注地看著自己左面畫外的某個地方。據介紹，當時站在左面的是她的第一個丈夫，約翰站在她丈夫的背後。後來瑪格麗特‧米契爾把照片中的第一個丈夫剪去，把剩下的一半相片送給了與她相伴終生的約翰。約翰非常支持瑪格麗特‧米契爾的創作，婚後支持她辭去工作專心在家寫作，這才催生了《飄》這部風靡全球的小說。

　　瑪格麗特‧米契爾整整花了十年時間完成了《飄》的寫作。她不斷地修改，寫了很多稿。她習慣於把寫好的稿子放在黃色牛皮口袋裡，每一個章節放一個口袋。這些口袋隨便地放在家中，曾經有的出版商拿到的稿件章節的次序都亂了。就有一個版本把第一章和最後一章顛倒了。小說原來的名字取自書中主人公的一句名言：「明天將是完全不同的一天。」（TOMORROW WILL BE ANOTHER DAY）。因為當時剛出的一本書用了那個名字，瑪格麗特‧米契爾才改用《飄》（GONE WITH WIND）。今天

的讀者恐怕會覺得現在的書名更符合書的原意。

《飄》初版於1936年，取得了巨大的成功，發行的前六個月就突破了一百萬冊，並獲得了美國最具權威的普立茲獎。後來小說改編電影時，瑪格麗特・米契爾很尊重製作人的意見，她只堅持小說故事的基本結構不能改；小說結尾中表現的南方精神不能改，其餘她都讓製片人放手去創造。

在故居中有一幅瑪格麗特・米契爾的畫像，畫面中把她生活中重要的物品都包含在裡面。其中可以看到她書架上顯著的位置上放著一個《飄》的德國的版本，這是她聽說希特勒對該小說下了禁令後特別的收藏。

遺憾的是《飄》的巨大成功並沒有催生瑪格麗特・米契爾的旺盛創作。從此以後她沒有再寫過其它作品，她一直忙於給朋友和崇拜者寫信。據統計她寫了將近一萬封書信，並且花了許多精力在處理小說的海外版權的瑣碎事務中。

人們或許以為小說的暢銷和電影的巨大成功會給瑪格麗特・米契爾帶來豐厚的財富，其實不然。當時小說出版商付給她一次性買斷的小說版權費是四萬五千美元。後來的電影版權費是五萬美元。雖然這在當時已是兩筆十分可觀的收入，但是瑪格麗特・米契爾仍然保持著她自己的生活格局。租公寓住，外出旅遊、看電影、寫作。她一直過著平常人的生活。

49歲時，瑪格麗特・米契爾死於車禍。出事的地點離她家只有三個街口。當時她正和約翰一起開車去看電影，正遇上一個下班的計程車司機超速行駛去為生病的兒子買藥。計程車和瑪格麗特・米契爾的車迎面相撞，在致命撞擊發生前的瞬間，約翰和瑪格麗特・米契爾互相往自己的方向拉對方，設法讓愛人在自己的

懷抱裡躲避災難。車禍發生後他們雙雙被送進醫院，五天之後瑪格麗特‧米契爾傷重不治，約翰倖存下來。瑪格麗特‧米契爾死後，約翰似乎故意忽略了瑪格麗特‧米契爾已是名人的事實，沒有保留她的任何遺物。約翰把她的衣物用品，包括《飄》的手稿都一把火焚燒了。也許約翰想把對瑪格麗特‧米契爾的愛永遠地埋藏在自己心裡。也因為約翰的「自私」，世界上再也不可能找到《飄》的手稿。

夏季的午後我站在瑪格麗特‧米契爾的故居前撫今追昔，想到她在車禍中去世，只能感嘆生命的無常。如今現代科技的發展增添了人類生命的變數，一方面人類疾病的治癒難關一個個突破；另一方面車禍、空難和自然災難也更突顯出生命的脆弱。美麗的，多才多藝的女人命運多舛的事時有發生。和車禍有關的也不勝枚舉。美麗的英國皇妃黛安娜慘死於車禍時才37歲；往上追溯，風流多情的美國舞蹈家鄧肯的離奇死亡也和車禍有關。風把她脖子上的長圍巾吹到敞篷車車輪的軸承上，圍巾絞斷了她的脖子。不過，不論是瑪格麗特‧米契爾，或者是鄧肯、黛安娜，她們生命中曾經有過的充實絢爛，已經成為永遠讓世人嚮往的昨日輝煌。這也是她們的早逝常使後人緬懷的地方。

亞洲

東京：追尋父輩的足跡

東京：村上春樹筆下的孤獨靈魂

京都：宏大寺廟與精緻庭院

臺北：遠去的大師

新北：夜宿九份

香港：憶故人

澳門：聽賭王講「故仔」

上海：在美麗城市找到回家的路

上海：生命中的一道閃亮

北京：回望郭沫若

重慶：渝都嘉陵江邊的遐想

新疆：帕米爾高原暢想

西安：古城遙想

滄州：滄海之州故事多

東京：追尋父輩的足跡

法政大學（Hosei University），是一所位於日本東京都千代田區的私立大學。
該校的成立可追溯至1880年成立的東京法學社，是日本最早的私立法律學校，
1920年改稱法政大學。中國歷史上的許多位名人，周恩來、沈鈞儒、宋教仁、
陳天華、楊度、還有汪精衛、周作人等都曾在那裡學習過。

　　沿著東京飯田橋神田川步行，寬闊的河道與陸地有著將近兩公尺的落差，冬季的神田川平緩流淌，如果不是堤岸邊不時駛過的火車，整個區域十分寧靜。神田川流經東京都，主流總長24.6公里。曾經作為水上交通的大動脈而支撐著物流航運。過去這條水道也曾經氾濫過，水質被汙染；經過整治，現在河水清澈，河堤上種植了櫻花，一到花季繁花似錦。我在一個無花的冬季來到這裡，不是為賞花，卻是為了尋找先父葉以群年輕時的足跡。那時父親才只有18歲，隻身來到日本留學，考取的就是神田川岸邊的東京法政大學經濟系。我抬頭四顧希望還能從校舍中找到歷史的蹤影，陪同我前往的日本華文筆會前會長華純女士看出我的心思，急忙解釋：歷史的校區因1945年美軍空襲，大部分校舍被燒毀，後來在原來的區域內又重新造了新校區。難怪抬眼四望，河川兩岸立起了許多幢高大的建築，高處懸掛著法政大學的名字。

　　法政大學（Hosei University），是一所位於日本東京都都心千代田區的私立大學。該校的成立可追溯至1880年成立的東京法學社，是日本最早的私立法律學校，1920年改稱法政大學。該校法學部以及社會學部的歷史十分悠久，是日本私校中第一所設立這兩個學部的大學。該校與早稻田大學、慶應義塾大學、明治大學、立教大學、東京大學等大學齊名，同時也是東京都非常難考的私立大學，有「難關私大」之稱。中國歷史上的許多位名人，周恩來、沈鈞儒、宋教仁、陳天華、楊度、還有汪精衛、周作人等都曾在那裡學習過。

　　日本明治維新之後，國力強盛，成為當時亞洲推行改革的國家之中，少數成功的國家。對於受過教育的中國人來說，日本也成為文化和教育的中心。二十世紀初數千中國人東渡日本留學，

在那裡接受了西方思想，形成了嶄新的世界觀。甚至像梁啟超這樣的思想前輩也是在日本體驗到了現代文明，而後開始反省自己原先的世界觀。

記得讀到過父親的自述：「赴日留學的主要目的是因為嚮往日本左翼文藝的蓬勃和日本對蘇聯文藝理論和作品翻譯較多。在東京進了法政大學經濟系，但更多的時間是用在翻譯日本左翼和蘇聯的文藝理論和作品上。」在杭州從商的父親一直不放心這個不安分的小兒子，不斷地催促他早日成婚。可是父親把刀狠狠地插在桌上，說不讓他去留學，他寧願死。想不到晚年那麼沉穩內在的父親，也曾有過年輕時的狂飆剛烈。

1930年夏天，19歲的父親由日本回國度假，恰逢「左聯」在上海成立，他在上海認識了丁玲、茅盾、馮雪峰等進步作家，與他們商定了建立「左聯」東京支部的計畫，並由以群回東京負責籌建。在東京他和一些留日同學成立了「左聯」東京支部（分盟），先後參加的還有謝冰瑩、胡風、聶紺弩等十多人。透過日本進步同學的介紹，以群參加了「日本無產階級科學研究會」和「中國問題座談會」曾與秋田雨雀、小林多喜二、德永直等日本作家、詩人、戲劇工作者有過接觸。在活動中向他們介紹中國文藝界的現狀和鬥爭情況。這時他以華蒂的筆名翻譯了高爾基的小說集《英雄的故事》和一些文藝書簡。1931年11月「九一八」事變發生後，父親因在東京參加組織大規模留日學生愛國反日運動，在日本警察的追蹤監視中被迫中斷學業回國。回到上海後就由樓適夷介紹，參加了「左聯」。

這次在東京，華純會長為我安排了一次令人難忘的聚會，就是與郭沫若的外孫女藤田莉那教授和田漢的姪女田偉的會面。

會面就在法政大學附近神田川上的一家餐廳裡。「東方文化藝術團」團長、田漢文化交流會理事長田偉帶來了她的著作《田漢、聶耳中國國歌八十年》。我則以記錄了文壇前輩故事的散文集《地老天荒》相贈。我曾讀到一則新聞，前不久東京的松山芭蕾舞團剛剛舉行了舞劇《白毛女》的演出，松山芭蕾舞團團長森下洋子女士今年已經69歲，但依然活躍在芭蕾舞臺上，生動地演出了「喜兒」一角。在他們排練廳裡舉行的與中國友人歡聚中，田偉帶領大家齊聲高唱了田漢作詞，聶耳作曲的《義勇軍進行曲》。我可以想見那是一個何等激動人心的場面。松山一直是中國人民的老朋友，不管中日國家間的關係起起伏伏，人民之間傳統的友誼卻源遠流長。而田偉最喜歡唱的就是田漢作詞的《義勇軍進行曲》，許多活動的場合都有她率領的藝術團的歌聲。

與我同年的藤田莉那是郭沫若日本裔前妻安娜的外孫女，生於中國天津。幼小時經過文化大革命，曾隨母親下放。1980年留學日本，研究日本文學。畢業於二松學舍大學，獲得文學博士。她現任日本國士館大學文學部教授，日本郭沫若研究會副會長。我們同樣成長於中國大地，經歷自然有所相似，我可以理解她年輕時的坎坷。她告訴我她最新的研究著作《詩人郭沫若與日本》已於9月出版。該書主要探討郭沫若日本留學十年和流亡十年這兩個時期的文學活動及與海外文化的交流。從醫學、戀愛到新詩創作；從政治避難到甲骨文與古代史研究，多方面探討他的文學與學術研究、對日本文化及現代文明的主體性吸收。

我們交流了相互間近二十多年的人生經歷。我特別告訴兩位一些關於父親以群和兩位的前輩在革命年代緊密的聯繫。1932年父親以群才21歲，三月經馮雪峯，樓適夷介紹加入了中國共產

黨。祕密舉行的入黨儀式在上海南京街大三元酒家的一間雅座裡舉行。同時入黨的有丁玲、田漢、劉風斯三人。瞿秋白代表中央組織部講了話。而以群與郭沫若則是在上海相識，在許多文藝界的活動中經常見面。1947年11月上海白色恐怖日益嚴重，周恩來親自委託以群護送郭沫諾、茅盾撤離上海去香港。在香港生活期間以群更是經常去拜訪郭先生。我的母親就住在郭先生的樓下，父親就是那時認識了我的母親。這段良緣始於那時。一直到建國前夕，父親配合潘漢年將郭沫若、茅盾等一批著名的民主人士送上前往解放區的船，回國參加第一屆政治協商會議。

說到這些歷史，曾經素不相識的我們彼此的心一下子靠得更近了。藤田莉那拿出她帶來的日本學者小谷一郎所著的《1930年代中國人日本留學生文學・藝術活動史》，細心的她翻開夾著的小紙條書頁，告訴我其中有二十多處寫到以群在日本留學期間，籌備組織東京左聯支部等一系列文學活動。我匆匆翻閱著那本日文書，並不能讀懂日文，卻可以依稀認出字裡行間提到的葉以群、田漢和郭沫若的名字。

其實明治維新後，在前輩的眼中，日本是傳遞西方文化和先進思想的地方。不僅在那裡可以學到先進的科學技術，還有西方和俄羅斯先進的人文思想。父親早年翻譯的一系列俄國文藝理論著作，都是透過日文版轉譯。而他年輕時名聲鵲起，也就是開始於文藝理論方面的翻譯，那些譯作成為文學青年啟蒙的讀物。田漢更早去日本留學，而以群留學時，郭沫若和茅盾也都在日本避難。郭沫若因受到國民政府的通緝，1928年2月被迫流亡日本。茅盾則是1928年到日本。而在1931年9月18日侵華戰爭爆發後，許多留學生都先後回國投身於愛國反帝的社會活動中。以群曾在

一篇短文〈一點印象〉中記錄了東京9月18號當天的情況：10點左右忽然響起警鈴，到處都是號外號外的叫喊聲。報紙的大標題寫著日軍已占領北大營，主力進軍奉天市等等。同時918事變的新聞傳到東京引發了大規模的留學生愛國運動。大家在東京舉行了示威抗議活動，軍警密集監視，有的學生被捕。為了避免無謂的犧牲，大家紛紛回國參加抗戰。

　　午餐後，華純會長陪我參觀了日本著名作家夏目漱石的紀念館。晚上又邀請曾在上海交大教學多年的日裔教授深雪和我們一起吃飯聊天。深雪教授了解到我父輩的故事，特地推薦了一家位於江戶時代特色小巷中的日式飯店，餐後她又導引我們踏著夜色中的石板小巷漫步。雖然天有些冷，卻讓我感受到父輩們曾經生活過的日本街道和民居的韻味。木製的門楣，數盞燈籠和門簾之後是潔淨的和室，走進去可以聞見燈心草的味道。赤腳走在以燈芯草做成的疊蓆（榻榻米）上，有如徜徉在大自然中一樣。我們喝著清酒，品嚐著精美的日式餐飲。而環顧街頭，一家連著一家的木製建築，石板的路面，在暗黃的燈光輝映下，散發著江戶時代的氣息。郭沫若、田漢和葉以群也許曾經走過這個區域，他們的腳步匆匆踏過那裡，最後走進了三十年代中華民族多災多難的歷史。

東京：村上春樹筆下的孤獨靈魂

澀谷站的市街地帶，連接著無數的商店，其中又以餐廳和百貨店最為豐富。澀谷與新宿、池袋並列為東京三大副都心，是東京最具代表性的商圈之一，是日本流行文化和時尚的重要發源地，又以「音樂之街」、「年輕人之街」著稱。

　　我去東京時聖誕節剛過。雪還在高空中醞釀，每天都能看見不算燦爛的太陽，無風吹過時，也是溫暖的。從機場坐車出來穿梭在密集的城市街道中，感覺與我熟悉的上海和香港有某些相似。我住的酒店在新宿，江戶時代那裡作為住宿站吸引了許多外來者，近代以來，它已經成長為商廈林立的繁華購物地帶。以前看過成龍拍的電影《新宿事件》，講述了上世紀90年代華人黑幫在新宿地區與本地黑幫互相格殺的故事，當然那是二十多年前的事了。現在的新宿已經發展得異常繁榮，東京都的行政中心東京都廳就在該處，周圍還有許多大型企業總社的摩天大樓，這些超高層建築群是東京地區最早形成的高樓林立的區域。即便是著名的地標歌舞伎町周圍，也已是成片連接的飯店。到了夜晚燈火輝煌，遊客人潮不斷，一點也不輸紐約的時代廣場。

　　在旅行中我總喜歡帶上一本與旅遊地有關的書邊走邊讀，讓我透過眼前的景物看見這個地方的過往和歷史。在去日本的飛機上，我讀著日本作家村上春樹的小說《舞！舞！舞！》。從譯者的後記裡了解到村上春樹年輕時曾經在東京澀谷一帶住了很長一段時間，先是和同為大學同學的女朋友一起在一家咖啡店打工，後來索性開了一家爵士樂酒吧。這家酒吧就在澀谷的千馱谷。前後約六、七年的這段時光是村上春樹一生中最靜謐、幸福的日子，他一邊經營，一邊讀書，一邊觀察，生意也越來越順利。1979年，在澀谷區千馱谷附近的神宮球場他突然獲得靈感，起了寫小說念頭，隨後每晚在餐桌上揮筆不止，寫罷投給「群像新人獎」評審委員會。同年6月，他的第一部中篇小說《且聽風吟》獲第23屆「群像新人獎」。隨後他和妻子在澀谷區千馱谷一邊經營酒吧，一邊開始了他一發而不可收拾的寫作。

　　那天傍晚我從山手線地鐵澀谷站下車，走出車站廣場，頃刻被各個方向高大建築上的霓虹燈牆吸引。這些霓虹燈廣告有些占據了整個建築，上面的人物生動有趣，不由得你不被感染。走出澀谷的第二個震撼是同時面對數個方向的交叉路口，綠燈一亮，三四個方向的人流同時跨越，密集的人潮，洶湧著淹沒了中心區的路面。我置身於人流中，向前湧動，周圍都是正在享受年終假期的遊客和市民，其中年輕人居多，群體的歡樂如同一片宏大的氣場，互相傳染，相互影響。這個被稱為十字人潮的景象是東京的著名景點之一。

　　圍繞著澀谷站的市街地帶，連接著無數的商店，其中又以餐廳和百貨店最為豐富。各式各樣的飲食，高檔的，快餐式的，或者是街邊的食攤類的舖頭林林總總，神戶牛肉串、章魚串燒、八爪魚球等都可以沿街品嚐。走進各種風格的餐館，海鮮、日本料理應有盡有。澀谷與新宿、池袋並列為東京三大副都心，是東京最具代表性的商圈之一，是日本流行文化和時尚的重要發源地，又以「音樂之街」、「年輕人之街」著稱。

　　當我坐在澀谷的餐廳裡，腦子裡回憶起村上春樹書中的字句，看見的景色自然會有不一樣的意義。村上筆下的澀谷顯然沒有現今的繁華，卻已開始取代新宿成為年輕人流行時尚的地標。那時村上才剛30出頭，正是抓住青春尾巴的歲月。在他1988年寫的長篇小說《舞！舞！舞！》裡，小說分兩條線索並行講述了一個34歲的「文化掃雪者」，以為雜誌撰稿為生的人「我」與老同學五反田結識了兩名應召女郎，五反田出於心理扭曲殺死了她們。現實和幻覺折磨著已經成為電影明星的五反田，而當「我」追問謀殺事件時，他卻始終在問自己：是我殺了她們嗎？最終他

投海自殺。而「我」卻正做著一件荒唐的善事，奔走於東京與箱根，照顧安撫一位才13歲，父母離異獨自居住的女孩「雪」。小說中的人物充滿的宿命感，始終環繞在神祕、憂愁的氛圍中。一個畸形發達的社會，人際關係撲朔迷離，分不清在各自扮演的社會角色的外衣下，互相之間有多少是真誠的。而孤獨的生命卻總是那麼脆弱。社會底層的應召女郎昨日還在歡笑，明日就被人勒死。而殺人犯五反田對於自己的行為卻已麻木。

村上的《舞！舞！舞！》首發就印了200萬冊，極為暢銷。在日本高度發達，社會壓力極高的社會中獲得了讀者廣大的共鳴。我印象深刻的是書中的「我」一次次和13歲的女孩雪在澀谷的餐廳裡聚會聊天，試圖安撫一顆徬徨孤獨的少女之心。走在澀谷街上，我左右環顧，希望能從周遭的年輕人中看見小說家筆下人物的身影。

正是迎接新年的時候，日本市民特別喜歡鮮花。在花圃裡，提供的鮮花品種豐富，許多鮮花都經過人為加工，使之更具備日式的艷麗和繽紛。來時的路上走過東京民居時最顯眼的發現，就是所有的民居門前都布置了門松和注連繩做成的新年裝飾盆栽喜景，古代中國魏晉南北朝時代也有那樣的新年民俗，在門上掛草繩把鬼嚇退的作法，或將草繩裝飾掛在玄關、廚房或者家中神壇處保佑家人。

村上春樹曾經在書中重複了不知多少遍：「高度發達的資本主義社會」，那是他眼中的日本，自然也包括他生活的澀谷。「早上起來，去車站買報紙。時近9點，澀谷站前給通勤男女捲起無數漩渦。儘管已是春天，但面帶笑容的人屈指可數，而且那也可能並非微笑，而僅是臉部的痙攣。」這是他小說中的描述。

可是，我看見的澀谷卻是那麼愉悅，三五成群的年輕人從面前經過，常常都是歡聲笑語。我為此特地詢問生活在東京的朋友，為什麼我看見的都是歡樂，而沒有看見精神重負下的疲憊。她們這才告訴我，已經開始日本年終的假期，這一週所有的公司都放假了。人們不是返鄉探親，就是在城市中和親人和朋友們團聚。所以我眼前的人們精神是放鬆和歡樂的。如果在平日，有些上班族要到晚上9-10點鐘才能從公司下班回家。

「我攔了輛計程車，趕到我在澀谷的寓所。叫雪在門口等著，自己進房間放下行李。然後下去讓雪鑽進『雄獅』。開車跑了15分鐘，到一家義大利風味餐館吃飯。……飯後，我們一面聽音樂，一面在東京街頭轉來轉去。如此做法，帶來的結果無非是加速空氣汙染，雪把頭偎在靠背上，一聲不響地茫然望著街頭夜景。」

小說中這樣的描寫帶給我不少生活的氣息。不過12月底的澀谷難以找到村上筆下在精神困頓下掙扎的人們。年終整整一週的假期讓他們放下了身上的公事包，每個人都可以和親人或是朋友結伴在居酒屋裡大聲說話，大口喝酒。當我走進澀谷的居酒屋時，發現裡面的男男女女特別愛說話，一桌隔著一桌，大家只管自己大聲說話，與鄰桌互不干擾。顯然，村上筆下遺失的笑容又回到人們臉上。

當我要離開澀谷站前廣場時，我收穫了一個動人的故事。那裡立著一座狗的銅像，稱為八公銅像，已經成了澀谷的地標。故事的發生時間有點久，是1924年的事，東京帝國大學（現今的東京大學）農學部教授上野英三郎飼養一頭秋田犬，取名為小八。小八每天清早都會在家門口目送上野教授出門工作，傍晚時再跑

到澀谷車站，等待下班的主人搭電車回來。1925年，上野教授因病猝死，但小八還是每天傍晚守在澀谷車站前，等著永遠不會回來的主人，一等就是10年。直到1935年3月，11歲的小八得了癌症病死，那時小八的故事早已傳遍日本。我這才知道曾經在美國電影中見過這樣的故事，原型來自澀谷。

小八死後澀谷車站前特地樹立起了一座「忠犬八公」銅像，成為澀谷的地標。有時下大雪的天氣，還有體貼的民眾替八公戴上一頂斗笠遮擋大雪，更有人用積雪在八公銅像旁堆起一尾大小相仿的雪雕，讓八公有個伴。歲月飛逝，時至今日八公孤零零蹲坐在澀谷站前等待，已經整整92年了，惦念著八公的人們特地在東京大學校園內，新建了一座以八公為主題的全新雕塑，興奮地撲向迎面而來的上野教授。在上野教授逝世90年後，小八和上野教授終於重逢了。

在東京奢華的地標銀座，我走進了去年四月才開幕的購物大廈銀座6號（Ginza Six），感受到一個華麗而又雅緻的購物世界。從電動樓梯上逐層進入，一組由草間彌生女士設計的波點南瓜吊燈懸掛於大廈內中庭，點點鮮紅的圓點大小不一的散布在白色的南瓜上，為金黃色調的中堂空間帶來強烈視覺衝擊力。草間彌生把這些圓點看成是細胞、分子，是來自宇宙的信號。她試著用重複的圓點把自己的幻覺表現出來。精神疾病與藝術創作幾乎伴她一生。由於精神疾病的影響，草間彌生將她獨特的藝術想像擴展到雕塑和裝置藝術領域，這竟然引領了上世紀50年代美國波普藝術的潮流。

在銀座6號（Ginza Six）中的蔦屋書店，我體會了不同凡響的文化氛圍，步入室內可以感受到瞬間降臨的寧靜。年終無休且

每天經營到凌晨兩點的蔦屋書店，已經在日本有許多分店，在各年齡層的顧客中都有很高的人氣，並正在亞洲各國推出新店。畢竟，沒有人能拒絕一個「室內設計和內容獨特、精緻，擁有陽光充足的大窗戶並可以舒適聊天」的場所。

我們在書店高層的露天平臺上喝咖啡，從平臺上可以俯瞰銀都繁華的街道，一杯小小的咖啡裡飄出無限的溫潤。俯瞰著銀座的街道，我忽然想起《舞！舞！舞！》中羊男對主人公說「跳舞，只要音樂在響，就儘管跳下去。明白我的話？跳舞！不停地跳舞！不要考慮為什麼跳，不要考慮意義不意義，意義那玩意本來就沒有的。要是考慮這個，腳步勢必停下來。一旦停下來，我就再也愛莫能助了。並且連接你的線索也將全部消失，永遠消失。」生活中的人們不能停下跳動的腳步。其實，這不僅僅是對日本社會的描述，如今在世界上的任何已開發國家不都是這樣？現代人的生活不就是這樣。

剛進書店時，在前面的大廳看見立著兩隻高達3公尺的巨型的御守貓，一隻黑，一隻白。這是日本雕塑家矢延憲司（Kenji Yanobe）的全新系列作品。正配合著書店裡舉行的貓類書籍展覽在書店中短暫停留。書展的主題是以貓為主角的「貓&藝術&聖誕節」。兩隻神采奕奕的貓睜著溜圓的大眼睛，前爪撐地昂首挺立注視前方，還戴著透明的頭盔，脖頸處鍍著金光閃閃的色澤，腳上也穿著金光閃閃的靴子。據說這位雕塑家創造的御守貓系列在日本港口等許多公共場所都舉行過展示活動，給貓咪雕塑戴上防護頭盔，便使可愛的貓有了人的習性。我還記得春上筆下的孤獨少女雪有一次問陪他的男主人公，為什麼你的太太跟別的男人走了，是不溝通？男主人公說：我一直以為是溝通的，但對方不

這樣認為。所以才離家出走。也許她認為跟別的男人出走，比消除見解上的差異更方便，更痛快。看著眼前的寵物我卻想：人與寵物關係可以如此融洽和諧，為什麼人與人就那麼難呢？藝術家的創作不正是呼喚著一種美好的生活？

本以為會在冬季的東京街頭俯拾秋天裡遺失的落葉，體會村上春樹小說中的憂鬱和惆悵。我卻不曾尋到落葉，收穫的卻是大雪紛飛前的晴天陽光，和屬於這座城市節日的熱鬧。村上總是在故事中訴說著兩個字——孤獨，因為孤獨才要尋求與世界的連接，然而他筆下的那些柔弱的女子，亦或是孤獨無奈的男士終究都逃脫不了宿命。可是這些不屬於下雪前的東京，也許因為這個原因，我喜歡上了冬天裡這座節日裡的城市。

京都：宏大寺廟與精緻庭院

一個似乎與世隔絕的寧靜田園，高大的古樹，濃綠的草地，一層層厚厚的青苔覆蓋在地面上。有幾尊小沙彌，在日本人叫童地藏，在路邊的草地上或坐或躺，神態和姿勢可愛，讓人看了會心一笑。三千院的地藏石像約巴掌大小，散布在院內的四處，不時可以在青苔裡，發現他們的可愛蹤跡。

　　到達日本京都已是國曆除夕的下午，我預訂的旅店是一戶江
戶時代風格的民宿，就在京都火車站附近。傍晚我在京都最熱鬧
的一條街祇園上閒逛，拐進花間小徑，在幽暗的燈光下兩旁是雅
緻的江戶時代的民居。青色的石板路上寧靜中傳來木屐的聲音，
穿著和服的藝伎成雙結對地走過，一股濃郁的日本風俗味撲面
而來。街頭上的人們心情輕鬆愉快，帶著一個好心情休閒地度
過這年的最後一天，準備在清水寺108響零點的鐘聲中迎接新年
的到來。

清水寺裡有故事

　　第二天我去離祇園不遠的清水寺，徒步走過去會經過一片坡
道，二年阪連著三年阪，坡道上人流熙攘。兩邊獨具特色的建築
裡開滿了各種特色小店，門面不大，卻各不相同。前面就是清水
寺了，曾經在芥川龍之介的小說《密林中》第一次聽說了清水寺
的名字。後來這部小說被日本著名電影導演黑澤明改成電影《羅
生門》而名聲大噪，並獲得了奧斯卡金像獎。「羅生門」隨後變
成了人生中一種說不清，道不明的窘境的代名詞，告訴人們「人
言不可盡信」。

　　故事中的強盜多襄丸看到武士之妻的美貌而動了色欲，便利
用武士的貪欲將二人騙入密林中，捆住武士，強姦女子，最後用
自己的腰刀殺死了武士。事後被強姦的女子在清水寺中懺悔說，
因為無法忍受被強盜玷汙之後丈夫蔑視冷漠的眼神，是她用自己
的短刀殺了丈夫，隨後想自殺時卻又失去勇氣。武士的亡靈卻堅
持說自己是不甘受辱而自殺。兩種截然不同的說法那一種是真的

呢？這樣一個精彩的故事把清水寺留在了我的記憶中，難怪我走在清水寺周邊的步道上，會不時地東張西望，留意山坡道上的竹林和草木，彷彿能夠在那裡的一草一木中重構強盜和武士，以及他的妻子演繹的故事。周圍山勢的陡峭和道路的迴旋無疑都增加了環境的神祕感。

清水寺因地處東山區清水而得名，是京都最古老的寺院，日本奈良時期末期由中國唐僧玄奘三藏的第一位日本弟子慈恩大師開創於778年（日本寶龜9年），山號音羽山。我在那裡看到的是冬天的細雪，還有帶著好心情去過節的人們。從坡道走進清水寺大門，首先經過的「仁王門」就顯出不凡的氣派，進門的階梯略有些陡，寬大的門庭卻高懸著，站在階梯上若要看全紅白相間的門冠，必須把臉仰得很高。走進「仁王門」，迎面就看到了「三重塔」，這是日本最高的塔，塔高約有31公尺。無論遠看還是近看，三重塔的建築樣式都體現了宏闊和高大的唐代建築風格。氣魄宏偉，嚴整開朗、舒展而不張揚。那天的陽光給清水寺的三層塔披上一片金輝，站在聞名於世的「清水舞臺」上可以遠眺京都的全景，一座保留著中國盛唐氣韻的古老城市盡顯眼前。而這種唐代的宏大建築風格在中國內地已經很少見了，京都至今成了一個唐代建築的博覽聖地。日本有一句諺語頗為人們熟悉：「從清水的舞臺上跳下去」用以形容抱持著破釜沉舟的決心去做某事。

清水舞臺是清水寺大殿前的一個大舞臺，由139根高12公尺的巨大櫸木並列支撐著，高懸在峭壁上。如此氣勢宏偉的舞臺，卻不用一根釘子固定，堪稱鬼斧神工。清水舞臺地勢高，站在地下仰望，如同一幢懸崖邊上高聳的建築，僅靠6層炬木築成的木臺支撐，這樣的結構極為罕見。

庭院深處有講究

在京都旅遊，見到最多的是寺廟和庭院。庭院的布局和池塘中的石頭無疑是一個主角，石頭來自哪裡？如何放置可是有講究的。據《日本書紀》記載：古代皇卿貴族對海無比嚮往，故而掘亭造池，以池為海，又築島嶼於池中，水引自瀑布川流，流入園中，匯成池塘。取天然石造景，以此為美。日本有這樣的文化，國土中缺少海，便將湖水想像成心中的海，所以日本的各種庭院中總少不了湖，而湖中更不能缺少奇奇怪怪的石頭，用石頭裝點的湖塘中，可以看出主人的身分。

在平安年代的亂世中，貴族皆皈依西方極樂淨土之阿彌陀佛。期盼死後去往極樂淨土，庭院即為此目的而建。貴族們認為極樂淨土乃海中浮島，可是無風不起浪，便加些噴泉、流水。個人功成名就後造庭院既是一種自我犒賞。

還有的像高僧夢窗，邊修行，邊築亭。自詡：造池堆石，以此滌心。在漫長的修行過程中造亭，既是修練也是雅興。日本戰國三英傑之一豐臣秀吉，統一了日本，興建了大阪城，他去醍醐寺賞櫻後，受到該地美麗氛圍的感染，既也開始造亭，準備迎接天皇來賞櫻。醍醐寺的三寶院庭園，是慶長三年（1598年）豐臣秀吉為「醍醐賞花會親自設計的，至今保留著桃山時代的華麗氣氛。他還取各地名石，放於院中。其中有一塊長方形的巨石：藤戶石，放置在湖邊堤岸中央十分顯眼。由於被歷代爭霸天下的武將所先後擁有，故名「天下名石」。他就是要以此彰顯他的權勢，做給天皇看，這塊奇石象徵他的權勢。不過未到來年春天，

他就病死了。

　　有別於這些有石有水的庭院，日本京都的龍安寺卻獨樹一幟，為世界文化遺產。龍安寺是由日本室町時代的大將細川勝元，於寶德二年（1450年）創建的禪宗古寺。龍安寺的「枯山水」庭園，是日本庭園審美的代表——在寺廟方丈堂前的一片長方形的白砂石地上，分布著五組大小不一的岩石，形成「枯山水」庭園。那麼何為「枯山水」呢？原來這是日本式園林構建中的獨特流派，它繼承了日本畫的一種傳統。通常由細沙碎石鋪地，再加上一些疊放有致的石組所構成的縮微式園林景觀，偶爾也包含苔蘚、草坪或其他自然元素。枯山水並沒有水景，其中的「水」通常由砂石表現，而「山」通常用石塊表現。有時也會在沙子的表面畫上紋路來表現水的流動。枯山水字面上的意思為「乾枯的山與水」，通常出現在室町時代、桃山時代以及江戶時代的庭園中。

　　走進龍安寺，人們紛紛在方丈室前廊下席地而坐，靜心凝視院子裡的白沙和石頭組合。共有十五塊石，三三兩兩，分成五組。白沙象徵著大海，石頭則為島嶼。日本國人視石頭為有靈之物，石出深山，既已非石，置石於庭，如添友人，可與之促膝對談。幾組組合的石頭中也既組成了各種人或物的相互關係。而石頭周圍的細沙則如同海洋，似有波紋，蕩起微瀾卻不洶湧。這是枯山水的代表之作，已名列世界文化遺產。英國伊麗莎白女王也曾到此一遊，留下深刻影響，對之讚不絕口。

　　13世紀時，源自中國的另一支佛教宗派禪宗在日本流行，為反映禪宗修行者所追求的苦行及自律精神，日本園林開始擯棄以往的池泉庭園，而是使用一些如常綠樹、苔蘚、沙、礫石等靜

止、不變的元素，營造枯山水庭園，園內幾乎不使用任何開花植物，以期達到自我修行的目的。往日裡僧侶們面對石群，苦思冥想，尋求頓悟。而如今的我們則在此寧靜的氛圍中，感受心靈的平靜。滴水未見，卻彷彿見到山水奇觀，這就是枯山水的真意。如同中國國畫的留白，許多意境都在個體的想像中加以豐富。

更獨特的還有一類寺院，像位於京都郊區的太原三千院。那天我乘上去京都郊區太原的汽車，一個多小時後才到達。沿著山邊的小路走進去，經過碧綠的菜田，山邊的溪流，和一家挨一家的小店，來到了太原三千院。一個似乎與世隔絕的寧靜田園，高大的古樹，濃綠的草地，一層層厚厚的青苔覆蓋在地面上。有幾尊小沙彌，在日本叫童地藏，在路邊的草地上或坐、或躺，神態和姿勢可愛，讓人看了會心一笑。三千院的地藏石像約巴掌大小，散布在院內的四處，不時可以在青苔裡，發現他們的可愛蹤跡。

這座古寺真是一個塵世間的世外桃源，歷史上曾有皇親國戚厭倦了官場的勾心鬥角，隱遁至此。西元860年，日本文德天皇的第一皇子惟喬親王，原本為皇位繼承者，卻因政治角力失勢，只好讓出皇位出家到三千院隱居。1118年，同樣身為皇族的「最雲法親王」在三千院出家，改名梶井宮，並擔任寺廟住持。自此之後，三千院的住持均由皇族擔任，原來那裡只是佛教法師修行時蓋的一個小草庵，因此也逐漸擴大成為現在所見到的幅員開闊的世外桃源。在淡薄的陽光下行走在園內，空氣中瀰漫著潮濕，沿路鋪滿了厚厚的青苔，樹寧靜地在高處佇立，樹幹掩映下的蜿蜒小路，帶你走向不同的寺院，那裡的寧靜別處無法尋覓。

走進客殿頗為寬敞華麗，據說是由豐臣秀吉捐贈的，從寬大的窗口望出去就是回游式山水庭園「聚碧園」。一個小坡上層次分明地種了一組碧綠的植物。特別讓我欣喜的是在三千院中有一室中供奉著王羲之的大字「鵝」，此字是中國天臺山國清寺內石碑的拓本。旁邊的說明書上寫著：佛教認為釋迦摩尼為了拯救所有的人，他的手指之間都有和鵝一樣的膜，這叫《蔓網相》，由此又稱釋迦為鵝鳥之王，鵝王。故有鵝字之幅。中日同根同源，卻又各自變化發展的文化勾連使我會心一笑。

金閣寺浴火重生

當然，在京都各寺院中，在視覺上最令人難忘的應該就是金閣寺了。尤其是有陽光的日子，那幢三層樓的建築上金黃色的外層被打磨得金光四溢。金閣寺前的鏡湖池，如一面鏡子光可鑑人，把金閣寺和前前後後綠樹的倒影都清晰地投射在澄碧的湖水中。金閣寺前方的池塘中有一浮島，稱為葦原島。這個名字可是有來頭，因為日本古時被稱為葦原島。那麼為什麼湖中的一個小島要用這個名字呢？難道是用此代表日本的象徵？經過考證果不其然，主人足利義滿是日本室町幕府第三任將軍，他期望從住宅的樓上可以俯瞰形如日本國土的葦原島。葦原島不僅名字與歷史上的日本同名，形狀也相似。當然作為遊客無法站在三層樓，自然無法體驗到足利義滿的視角，不過他的將軍情懷由此可見一斑。

金閣寺，又稱鹿苑寺。其中最吸睛的金閣殿，以前是收藏神聖的佛陀遺骨的舍利殿。這是一座三層樓閣狀建築，一樓延續了當初藤原時代樣貌，屬寢殿造風格，也就是平安時代的貴族建築

風；二樓是鎌倉時期的「潮音洞」，屬武士建築風格，三樓則為中國（唐朝）風格的「究竟頂」，屬禪宗佛殿建築。寺頂有寶塔狀的結構，頂端有隻象徵吉祥的金鳳凰裝飾。三種不同時代的風格，卻能在一棟建築物上完美調和，是金閣寺之所以受到推崇的原因。

可是1950年7月2日天色未明，金閣殿卻突然燃起大火，這座具有五百多年歷史的國寶級文物，在那場大火中化為灰燼。縱火者是金閣寺僧徒，大谷大學中國語專業一年級學生林養賢。他縱火後逃至金閣寺後山自殺未遂。林養賢平時對寺廟中同伴和師傅不滿，他既有口吃的缺陷，又性格孤僻。林被判刑收監後，因患肺結核病及精神障礙而移往監獄醫院治療。獲釋後也一直住在醫院，病死時年27歲。

日本作家三島由紀夫根據這一真實事件創作了長篇小說《金閣寺》，作品講述了生來為口吃苦惱的青年溝口從貧窮的鄉下來到金閣寺出家以後，終日沉迷於金閣之美，幻想在戰火中與金閣同歸於盡。然而戰爭的結束使他的這個願望化為泡影，絕望之餘，他放火將金閣燒了。日本戰敗的衝擊，民族的悲哀並沒有影響到金閣的存在，它依然如故，顯示出了自己堅不可摧的美。而這些在充滿末世情緒的溝口眼中無法忍受，加上老師的嫖妓之舉使他對世間殘存的信心毀於一旦。當溝口看清老師的虛偽後，燒毀金閣的決心變得不可逆轉，他點燃大火燒毀了金閣寺。所以我們今天看見的美麗的金閣寺已經是此後重造的。

遊覽了京都眾多古色古香的寺廟和庭院，才了解到其中的歷史故事。過去日本的首都——京都，這個參照唐朝長安和洛陽的城市建築進行規劃的城市，許多在今人看來如此典雅、神聖而又

至尊至美的建築，都曾在數百年歷史中經歷過毀滅性的破壞。清水寺、金閣寺等都曾被大火焚毀，有的更多達數次。可是人們面對廢墟，持之以恆地按照記憶中的美進行修復和重造，將人類文化中美的結晶流傳下來。這種生生不息的文化的傳承，正體現了人們對於美好事物的渴望。這是京都這個古老而獨特的城市對人類文明的傑出貢獻，也留給我極深的印象。

臺北：遠去的大師

胡適故居中的客廳裡放著六張沙發，最多時可以
坐約十個人，據說在這個客廳裡通常是賓客盈
門，胡適先生好客，最後四年人生中的許多場景
都發生在這個空間中。

參觀胡適紀念館

初到臺灣，有一個地方是此行一定要去的，那就是胡適紀念館。到達臺北的第二天一大早，我直接前往臺北南港。已是11月，秋高氣爽，陽光燦爛。拐進南港的那條路，非常幽靜，幾乎沒有什麼車。堂堂的中央研究院，門也是普普通通的，大門敞開，沒有警衛，如同一個居民住宿區的入口。進入了中研院的側門，走過一條綠樹成蔭的大道，沒多遠就看到了胡適紀念館的牌子。進入紀念館是一個加建出來的展覽館，裡面陳列了胡適先生的遺物和一些生平介紹資料。當我穿過展廳進入故居時，看到的是一代文化大師生前最後的住所。那裡是胡適先生1958年回臺灣擔任中研院院長一職時，為其安排的住地。三房一廳，約一百六十多平方公尺，一進門就是一個連著餐廳的客廳，客廳裡放著六張沙發，最多時可以坐約十個人，據說在這個客廳裡通常是賓客盈門，胡適先生好客，最後四年人生中的許多場景都發生在這個空間中。

胡適的名字從我少年時聽到始，很長時間裡都是一個被批判的對象。還記得上世紀50年代中期，中國由上而下地展開了對這個身居美國的中國學者展開的轟轟烈烈的大批判。直到我青年時，整理家中父親的藏書，就看到專為批判運動所編輯的洋洋灑灑的近十本《胡適思想批判參考資料》，用的是白皮書封面。據說當時國內的一批著名作家和學者奉命組成了一個「胡適思想批判討論會工作委員會」，負責編輯這套參考資料。這套書編輯的系統性和學術性都頗為到位，而真正認認真真看過這本書的恐怕

只有胡適先生自己了。客居美國的胡適先生還特地託人找到了這套書，並仔細地進行了批註。

　　一直到「文革」結束後，我在上海考上大學就讀中文系，又看到一本狀似白皮書的著作，名之為《現代文學參考資料》，那本書是專門提供給在系學生學習使用。講到中國現代文學的發展，講到中國的新文化運動，便不能不讓我們了解一下胡適先生1917年在美國寫的《文學改良芻議》。胡適先生在此以芻議名之，是一種自謙之語，意指自己不成熟的言談議論。這是我第一次從正面的角度了解了胡適這個名字對中國文學的意義。在這篇文章中作者以文白相間的文字闡述了八個問題：

　　「今之談文學改良者眾矣，記者末學不文，何足以言此。然年來頗於此事再四研思，輔以友朋辯論，其結果所得，頗不無討論之價值。因綜括所懷見解，列為八事，分別言之，以與當世之留意文學改良者一研究之。」

　　「吾以為今日而言文學改良，須從八事入手。八事者何？一曰，須言之有物。二曰，不摹倣古人。三曰，須講求文法。四曰，不作無病之呻吟。五曰，務去濫調套語。六曰，不用典。七曰，不講對仗。八曰，不避俗字俗語。」那麼何為「須言之有物」呢？胡適強調了兩個為文的重要因素：就是情感和思想。這兩者是文學的靈魂，如果文學缺了這兩者，便如無靈魂無腦筋的美人，即便有艷麗的外觀，也是空有其表。

　　寫那篇文章時，胡適還是美國哥倫比亞大學的研究生，據唐德剛先生在《胡適雜憶》中透露，胡適當時寫那篇文章，原是給美國主編的《留學生季報》用的，只是抄了一份給陳獨秀主編的《新青年》。發表於1917年1月1日的《新青年》第2卷第5號上。

想不到卻因此濫觴了中國的新文學運動。

因為胡適先生的文章所用的文字不文不白，所以我初讀時頗費了不少功夫，好在中文系的課程中還有古典文學和古漢語，這些都幫助了我更全面地了解先生的含義。就是當年他的登高一呼，揭櫫了白話文寫作的重要性，致使傳統的人們逐漸地走出了不文不白的中文寫作沉痾。

站在胡適故居中，我特地留意了客廳和書房中的書櫃，裡面幾乎都是一些古籍，也許這是他在家裡較為注重的一部分藏書，現當代的書籍都放在辦公室的書櫃裡了。大部分的書中都夾了不少小紙條，可以想見先生在讀書上花了很大的功夫。我想起曾經讀過《胡適晚年談話錄》，其中記錄了1961年9月26日（星期二）先生和祕書胡頌平的一段對話：

中午的飯桌上，先生談起記憶，說：「我現在老了，記憶力差了。我以前在中國公學當校長的時候，人在上海，書在北平，由一位在鐵路局工作的族弟代我管理的。我要什麼書，寫信告訴他這部書放在書房右首第三個書架第四格裡，是藍封面的，叫什麼書名。我的族弟就照我信上說的話，立刻拿到寄來給我。我看了的書，還是左邊的一頁上，還是右邊的一頁上，我可以記得。這個叫做『視覺的心』。」胡頌平問：「記性好的人，是不是都是天分高的？」先生說：「不。記性好的並不是天分高，只可以說，記性好可以幫助天分高的人。記性好，知道什麼材料在什麼書裡，容易幫助你去找材料。」在故居的書本中夾著的紙條似乎從旁證明了胡適先生所說的，「做學問不能全靠記性的；光憑記性，通人會把記得的改成通順的句子，或者多幾個字，或少幾個字，或者更多了幾個字，但都通順可誦。這是通人記性的靠不

住。引用別人的句子，一定要查過原書才可靠。」

　　說到胡先生治學方法的源頭，他剛去美國時就讀於康乃爾大學學農。後來轉去哥倫比亞大學師從於杜威大師。胡適多次強調杜威對自己的深刻影響。他曾說：「我的思想受兩個人的影響最大：一個是赫胥黎，一個是杜威先生。赫胥黎教我怎樣懷疑，教我不信任一切沒有充分證據的東西。杜威先生教我怎樣思想，教我處處顧到當前的問題，教我把一切學說理想都看作待證的假設，教我處處顧到思想的結果。（《介紹我自己的思想》）

　　胡適最崇拜的，還是杜威的思想，是杜威的實用主義哲學。正如他自己所說：「從此以後，實驗主義成了我的生活和思想的一個嚮導，成了我自己的哲學基礎。」杜威的哲學思想帶有強烈的反教條主義和反思辯哲學的色彩，反映了美國創業時期求實與創新的精神，體現出一種開拓、進取、行動和成功超過一切的美國風格。

　　而胡適先生的名言：「大膽假設，小心求證。」就是要人們面對紛繁複雜的外部世界，能夠打破舊有觀念的束縛，大膽創新；「小心求證」卻更強調尊重事實，尊重證據，在科學的論證上不能隨心所欲。他在《問題與主義》一文中曾經寫道：「一切主義，一切學理，都該研究。但只可認作一些假設的（待證的）見解，不可認作天經地義的信條；只可認作參考印證的材料，不可奉為金科玉律的宗教；只可用作啟發心思的工具，切不可用作蒙蔽聰明，停止思想的絕對真理。」這些他在民國八年時所說的話語，對於後來的人們仍然有著思想方法的指導作用。也許就是因為他這種對絕對真理不懈的懷疑和求證精神，使他在上世紀五十年代，崇尚極權崇拜，大搞文化批判的中國遭受了猛烈批判。

但是，隨著歷史的不斷推進，在歲月長河中醒悟的中國人越來越感受到這種對於真理求證的精神之可貴。只是在當今的中國知識分子中，這種精神依然稀缺。

從今天的眼光看，胡適先生的故居十分簡樸，他自己的辦公室裡就是一張書桌和靠牆放著的書架。我想他一定不喜歡那扇窗子，不知是否為了安全的原因，窗外有一面白色的牆，上面開著一個個不大的方孔。胡適坐在書房裡彷彿坐在一個監獄中，窗外透進來的光線也已經被隔離去了一大半，他更無法看見窗外完整的風景。他和夫人各人有自己的臥室，都不大，隔著一堵牆，胡適先生因為和太太的生活習慣很不同，太太喜歡打麻將，很晚才睡。而在這戶居室中，如果有一桌人在打麻將，胡適先生即便坐在書房中也難以耳根清淨。

走進胡適先生的臥室，我就想起曾經讀到胡適的友人三十年代寫過的一篇文章，「昔嘗遊先生臥室，室內掛滿了古今名人格言，不但室內，他的床上，也到處可以發見格言一類的文字，寫貼在床的四周，還有那林（琴南）譯小說中的精緻的句子。先生健談，好飲酒，好吸紙菸，對於紙菸，屢戒屢開，每每自揭格言警戒，可是揭貼的戒菸格言越多，紙菸的吸量卻與格言成正比例而與日俱增。」這位署名希平的作者描述的是胡適先生年輕時的住處，與做了院長的住處顯然不同，但是到了老年，胡適依然有酒，有菸，有書，並且好客。

胡適生命中兩位重要的女士

我珍藏著一套1947年商務印書館出版的《胡適留學日記》，

封面是胡適自題的。這四冊日記原來書名是《藏暉室箚記》，胡適先生在重印自序中說了改名的原因。是因為他「反對中國文人用某某堂，某某室，某某齋做書名的舊習慣」，這樣可以免除後人的腦力，花許多精力去考證。讀胡適先生的留學日記，了解到許多胡適年輕留學時的事情，年輕時他也是喜歡打牌的，甚至在留學的最初幾年，日記就有不少打牌的記錄。在客廳裡沙發邊上的櫃上放著不少瓶酒，管理員介紹這些就都是喝過的，可見先生一直到晚年都保持了年輕時愛喝酒的習慣。從頗為詳細的留學日記中有一些片段給我留下很深的印象，那是關於他生命中兩個重要的女子。一個是他的母親，另一個是他在美國讀大學時認識的美國女子韋蓮司。從中也可以幫助讀者理解胡適的感情和精神世界。

胡適幼年喪父，所以他與母親的關係十分親密。他在1914年六月八日的日記中寫道：「吾母為婦人中之豪傑，22歲而寡。」母親治家很有方法，內外都稱她為賢母。母親雖然很愛他，但對他要求很嚴格，每天黎明就叫他起床，以父親為范例，教他怎麼做。他自認小時候有什麼與眾不同的地方，都因為是母親教導所致。父親去世後，母親一人撫養他長大，家境貧寒，即便考取了庚子賠款留學生到了美國留學，為了養家他還透過給報紙寫文章賺一些稿費，拿了稿費寄回去養家。而母親呢，也是縮衣節食，為了兒子的學業和需要，自己什麼都願意奉獻。胡適記載到，曾收到母親的信說到家裡的清貧，為了過年母親把自己的首飾都抵借了。可是知道有人欲出售一套《圖書集成》，正是胡適需要的，母親就向人借了錢為他購買。從這些紀錄中也可以理解到這對母子的關係真的難捨難分，也正因為這樣，母親為胡適安排的

婚事他即便不滿意也不去忤逆，並且與江冬秀廝守一生。

除了母親，胡適生命中還有一位十分重要的女子就是韋蓮司。

「吾自識吾友韋女士以來，生平對於女子之見大變，……女子教育，吾向所深信者也。唯昔所注意，乃在為國人良妻賢母以為家庭教育之預備，今始知女子教育之最上目的乃在造成一種能自由能獨立之女子。」

剛認識韋女士時，他們一次多日雨後出行，走了三個小時，邊走邊談，多次走到路的盡頭才折回，可以想像交談得多麼投入。待回到女士住地已是晚六點，然後晚餐圍爐座談，一直到九點才不捨地離去。也就是那一天的日記中他讚道，「某人極能思想，讀書甚多高潔幾近狂狷。」而所謂「高潔幾近狂狷」，就是這位女士留給他深刻的印象，她具備積極進取而又潔身自好的品性，氣質豪放不羈而行為有禮。

後來到了紐約，一次胡適去見韋女士，兩人一同進餐，談了兩個小時，又一起外出，循哈德遜河邊散步。當日天氣晴朗，河濱一帶的紐約風景十分美麗。可是他竟然忘記了紐約的喧囂。約一個小時後又回到住處，一直談到六點半才離開。前後共交談了五個多小時。「與女士談論最有益，以其能啟發人的思想也。是日所談甚繁，不可勝記。」他們談論的話題範圍涵蓋社會、政治、軍事、文學、宗教、哲學等諸多方面。共同的興趣使他們相互吸引，彼此一談起話來就難捨難分，這種情分真的是十分稀少和難得。

認識韋蓮司時，胡適才23歲，正是風華正茂時。或許人們以為他被一個西方美女的美貌和窈窕的身材所吸引。不過韋蓮司眼中的自己，「胸部扁平又不善於持家」，「頭腦不清而且不得

體」，「又醜又無風韻的女人」。當然這是韋蓮司的自謙，不過顯然她不是那種憑姿色吸引男性的角色，她是康乃爾大學教授的女兒，自己在大學裡研修藝術。吸引面前這位東方學子的是她的學識和談吐。遇到知己，胡適難免在潛意識中拿來和自己的配偶江冬秀做比較，即便這些比較是他力求避免的，但是在他的日記中還是能揣摩到微妙的情緒變化。

有兩則寫於1915年的日記前後約差十天，記錄的卻是關於韋女士和自己的配偶江冬秀。「**五月八日　韋女士**　女士最灑落不羈，不屑事服飾之細。歐美婦女風尚，日新而月異，爭奇鬥巧，莫知所屆。女士所服數年不易。」他說到她的帽子貶損了照戴不誤，頭髮長了，修飾不容易，就索性剪去了。

在記下這篇日記十天之後他又在一封給母親的信中寫道：「**五月十九日　第九號家書**　第三號信中所言冬秀之教育各節，乃兒一時感觸而發之言。……今日女子能讀書識字，固是好事；即不能，亦未為一大缺陷。……吾見能讀書作文，而不能為賢妻良母者多矣。……伉儷而兼師友，固屬人生一大幸事。然夫婦之間，真能學問平等者，即在此邦亦不多得，況在絕無女子教育之吾國乎？」

他的口吻顯然是要安母親的心。他心中已看見了心儀的女士，從心而論他喜歡的是「灑落不羈」的女子，很顯然這位女士和所謂的「歐美婦女風尚」也是格格不入的。但是他又尊母命，承認「然夫婦之間，真能學問平等者，即在此邦亦不多得，況在絕無女子教育之吾國乎？」但是其實在他同時代的青年中已經產生了一些留洋的女青年，其中結成圓滿關係的也還是有的。不過胡適毫無怨言地服從母親的安排，母親的撫養培育之恩，他銘記

不忘，為了遵從母命，胡適克己內忍，從中也可以看到胡適身上保存的中華傳統道德的影響。胡適在婚後私下裡對友人直言相告：我不過心裡不忍傷幾個人的心罷了。假如我那時忍心毀約，使這幾個人終身痛苦，我的良心上的責備，必然比什麼痛苦都難受。可見胡適終歸還是一個溫良恭儉讓的謙謙君子，他寧願委屈自己，而把更多的心思傾注在學術研究上，而將令人心動的愛情轉化為一種形而上的精神嚮往。

從相識開始，他們一直保持著密切的通信交流，前後長達五十年。很多年後有一次胡適前去韋女士住處，看到一大束自己寫給她的信，看了愛不釋手。那些大多是1915-1916年寫的，不由感嘆：「吾此兩年中之思想感情之變遷多具於此百餘書中，他處決不能得此真我之真相也。」這是他對自己情感世界的一個總結？胡適先生既是一個信奉杜威諳熟西方文化的哲人，骨子裡還是一個典型的中國文人，一個極具自我約束力的年輕才俊。他與韋女士不是情侶，卻勝似情侶。一次小別後他寫下：「上週四的夜晚，我深感悵惘，寒風吹落了窗前所有的柳條，竟使我無法為一個遠去的朋友折柳道別。」他的折柳贈別，表現的正是中國傳統的習俗，用離別贈柳來表示難分難離，不忍相別。

1958年胡適旅美將近九年後回到臺北，出任中央研究院院長時已經67歲，他在就職演說中說：「學術界有個普遍的規矩，年滿65歲的學者退休之後，可以做他自己喜歡做的事，……著書，寫文章。但在這個時候，國家艱難，……何況我們對中央研究院三十年來都有密切的關係。」可是胡適到任後，工作並不順利，領導層中意見不一，常有齟齬，使得胡適先生的心情不愉快。用當事人的描述，那一天在離住處不遠的中研院會議室中舉行的院

士選舉會後，當晚胡適舉行招待酒會，講話時他講到，因有人提及最近臺灣言論中為中西文化問題對他之批評，他聲調激昂，情緒緊張地稱之為「圍剿胡適之」，自謂四十餘年來不斷受人攻擊詆毀，竟不為意。會散後，不到兩分鐘，怦然倒地，經搶救無效，在現場逝世。

如今胡適先生的墓地就在中研院對面的小山上的胡適公園內，公園中安放著胡適和夫人江冬秀的合葬墓。長子胡祖望2005年身故後，也從其遺願歸葬於父母墓側。在一起的還有胡祖望為幼弟胡思杜所立之紀念碑，胡思杜於反右運動時在大陸自殺身亡。一家人終於在死後團聚了。

在胡適紀念館參觀時我巧遇一位鶴髮童顏的老人，經介紹方才知道他是臺灣行政院前副祕書長、總統府前副祕書長張祖詒先生。他為蔣經國先生掌理文翰，前後16年，為重要文膽，頗負時譽。他正和夫人陪同著南京大學文學院院長徐興無教授前往參觀。同行的朋友介紹他已經102歲了。他告訴我說，他是胡適先生的姪女婿，太太是江冬秀的姪女。胡適晚年時他和夫人時常來此地照顧胡適先生。老先生思維健朗，談吐敏捷。我握著他的手，感覺他手上尚還保存著那個時代的餘溫，彷彿可以透過他的手感受到胡適先生的訊息。我們閒談之後還一起合影留念。這樣的巧遇在旅行中發生，便似乎瞬間就為一段普通的旅程點亮了一盞燈，我感受到了一種與歷史故人的聯繫，深感十分榮幸！

拜謁傅斯年

離開胡適紀念館，我沿著幽靜的林蔭道往研究院的門口走去，沒多遠就看見了一座極普通的教學樓，門楣上寫著傅斯年圖書館。在進門的右手側看見一塊牌子寫著傅斯年紀念室。名之為室，也就可想其之小。進去一看約只有二十平方公尺不到，四壁上掛著一些傅斯年的手稿和介紹文字，還有幾張照片。其中有一張照片上年輕的傅斯年穿著西裝，戴著領帶坐在教授斯密斯的辦公室的靠背椅子上，他的目光望向前下方的一個點正在獨自思考。在照片的下方他的筆跡寫著：此像當為1921（或1920）拍攝，其地為DR.SMITH,LONDON.那也就是說五四運動過去沒多久，傅斯年就去了英國求學，當他坐在倫敦教授的辦公室裡拍下這張照片時，他才20多歲。他和胡適同為五四運動中引領風騷的人物，胡適是新文化運動的倡導者，傅斯年那年還是一個小夥子，他是北京大學的學生，擔任了五四運動遊行的總指揮。後來他從柏林和倫敦遊學回國後，致力於學術研究，創立了中央研究院歷史語言研究所。到了臺灣後曾任臺灣大學校長。在紀念室中一位年長於我的管理員與我談起傅校長，便說他的父親曾經見過傅校長，對校長在初創臺灣大學的歲月中大刀闊斧的改革措施印象深刻，傅校長為把臺大辦成名校做出了傑出的貢獻。傅斯年人稱「傅大砲」，這門大砲什麼樣的人他都敢轟，一點也不留情面，因此也贏得了全校師生的愛戴。因為他大刀闊斧的改革，打造了一所優質的臺灣大學。歷史有記載，抗日戰爭勝利後，他主政北京大學，堅決不許日本人統治時期偽北大的教員回到北大任

教。有一人前往與他爭論，他拍案而起，指著那人的鼻子大罵：「你這個民族敗類，無恥漢奸，快滾，快滾，不用見我！」當場命人把那人架了出去。

次日，北美華文作家協會副會長，寫有《哈佛問學錄》哈佛系列的張鳳和她擔任哈佛大學核磁共振實驗室主任的先生黃博士特地陪同我前往臺大，黃博士是臺大人，對於母校的點滴如數家珍。我們來到校園中的傅鐘和傅園拜謁。1950年12月20日傅斯年先生逝世之後葬在臺灣大學校園內。學校行政大樓的對面四支鋼管支撐起一個高高的鐘，那就是傅鐘，位於行政大樓水池前和椰林大道之間，每天都會敲響二十一下。因為傅斯年有一句名言：「一天只有二十一小時，剩下三小時是用來沉思的。」以每天敲鐘的方式告示後人，不僅要學習，也要留點時間去思考。他所提出的「上窮碧落下黃泉，動手動腳找東西」的做學問原則對臺灣學界影響極其深遠。他鼓勵學生找證據、找資料來論證自己的觀點！傅斯年校長所代表的學術自由、大學自主性的價值想像，已經成為臺大校園的歷史遺產。他將大學視為「公共領域中批判性言論的知識來源」，正是承繼著他的老師胡適治理北大時的理念，也成為臺大教書育人的準則。

比鄰臺大校門口的「傅園」，前身為熱帶植物園，傅園內可看到不少樹種的纏勒現象，以及氣生根、支柱根等生態現象。由於豐富的歷史及生態景觀，傅園已經成為認識臺大歷史的好地方。園中的斯年堂安放著傅斯年的骨灰，那是一座羅馬式紀念亭，16根圓形柱子支撐著斯年堂，亭中砌著一座長方形的墓座，墓座前立有無字尖碑和噴水池。那天天清氣朗，在園區裡有不少學生在臺階上席地而坐，在畫板上描摹著園中多彩多姿的植物。

特別引起我注意的是一對結婚的新人在斯年堂的階梯上擺著姿勢拍攝結婚照。但願他們是臺大的學子，了解安臥在墓座中的老校長獨特的辦學理念。當年才55歲的傅斯年校長，在臺灣省議會上唇槍舌劍對戰批評他治學方針的挑戰者，氣憤交加，在答辯下臺後觸發心臟病倒在座位上昏迷，於當晚三小時後去世。

　　傅斯年在會場上突然逝世，無獨有偶，許多年後他的老師胡適也在會場上倒地去世。從兩位大師在情緒激動中辭世的偶然，可以看出這對師生在初到臺灣的歲月裡，為了堅持自己的學術信仰，砥礪前行，卻是步履維艱，他們所取得的每一點成績都來之不易，直至最終奉獻了自己的生命。不論是胡適，還是傅斯年，他們的墓地都安放在自己最後為之奮鬥的地方，肉體已離開，靈魂仍長留故地，這樣的墓園世間鮮少看見，也為我這樣的遠方來訪者保留了一塊可以拜謁的碑石。

新北：夜宿九份

一些鶴立雞群的餐廳或是氣勢雄偉的三四層建築
聳立於山城的一隅，有的亮亮堂堂的數十扇窗戶
一字排開，如同突然在山城裡開出了一面高而寬
大的牆，上面透出了溫暖的光，紅燈籠的喜氣，
和每一扇窗臺前耀眼的花飾，展現出來的是一個
璀璨的世界。

　　去年冬季第一次去臺灣，可是有一個地方卻似乎神交已久，那就是九份。九份的山和海在候孝賢的電影《悲情城市》中見過，九份的民居屋簷上的串串紅燈籠似乎在《神隱少女》的畫面中遭遇。自從看見了那些紅燈籠，就再也難以忘記，對於那個充滿夢幻的迷離山城神往已久……

一個奇幻的山城

　　一個風和日麗的午後我抵達九份。下了公車按照民宿主人預先發來的溫馨指引，我到達了預訂的民宿。一位中年男子把我迎了進去，辦完手續後他提著我的行李把我送上三樓的住房，推開門映入眼簾的是陽臺窗外的海景，層層疊疊的山巒勾勒出一條蜿蜒的天際線。

　　這裡真美啊，怪不得叫海景客棧！

　　嗯嗯，男主人答應著，看到我滿意的表示，他臉上也漾起笑容。

　　我即刻站在陽臺上向海的方向遠眺，主人介紹道，最顯眼的一個孤零零的島是基隆嶼、從那裡出去一片廣大的海域就是東海了、基隆港、野柳岬、深澳港依次排開，最遠的山是大屯火山群，而太陽最終會在那個位置落下。好一幅美景，我在陽臺上流連往返。

　　看著太陽就要落山，我急忙出門去九份老街。臨出門時男主人還叮囑，找一個可以看海的餐館，慢慢地喝茶吃飯，等著夜色的降臨。多麼溫馨的提醒，把九份最佳的遊覽方式提前為我描繪出來了。

　　九份是臺灣新北市瑞芳區的一個地區，早期因金礦而興盛，礦坑挖掘殆盡後一度沒落。九份的名字來源有這麼一說，早年九份居民多以採樟樹、煮樟腦為業，有九十口腦（樟腦）灶，十口灶為一份，共有九份。九份由此得名。1989年臺灣電影導演候孝賢執導的電影《悲情城市》在義大利威尼斯影展榮獲最佳影片「金獅獎」，成為首部在世界級三大影展內榮獲首獎的臺灣電影。從此以後來自世界各地的遊客開始把目光投向這片曾經被遺忘的區域。曾經作為電影外景地的臺北縣瑞芳鎮（現為新北市瑞芳區）九份迎來了旅遊業帶來的繁榮。為此回到美國後我又特地重看了那部電影，電影場景中的海邊景色和山城中層層疊疊的古老建築又勾起我對九份老街的回憶。一個臺灣原住民家族在臺灣從日治時期進入國民黨統治時期的家族興衰史，生動地描繪了臺灣本土知識分子的心靈轉變。

　　還記得走在九份的老街上，印象最深的是石板路、寬屋簷，還有屋簷下的成行成串的紅燈籠。石板路上人流熙熙攘攘，如流水、如串珠，沒有斷的時候。街道兩邊是形形色色的商店，以豐富多彩的食品店為主，也有民宿、餐廳、茶房參次其中。而在九份老街上最令我難忘的景色是從不同的角度，去觀賞山城不同的美景：從高處俯瞰腳下延伸的石階蜿蜒著鋪展向一個深處，從你身邊走過的人，尚還聽到他的聲音，人影卻早已無蹤無影，轉眼就消失在屋簷轉角處。或是在山道上推開一道門，又能發現一個別開生面的世界，可以發現一個嶄新的文創空間。俗話說好酒不怕巷子深，山道彎彎帶你進入一個完全不同的世界。沿著基山街一路走去，山道上空間窄小，可是店長們可會別出心裁，門框上的招貼，路邊的小立牌都可以把小店的特色彰顯出來。當然也有

鶴立雞群的餐廳或是氣勢雄偉的三四層建築聳立於山城的一隅。有的亮亮堂堂的數十扇窗戶一字排開，如同突然在山城裡開出了一面高而寬大的牆，上面透出了溫暖的光，紅燈籠的喜氣，和每一扇窗臺前耀眼的花飾，展現出來的是一個璀璨的世界。忽然之間，山城有了宏大的氣勢，一層又一層的紅燈籠，或高懸於緊貼崖壁而立的建築屋簷上，或是在綠樹的掩映中透出點點紅色。我選擇了一座建築宏偉的日式風格的茶樓，樓閣共有三層，推開寬大的窗戶，看見暗夜裡遠處海上的點點光亮，而窗下是駐足觀景的人潮，石板路上是川流不息的人群。我急忙自拍一張，並名之曰：我在窗前看風景，窗外的人在看風景中的我。進入這家茶樓時，我特地留意了茶樓檔上的說明牌，茶樓保留了九份昔日的建築風格，外觀建材皆為木造，並有濃厚的日式建築風格，其氛圍宛如進入日本動畫電影《神隱少女》的情境。曾經網上有傳聞日本動畫大師宮崎駿是受到九份建築的影響構築了電影中的神幻氛圍。據說，當初日本旅遊業者想對年輕人宣傳臺灣九份，於是想出了「宛如《神隱少女》裡的小鎮」的宣傳標語。一傳十，十傳百，那個宣傳標語逐漸演化成「《神隱少女》就是在九份取景的」。後來連日本人都信以為真，宮崎駿本人不得不出面否認了。不過說實話，在我這個外來者眼中，兩者確實有著某種神似，這不是特別有意思嗎。沿著基山街走到豎崎路廣場，建於1934年，也是臺灣最早的戲院昇平戲院就在那裡，裡面經常放映一些候孝賢在九份拍攝的電影。

我很慶幸自己是在午後來到九份，看著山城一點點進入夜晚，那種夜晚的景色完全是一個神話般的奇特世界，因為披上了紅燈籠暖暖的光，整座城市有了仙氣，我在那裡留連忘返。最後

離開時還特地帶回一份九份芋圓的外賣，回到民宿中在靜謐中品嚐。一顆顆芋圓的顏色也都不一樣，彈性極佳，慢慢咀嚼真是最美的享受。

第二天民宿的主人親自為房客們做了早餐，其中的九份芋圓仍然是我的最愛。聊起民宿的歷史，男主人說是父親留下的房子，看到民宿的市場，在前些年還沒有擴建限制時，他做了加建，現在這幢三層樓的建築依山而立。我住的三樓，房間號是三年二班，從那裡可以清晰地眺望東海。由此我想，也許這家人裡有人曾是學校的教師，給房號起了這樣一個有趣的名字。看著面前將近五十的男主人，我就想起電影《悲情城市》中見過的人物，他的父輩們應該就是當時的年輕人吧，經歷過歷史動盪的下一代已經生兒育女，牆上的闔家歡中兩個笑容燦爛的雙胞胎小女孩，應該已經長大成人遠走高飛了。

曾經繁榮的金瓜石

離開九份後我坐公車沒多久就到了不遠的金瓜石，那裡歷史上是一片金礦重地。大約於1889年間因建築基隆臺北鐵路的工程，築路工人在附近河床砂礫中發現砂金，溯流而上在該地區發現了金脈。九份在1892年發現金礦，自此引發了來到此地的淘金人潮。「金瓜石」這個地名，即因為大小金瓜的山型貌似南瓜，也就是臺語所說的「金瓜」而得名。原本寂靜的基隆山，因著大小金瓜露頭的發現而開始繁榮起來。曾有民俗云：「上品送金九，次品輸臺北。」生動地反映了當時繁榮的盛況。

中日甲午戰爭後，臺灣進入日治時代，統治者定的法例是只

有日本人才可以開採礦業，金瓜石的礦業全部被日本人壟斷。日治時期，瑞芳九份金山礦區約有189萬多坪，當時和金瓜石和武丹坑號稱為臺灣三大金山。在1903年到1904年間，三座臺灣金山的黃金年產量可與日本本土的產金量相匹敵。大量的臺灣本土資源被日資公司開採，掠奪去日本。前後將近五十年，可以想像金瓜石地下的礦產資源不被挖空才怪呢！

1945年戰後，九份的黃金產量曾一度恢復，但1957年後開始衰退，最終於1971年正式結束開採，大部分礦工也將目標轉向煤礦。金瓜石曾因開採金礦而與九份繁華一時，亦隨著礦產枯竭而迅速沒落，目前僅剩新山里、瓜山里、銅山里及石山里等四里仍有少數年長居民居住。

如今遊客來到那裡，可以參觀黃金博物館，那是臺灣首座礦業遺址型博物館，館藏展品可以進行文化遺存的保存與教育推廣。其中設立了各種分館供遊人參觀體驗，從中可以細緻了解當年開採的歷史。在展覽室中我看見一塊重達220公斤的大金磚，按照準確的計算，這樣一塊大金磚可以拉出四十幾萬公里長的金絲。我伸手去摸，數字顯示已有三億一千七百萬人去觸摸過。

在進入黃金博物館的山道上，我遇見一位70多歲的健碩老人，鬚眉已白，臉色紅潤。他站在已廢棄不用的鐵軌旁，雙手握著一支長笛般的樂器吹奏出悠揚的樂聲。與老人聊起來，才知這種樂器叫做「尺八」，又稱日本洞簫，是日本的國寶。因為長度一尺八而得名。周松村老人描述：「尺八樂聲細如絲，粗如螺，讓我享受無限柔情歲月。」周松村18歲學中國簫，50歲時結識了尺八名師學吹奏，從此愛上了這一日本樂器。不僅在各地民間演

出，還做了街頭藝人。許多年前臺灣《聯合報》還以〈六旬翁吹日本簫　與風聲共舞〉為題發表了對他的訪問。才知道他原來時常在北投大屯山的老廟道祖宮前吹奏，有時忘了時間，天黑了，就在廟裡將就地睡一夜。如今又跨越四五十公里的距離來到金瓜石進行演奏。

憑弔二戰盟軍戰俘營

其實我去金瓜石的真正目的，是想去尋找隱藏於深山中的一個二戰戰俘營。來金瓜石之前我已從網上查到，二戰結束前曾有一批同盟國的戰俘被從菲律賓等地運來這裡關押，在這片山林中開發銅礦。後來就在原址建立了一個戰俘紀念公園。當我站在黃金博物館的階梯上眺望著一層層交疊的山林，很難想像當年這片美麗的山脈不僅豐富的礦產資源被日本人掠奪開發，並且被逼迫加入開採苦力隊伍中的還有二戰戰場上的盟軍士兵。我跨過一座木板橋向對面的山谷走去，橋下是深山峽谷。在前面的山坡上矗立著一座金碧輝煌的勸濟堂，旁邊的山坡上聳立著一座巨大的古人雕像，左手拿著書在閱讀。我向路邊的一位村婦詢問那是誰的雕像，她告訴我那是關公。關公左手拿書，右手拿劍。早聽說過關公有文相和武相之不同，「文相」的關公一般為「戳刀，托鬚」，「武相」的關公為「提刀，按劍」。這次終於在金瓜石的山坡上看見了正讀著《春秋》的文關公。

隨後我又詢問哪裡是戰俘紀念公園？村婦指著山下告訴我怎麼去。離開了本來就人流不多的勸濟堂，我獨自往下山的路走，繞過前面一個彎道，繼續向山下走去，沿途唯有遇見一隻黃色的

小貓站在路邊對著山坡凝望。在寧靜的山脈中走了約二十分鐘，終於來到一片較為開闊的公園，園前立著一塊牌子：金瓜石第一戰俘營。

我來到一面長數十公尺，高二公尺多的黑色墓誌銘前，上面刻印著近千個戰俘的名字，我特別留意了一下他們的國籍，絕大部分都來自英國和美國。我伸手撫摸著微涼的大理石牆上烈士的名字，眼前浮現的是剛才在黃金博物館中看見的幾幅戰俘營的歷史照片。當年的戰俘營就建立在這塊山谷裡的平地，周圍有一些零星的房屋。剛剛被運到的第一次集會，他們身上還穿著盟軍的軍裝，一個個手背在身後，密密麻麻數百人擠滿了空地，最顯眼的是每一個人的胸前都別著一塊長方形的白色標籤，那是他們的身分？他們的國別？他們的部隊號碼？他們一定都了解《日內瓦公約》中明確的戰俘待遇，軍官俘虜不需要做體力工作。可是他們一定不會想到，在金瓜石，日軍不允許紅十字會的人員進入視察，他們遭受的惡劣待遇是無法想像的；他們不論是運動，還是做飯，時常都是光著上身，可見天氣的奇熱；也許大部分的時間戰俘們都佝僂著身體在山腹部的巷道裡做著開採工作。

墓誌銘前面立著一座雕像，兩位骨瘦如柴的戰俘一個手裡拿著鐵鎬，另一位的手搭在夥伴的肩膀上，而他的同伴用手攬著他的腰，兩人的眼神閃爍著疲憊和絕望。這座雕像的名字是「夥伴」。我站在他們的身後，看著近在咫尺的兩具瘦骨嶙峋的身體，再抬頭望向遠方，四周是茂密的山林，天空被漂浮的白雲遮擋著只剩下幾片藍色，我看過電影《桂河大橋》，還記得日本人控制下的戰俘營中的場景。不遠處是戰俘棲身的茅舍，前面是一片空地，這片空地上會發生很多事，戰俘列隊，被訓話，進行抗

爭。而在遠處鐵籬笆下面都是荷槍實彈的日本軍人。

　　查看了一些資料後才進一步了解到，1941年12月8日太平洋戰爭中日軍突擊馬來亞，英軍全線潰敗，被迫於次年1月31日退守新加坡。2月15日，駐新加坡英軍總司令白思華中將親自簽署投降書，正式將新加坡的主權交給日本。因此日軍俘獲大批大英國協戰俘。二次大戰開始，招募工人不易，於是日軍命太平洋戰爭的戰俘來開採銅礦，以供製造戰爭所需的子彈與炮彈，與泰緬鐵路中桂河大橋的故事有相似之處。1942年至1945年間，日軍於臺灣北部金瓜石設立的第一戰俘營。其中關押了一千餘名以大英國協成員國為主的同盟國軍戰俘，包括英國、加拿大、荷蘭、澳洲、紐西蘭、南非及美國。這批盟軍戰俘的勞役工作即為採掘銅礦，由於生存與工作條件甚差、管理嚴苛、醫藥不足且水土不服等因素，不少戰俘命喪於此。戰俘們只靠少量米飯和青菜、清湯勉強維生，只有節日才有少量肉食。

　　這些戰俘，在40度高溫下，在山區中的銅礦場裡當苦工，在食物不足的情況下，一個四人小組每天要在黑暗危險的礦坑裡「生產」16至24車斗的銅礦石，（每一車斗須50個畚箕才能填滿）不然會被虐打。隨後又有更多的戰俘被運來加入開礦的行列，總計有1135名戰俘在那裡做苦力。一直到日軍在戰場上失去控制權，海運遭美軍布雷切斷，開出的銅礦堆積如山卻運不出去時。他們才不得不停止了開採，戰俘被遷移到新店山上的茶園，搭建工寮，種植農作物。1945年當日軍投降時，最初一批523名戰俘只有89名戰俘生還，他們眼睛凹陷，瘦骨如柴。

　　在紀念公園中我看見一座一人高的紀念碑，是1997年12月樹立的，紀念碑上的紀念文寫道：「為追念一千餘名大英國協及同

盟英勇的軍人在南洋被日軍所虜，於西元一九四二至一九四五年間轉送來此地銅礦及臺灣其它地區服勞役，受盡日軍殘酷折磨及凌辱，謹立碑哀悼戰俘永垂不屈之精神。」2006年又進一步將這塊遺址開闢為一個紀念公園，並建立了一個錐形的紀念座，座頂上燃燒著一束聖火。名之曰：「永恆的和平和追思之火。」

　　1944年末期在日軍失敗之前，日軍曾藉口為便利戰俘至礦場工作，從戰俘營後方通到礦場挖掘了一隧道，實際上是準備大屠殺的陰謀。根據日軍司令部訓令，如果美軍登陸攻打臺灣時，即將全部戰俘集中在隧道內殺害，不准留任何痕跡。該訓令的原文1946年被戰俘調查當局查獲兩份，其中一份至今留存於華盛頓美軍檔案中。上述陰謀由一位同情戰俘的臺籍警衛祕密告知六名戰俘。所幸美軍沒有攻打臺灣，存活的戰俘被遣送至臺北附近的集中營，直到日軍投降。

　　看到牆上成行成列的戰俘名字，許多人都沒能活到世界反法西斯戰爭的勝利。撫今追昔，更感到世界和平的來之不易。為了打敗法西斯的進攻，多少來自世界各國的英烈為此獻出年輕的生命！

　　一次難忘的九份之行，讓我了解了一段鮮為人知的歷史，75年前二戰戰場上英美等國戰俘在這裡經歷了非人的虐待，70年前臺灣的原住民走過的一條政權更替時艱難的路徑，國以民為本，民以食為天。如今的九份和金瓜石景色依舊，山水秀麗，我在那裡感受到了人們對遠方客人的熱情。

香港：憶故人

姨婆一生中經歷了民國的艱難，又在古稀之年經歷「文革」的磨難，可是她始終是那麼坦然，臨危不懼，平靜地面對生活中個人力量無法駕馭的各種難關。她不曾生育，沒有親生骨肉，可是被她扶養長大的後代卻有兩代人：我的母親是一代，我和兄妹們是第二代了。

　　每年去香港，我都會去看看我的姨婆，她已經安息在香港華
人基督教聯會薄扶林道墳場三十多年了。去年十月，到香港參加
世界華文文學第十屆大會，一個秋末尚還涼爽的午後，我和妹妹
新桂、表哥爾椿到墓地祭拜。當我拾級而上登臨墓地時，陰霾的
天空中漏出了一線微弱的陽光。墓地依山臨海，風水不錯。每一
次我和新桂、爾椿祭拜完畢都不會匆匆離去。我們坐在墓穴邊上
聊著姨婆的生前，彷彿在家和姨婆坐著說說話。

　　與姨婆並列的是姨公伍于簪的墓，他是民國孫中山先生的
親密戰友。我在墓碑上讀到了他的生平介紹：「于簪伍公有功民
國革命臣子，夙以殷富為商界重溯。民國九年公隨軍運籌糧草軍
需。民國十一年，總統遇叛軍蒙塵困守兵艦煤糧財用告罄，總統
手諭下屬赴港與伍公面商，籌款不三月，軍需源源接濟，公之力
為多。……」

　　如今網路發達，在網上搜索了一番後，看到的文字和照片增
加了我對墓碑上這位方臉敦厚的姨公的認識。在中山學術資料庫
中找到一份資料：1922年孫中山大元帥的任命書：

　　任命梁長海　伍于簪為國民銀行正副行長令
　　民國十一年（一九二二年）一月七日
　　陸海軍大元帥令：任命梁長海為國立中華國民銀行行長，
　　伍于簪為副行長。此令。

孫中山
中華民國十一年一月七日

　　看來姨公不僅如墓碑上所記錄是孫先生的「供給局長」還是孫大元帥的「國民銀行副行長」。這些文字體現出的實質意義就是姨公曾經傾其所力，持之以恆地支持著孫中山先生的革命事業。是軍需和經費的重要來源，備受倚重。

　　原來伍于簪來港經商後，於中環文咸西街創辦海興長米行，執米業之牛耳；後與弟伍于笛經營廣合源參茸行。而梁長海先生是越南米業的大佬，他們都是孫中山的摯友。孫中山從事革命活動，身邊支持他的有一批富裕的商人，伍于簪掌握著香港的米業，難怪他承擔起了軍需和經費的重責大任。他支持中山先生從事革命活動二十多年，從北伐到建立民國的許多重要的歷史時刻都留下他的足跡。據記載，1905年為革命需要，伍于簪協助陳少白出資入股《中國日報》，成為該報股東之一。1910年伍于簪參與發起了粵省華服剪髮會，提倡華服剪辮。伍于簪是深受孫中山先生信任的革命戰友，1923年夏孫中山先生偕夫人宋慶齡，伍于簪、伍學晃、楊西岩、楊仙逸等10多位華僑在廣州乘船往肇慶遊覽鼎湖山。

　　據廣東林以森、謝玉清文記載：那是民國十二年（1923年夏），孫中山先生偕夫人宋慶齡，和廣東第五軍長、廣州衛戍區司令魏邦平及伍學晃、伍于簪、楊西岩、楊仙逸等10多位華僑在廣州乘坐大南洋電船，由二沙頭啟航，前往肇慶遊覽鼎湖山。一路上瀏覽江河沿途兩岸的美麗風光。

　　約行了6個小時到達肇慶峽口的羅隱湧。孫中山先生即和隨行人員離船登岸，步行約10分鐘，便到了慶雲寺下院──「憩庵」。四周遍植翠竹與參天大樹，竹木相互輝映，一年四季蒼翠欲滴，庵院清淨，風景優美，為鼎湖十景之一。

　　孫中山先生一行在憩庵休息不到30分鐘，慶雲寺僧人便派出數隊「山轎」來接。孫中山對轎夫說，我們議定步行登山，沿途觀賞鼎湖的大自然風光，不坐「山轎」了，謝謝你們的好意！他們由憩庵出發，沿著通往鼎湖山慶雲寺的羊腸小道邊行邊說，談笑風生。行至鼎湖山中的半山亭，在亭中休息了半個多小時，繼續登山，到了慶雲寺大門口，寺內眾僧，由住持率領，合十歡迎。到了寺中安排在客堂坐下，奉上鼎湖山著名特產──紫貝天葵。孫先生飲後連聲讚好。

　　孫中山一行晚上住在慶雲寺內「精舍」。據傳，該晚，他們開會至深夜十一時許才就寢。翌日清早，他們起床盥洗完畢，僧人便到「精舍」熱情地請他們到客堂進早齋。早齋後，孫中山又偕眾人遊覽鼎湖山和白雲寺。

　　2004年10月19日，位於廣東省肇慶市的千年名剎──憩庵舉行隆重儀式，為孫中山先生紀念碑亭落成揭幕。孫中山孫女孫穗芳博士專程趕到肇慶參加揭幕儀式。

　　姨公我沒有見過，與我的生活並沒有任何交集。可是姨婆黃淑英，卻是養育我成長的最親的親人。三十多年前上海四月的一個奇熱的星期六，我剛從市郊的大學回到家裡，急著脫下春裝，換上短袖衣服。只見姨婆熱紅了臉，穿著薄薄的襯衫，袖管挽過了臂彎，把兩隻多年操持家務而青筋粗暴的手臂露在外面。她在窗臺上忙著晾晒冬衣，這奇熱的天卻被她看作稍縱即逝的晒衣的好機會了。

　　中午我和她面對面地吃著她特地為我做的土司麵包。我告訴姨婆，下午學校在市區有個活動，我還得出去。似乎是第一次，我覺察她有些不悅，囑咐我早些回來。傍晚回到家，晚餐之後我

又在檯燈下忙著寫自己的東西，她忙完了。來我桌邊稍稍坐了一會，說她覺得挺累，然後回自己的屋睡覺去了。

我不曾想到的是，第二天清晨我還沉湎在睡夢中的時候，她已經永遠地離開了這個世界。她是在睡眠中離開，彷彿她前一個晚上對我說覺得挺累的話，就是與我，也是與這個世界的告別。可是她說得很普通，很平淡，絲毫沒有引起我的注意。

當我奔到她床邊的時候，我看見她臉色是蒼白的，除了這點異樣，她的神情還是依舊地安詳，就像在睡眠中。我用手摸她的臉和手，仍然有著溫暖的餘溫。可是畢竟她是真正地離開這個世界了。

生命的消失往往是那麼難以理解，稍縱即逝，我們才說再見，可是才一鬆手，對面那一個活生生的生命就不翼而飛了，再見轉瞬間成了永別！也就是那一次，使我對生命的脆弱有了切膚的痛感。

姨婆的突然離世，是我第一次體驗到生命的脆弱。人生燦若晨星？沉睡中的姨婆依然在我的面前，我依然可以觸摸她的肌膚，可是她再也不會睜開眼睛對我說話！而且從此往後，我們永遠都不會相遇，我和她將永遠分隔在陰陽兩界！

在整理姨婆的遺物時，我重又看見那本粵語的《新約全書》平平整整地放在她床頭的小櫃裡。「文革」年代浸淫在紅色造神宣傳運動中的我，曾經毫無顧忌地和姨婆開過玩笑：「阿婆，這是騙人的，你也相信？」「它教你怎麼做人，怎麼會是騙人的呢？」她依舊和顏悅色。「現在這裡也沒有教堂讓你去啊？」「只要自己照著去做，儀式並不是主要的。」確實，她從不去教堂，平時也不會裝模作樣地捧著那本《新約全書》，她是默默地

恪守著自己所信奉的人生信條。

我不懂耶穌，更不了解姨婆的過去。直到她老人家溘然長逝後，我才依稀了解到她一生經歷的許多不幸，一生又作出了多少奉獻。她十五歲嫁給年屆四十的姨公，姨公原先的妻子已去世，可膝下遺下一行未成年的孩子。養育這些孩子的繁重家務自然落到姨婆纖細的肩頭。

對於姨公伍于簪，我並無了解，只聽外婆對我講述過他死時的慘痛。墓碑上也不會記錄姨公命運的坎坷。姨婆曾經告訴我：他們的美滿生活沒有過上幾年，姨公的商號在嚴酷的商業競爭中敗於親弟弟之手。災禍連著災禍，在結婚的十二個年頭，姨婆又眼睜睜地看著丈夫的一條腿在一次打針後引起的細菌感染中慢慢腐爛，直至被奪去生命。

姨婆27歲守寡，之後不曾再嫁。她不曾生育，沒有親生骨肉，可是被她扶養長大的後代卻有兩代人：我的母親是一代，我和兄妹們是第二代了。抗日戰爭時，我母親的父母早逝，姨婆便將她當作自己的女兒加以撫養，在二戰中淪陷後的香港逃難謀生。建國初年，我的母親劉素明和父親葉以群在上海結婚，姨婆又從香港趕來，肩負起了照顧我們的重任。

孔子說：人到七十，從心所欲而不踰矩。姨婆到了將近古稀的年紀卻又逢「文革」災難降臨我家，父親蒙冤辭世。生活中連基本的物質供應也是捉襟見肘，更不能從心所欲。最折磨她的是「文革」十年，面對政治迫害給我們家庭帶來的經濟困境，是她慷慨解囊，傾其所有，用她扶養大的姨公的孩子寄給她的外匯救助我們。

在我的記憶中，姨婆是一個十分堅韌的生活者，我尚年幼

時，有一次她抱著我去醫院看病，在黑暗的樓層裡下樓梯摔倒，雙手卻仍緊抱著我不鬆手。我毫髮無傷，她卻摔傷了腿，從此要在一隻鞋裡墊上鞋墊走路才能平穩。即便在物資極度缺乏的「文革」年月，她仍能讓我們五個孩子，在有限的食物和衣著面前過著有尊嚴的生活。每逢春節，只要有米和蘿蔔，她會自己磨米做蘿蔔糕給我們過年，並分送親朋。只要有麵粉，她會用豬膘熬油做薄脆給我們。每一次我都是她最有力的幫手。我自幼與她同住一屋，家境好時，寒冬裡，她會在熱水爐裡煮個雞蛋給我做宵夜；家境差時，午夜下班回家也總少不了一碗清清爽爽的麵條。「文革」年代，領袖一句要準備打仗，到處建防空洞，家家戶戶挑泥做備戰磚。她捏泥打磚，從不落人後。她一生中經歷了民國的艱難，又在古稀之年經歷「文革」的磨難，可是她始終是那麼坦然，臨危不懼，平靜地面對生活中個人力量無法駕馭的各種難關。

此行香港我住的酒店在九龍尖沙嘴的柯士甸道，而那個區域就是80多年前姨婆帶我的母親曾經住過的地方，現在已經完全變了樣。撫今追昔，緬懷故人，感慨無限。

在香港會友是一件十分高興的事。與熱情支持我的《大公報》副刊編輯孫嘉萍、盛北星聚會。我有許多回憶文壇前輩的文章都是透過他們的認真編輯在報紙副刊發表。後來這些文章又結集出版。其中由上海三聯出版的散文集《文脈傳承的踐行者》出版後已由美國哈佛大學和史丹佛大學相關圖書館收藏。

還見到了老朋友馬洪恭先生。去年見他還是英氣瀟灑、臉色紅潤。今年顯然瘦了，但神采依然飛揚。言談間他久久握著我的手，與我四目相對。我問他何以有此形像上的變化。他坦言世事

多變，好幾位尚還在壯年的同袍竟然被癌症逼得走投無路。生命遭遇致命危機時求救於他，他便運用多年累積的知識和功力，幫助同袍抗病求生，難免精力交瘁。可慶幸的是，以助人為樂事的他，終於聽到了友人康復的好消息。

看著面前的中年馬先生，聽他談起癌症對人類的威脅，我忽然想起從小一直聽姨婆惦記的一位馬叔叔。記憶中從照片上認識的馬叔叔，與面前的馬先生相貌有些相似，長方臉，黑髮微捲。姨婆曾將一枚吋半的鑲了花邊的照片壓在床頭櫃的玻璃下。姨婆常說：馬叔叔是她的乾兒子。記得姨婆在上海時時常保持通信不多的親朋中，他是頻繁的一位。我看見過這位馬叔叔和美麗的夫人的合影，他們一直住在廣州。

有一次姨婆說起姨公的故事，緊接著又說了馬叔叔的父親的故事。馬叔叔的父親馬湘竟然也是一位傳奇人物，是孫中山先生的衛隊長。當時沒有網路，也找不到資料。只記得看見過馬叔叔寄來的一幅年事已高的父親的照片。馬湘建國後一直住在廣州。擔任廣東政協委員。他曾接受過周恩來總理的親切接見。一直到1973年在香港病逝。

據說馬湘也是英武之人，精練國術和技擊。十九世紀初，在美國某個場合孫中山發表熱情演說，控訴清廷腐敗無能，號召廣大僑胞起來推翻清朝統治，挽救危難的中華民族。當時有一青年上前叩頭說：「我要追隨先生。」孫中山說：「革命是要殺頭的，你有這個膽量？」青年答曰：「殺頭！我不怕！」這位青年就是馬湘，他憑著自己高強的武藝，強壯的身體擔任起孫中山的護衛隊長，跟隨孫中山十幾年，直至孫中山逝世。而孫中山所以選擇了他，因為馬湘的父親也是孫先生的朋友，曾經出資支持過他。

　　馬湘，原名馬天相，又名馬吉堂，號修鈿。廣東新寧（今臺山）人。早年旅居加拿大，為溫哥華洪門致公堂主持人之一。1909年加入同盟會，追隨孫中山從事革命活動。1915年響應孫中山號召，回國參加山東討袁運動，加入以加拿大洪門為菁英的華僑討袁敢死先鋒隊。後一直跟隨孫中山，先後擔任過孫中山衛士、衛士隊長、少將副官等職。

　　看見一幅孫中山先生和夫人宋慶齡等人的合影，個子略矮於孫先生的馬湘站在後排，頭戴禮帽，臉色黝黑，身材極壯實，如一尊鐵柱般立於領袖的身後。他不僅武藝高，槍法也是百步穿楊。當時孫中山先生有兩位貼身衛士黃湘與馬湘並稱孫中山「左龍右馬」1914年和1924年，袁世凱及其殘餘勢力曾兩次組織暗殺孫中山，都靠馬湘率衛隊嚴加保衛，使刺殺不成。

　　1922年6月16日，陳炯明叛亂，炮轟總統府。馬湘和黃湘掩護孫中山撤離總統府後，繼續與孫夫人堅守越秀樓，做處理文件等善後工作。馬湘身先士卒，扛起機關槍英勇反擊，以致叛軍的指揮氣急敗壞地狂叫要以1000大洋買他的頭顱。由於敵眾我寡，叛軍攻進總統府，放火焚燒越秀樓，馬湘才和黃湘一起，保護孫夫人撤退。關於黃湘和馬湘掩護孫氏夫婦撤退這一段經歷，《宋慶齡選集》中《廣州脫險》一文有具體記述：「為了躲避敵人，我們四個人，孫先生的外國隨員鮑上校，兩個衛兵和我自己，只攜帶著最必須的日常用品，沿著那橋梁式的小道匍匐爬行。敵人立即把火力集中到這條小道上來，飛來的子彈從我們耳邊呼嘯而過。儘管我們當時由於橋兩邊結實的欄杆而受到很好的掩護，子彈還是兩次掠過我的鬢角，但我沒有受傷。」在撤退過程中，鮑上校受了傷，他們來到了一家小農舍。主人要趕他們出來，怕受

連累。「可是，就在這時候我暈倒了，他才沒有這樣做。槍聲平靜下來時，我自己打扮成一個老農婦。同偽裝成一個小販的衛兵離開了這所農舍。我提著一個籃子，在路上拾了一些蔬菜帶著。最後我們到了一個朋友家中，那天上午這裡已被搜查過。繼續趕路是絕對不可能的，於是我們就在這裡過夜。」馬湘幾經周折，才把孫夫人送上永豐艦，與孫中山團聚。

伍于簪的七女伍恩連曾回憶道：在她出嫁前，有一天晚上，在香港家中，她的父親要她與弟弟妹妹搬上三樓睡，騰出二樓來，別的不准問。次日，才知道有重要人物來過，那就是孫中山的貼身警衛馬湘先生（他是伍于簪的同學、摯友）護送孫中山、宋慶齡為逃避陳炯明追殺，乘搭永豐艦（後改名中山艦）路過香港的那一晚。伍于簪兒女們還珍藏著孫中山先生的墨寶「天下為公」的條幅，上款題有「于簪先生屬」字樣，下款為孫文及印章。事平後，孫中山題贈「南方勇士」錦旗表揚馬湘與黃湘，並給予嘉獎。

孫中山病重之時，馬湘更是不離左右，侍湯奉藥。孫中山因久病臥床，雙足麻痹，不能安眠。馬湘就跪在床前，把孫中山的雙足放在肩上，慢慢按摩，讓孫中山安然入睡。孫中山在臨終前，囑咐孫夫人說：「馬湘一生追隨我，必須保障他的生活費用，把他的子女都培養成才。」孫中山逝世後，馬湘任南京中山陵園警衛處處長。1937年日軍侵入南京，才撤退至香港隱居。

孫中山溘然長逝，他的貼身護衛黃湘和馬湘聯合奉獻了一幅輓聯：「十年隨侍，累月服勞，更有遺言入心坎；五憲猶懸，三民未竟，空留主義在人間。」黃湘、馬湘等在靈柩兩旁幫同執紼，留心照料。

　　馬湘有三個兒子，大兒子不知去向，聽説二兒子在北京，小兒子跟隨他在廣州生活，外婆嘴裡的馬叔叔應該就是馬湘的小兒子了。「文革」中他得了癌症。姨婆得知馬叔叔生病的消息後時常愁眉不展。她知道自己實在幫不上他的忙。「文革」時期，家道中落，已是自顧不暇。又加上上海到廣州路途遙遠，她唯一能表達的就是經常寫信去問候。第二年，馬叔叔在他壯年之時，就拋下妻兒在廣州離世了。那年距離馬湘過世也沒幾年。姨婆接到信後，哭得雙眼紅紅的。我體會到她彷彿喪子的悲傷。

　　上世紀80年代初姨婆逝世後，她的骨灰運回香港安葬，與姨公伍于簪為鄰。在同一墓地的附近還安放著孫中山次女孫婉、以及《南華早報》創辦人謝瓚泰等人的墓。分別近半個世紀後，姨婆和姨公在九泉下重聚。建國後她在上海生活了三十年，同樣是歡樂和痛苦交織。當我站在香港的山上回望先行者的足跡，無法不被他們無私奉獻的精神深深震撼！姨公、姨婆和馬湘等前輩在非常年代中對於親朋的贊助，使弱者堅強、強者越強。他們都是在別人最危難時施以援手，不論是對於孫中山先生的共和偉大事業，還是對於一個家庭中幼小生命的關愛呵護。尤其是他們遭遇生命艱險磨難時的態度，對於生活於今天的我仍然刻骨銘心。人生一世，不具備慈悲的心、堅韌的毅力，何以為人？何以處世？

澳門：聽賭王講「故仔」

如果沒有歷史上何鴻燊的虎膽熊威，置生死於度外的魄力，今天的蓋世賭業根本是不能想像的。數次聽賭王在大庭廣眾中講「故仔」，除了言語間的幽默，骨子裡感受到的是賭王「輸不得」的強硬個性。

　　站在氹仔島眺望對岸的澳門，城市的格局正在發生日新月異的變化。記得上世紀八十年代中期，從珠海坐船繞著澳門環行一圈，遠遠看見形如鳥籠的葡京大酒店矗立在岸邊，如同一個顯赫的地標。那時的澳門真的像一個小島，沿著山坡是蜿蜒向上的小路；繞到如今的港澳碼頭的位置，就看見泊滿了大大小小的漁船，漁民們以船為家，在上面忙碌著。

　　如今的澳門，景色已經完全不一樣了，如巨塔直達天際的中國銀行大廈好幾年都是新的地標，占據了一覽眾山小的絕對高度，現在它的高度已經被超越。1999年澳門回歸以後，經濟上也頻頻地出臺了大的動作。從城市景觀上看，博彩業正進入了一場新的博弈，來自美國的永利娛樂度假村如同一艘紫色的巨輪停泊在海面，弧形的建築造型形成了對葡京大酒店的一種視覺上的包抄，葡京面向水域的視野被遮去了。顯然賭王何鴻燊不願被搶了原有的好風水，又在葡京大酒店對面興建一座更雄偉的新葡京，形狀如鬱金香般盛開的新葡京衝破了永利來自海面的圍堵，直衝天際，在高度上超過了比鄰的中銀大樓。

　　在葡京門口這個迴旋處的至高點的爭奪戰，有時是有象徵意義的。因為原先那裡樹立著一座雄偉高大的澳門總督亞馬留的雕像，那是一尊極具動感的雕塑，在戰爭中失去右臂的亞馬留，用僅剩的左手高揚著鞭子，驅使著壯碩的戰馬前蹄高舉，呈現了怒馬狂奔的征服狀態。那尊雕塑樹立的日子，選擇了1940年葡萄牙建國800週年的日子。可是亞馬留在澳門民眾的記憶中卻是一個剛愎自用，下令移走了關閘附近中國人祖墳的入侵者。最後他被憤怒的民眾暗殺，他的人頭和唯一的手臂被割下拿去領賞。這是歷史上的故事，所以中國政府的代表明確提出，亞馬留的銅像

1999年以前一定要移走。1992年10月，這座重達五噸重的銅像被運回了葡萄牙，也象徵著殖民歷史的終結。

面對賭權開放後的激烈競爭局面，生命歷程中充滿了傳奇色彩的賭王何鴻燊坦然地說：我享受了40多年獨家經營，都應該要開放市場，有競爭才有進步。為了迎接新一輪的挑戰，耄耋之年的何鴻燊親赴美國考察，投資興建了又一個地標式娛樂新設施漁人碼頭。2005年12月31日晚，漁人碼頭隆重開幕，那一天也成為澳門人盛大的節日，萬人空巷，煙火滿天，漁人碼頭成了人的海洋。面對近千嘉賓雲集的場面，賭王何鴻燊致詞時饒有興致地說起了歷史舊事：我還記得40年前，我剛到澳門開賭場的時候，有些人不要我來，不讓我來，還說你來了要賠錢的。現在40年過去的，那些人已經見上帝去了，可是我們非但沒有賠錢，反而越做越大。

只要了解賭王何鴻燊的發家史，便完全可以理解一個創造了商界奇蹟的老人，回首往事時的自豪和滿足。即便是40年前的事，也許在他記憶中也恍如昨天的記憶。

當年，以霍英東、何鴻燊和葉漢組成的新財團投得賭場專營權後，不僅侵害了原承辦商傅、高家族的利益，還侵害了寄生於賭場黑勢力的利益。幾股勢力合在一起，欲置新財團於死地。他們向何鴻燊發出了八條威脅：一、要取何鴻燊的性命；二、要令澳門所有的酒店停業，讓香港賭客無棲身之處；三、要港澳船全部停航，香港賭客要過澳門，只能自己划艇去；四、要派乞丐每天坐在新賭場門口，令全部賭客望而卻步；……還有一條，要在新賭場扔手榴彈，賭客有膽進去一次，也沒膽進第二次。

何鴻燊臨危不懼表示，「這種事嚇別人可以，嚇我何鴻燊，

行不通！」他即刻出價100萬，並宣稱：「如果我被打死，在48小時內，誰能把兇手殺死，這100萬就歸他所有，到我律師那裡領取。」當時的澳門為財而捨命殺人的大有人在，就是1萬也有人去幹，100萬幾乎是天文數字了。這樣大手筆的條件，把對手嚇了回去。其他的威脅，也在何鴻燊見招拆招的對策下被各個擊破。

這是對澳門博彩業歷史的快速閃回，如果沒有歷史上何鴻燊的虎膽熊威，置之生死於度外的魄力，今天的蓋世賭業根本是不能想像的。我作為一個外來的人，讀到這樣的歷史，感受到的是頗具東方色彩的傳奇；數次聽賭王在大庭廣眾中講「故仔」，除了言語間的幽默，骨子裡感受到的是賭王「輸不得」的強硬個性。有一次在澳門廣播電視公司的辦公樓裡見到他，握著他的手，仍然可以感受到骨感中的力量。那日獲得一張他的名片，金黃色的名字赫然其上，儼然是一個輝煌的黃金帝國的創始人啊！後來他的四太梁安琪那些年開始從政，出來角逐澳門立法會議員，數次受邀到我策劃製作的節目《紫薇沙龍》中做客，看見她和女主持人艷濃互動自如，她的個性坦率爽直，說話從不遮遮掩掩，沒有架子，大家對她的印象都很好。記得2005年的除夕作為新聞單位的負責人應邀參加何鴻燊在老葡京酒店舉行的除夕晚宴，真的是賓客如雲，人們摩肩擦踵把宴會廳擠得滿滿的。沒有想到除夕之夜受邀者都放棄了與家人的團聚來捧何先生的場。那也是我見過的最為奢華的場面，除了上桌的龍蝦之外，在周圍的貨架上排滿了大龍蝦和中龍蝦，一眼望去到處是龍蝦的行列。

澳門賭權開放後，新的挑戰來自美國拉斯維加斯的賭王，先來的是金沙的博彩業巨頭蕭登·艾德森。金沙自2004年5月18日

開業以來，首年就100%收回了投資，創造了博彩業神話。在接下來的第二年，博彩收入又在首年基礎上增加了53%。這便成了當年流行的新名詞「金沙效應」。

　　曾經有一段關於蕭登・艾德森的佳話，當年他和戀人去義大利威尼斯遊玩，曾對十分迷戀那裡景色的戀人許諾，要在拉斯維加斯為她建一個威尼斯。後來就有了拉斯維加斯的集豪華、典雅於一身的威尼斯人娛樂場。繼澳門金沙的傳奇成功，蕭登・艾德森又在澳門興建威尼斯人，據說規模還超過拉斯維加斯的那個。之後還有路氹金光大道，和橫琴的投資十億美元的會展度假中心。

　　緊接著來的是美國拉斯維加斯的斯蒂芬・永利，名之曰：「澳門永利娛樂度假村」。從命名上就可以感覺到美國商人的詭譎，他們把側重點放在賭之外的娛樂度假上。金沙集團董事局主席蕭登・艾德森指出：將來每年到澳門的三千萬遊客，除了一部分進賭場外，其餘大部分可以選擇其他消費模式，或是參加會議，參觀展覽等。按照他們的估算，這三萬名遊客的來源，80%來自於中國內地和香港。

　　拉斯維加斯已經實現了這樣的目標，博彩在他們的總收入中只占25%，而75%的收入來自酒店、高爾夫、演出等其他娛樂項目。我無數次去拉斯維加斯，即便一文不賭，也可以在那裡待上四、五天而不覺得枯燥。拉斯維加斯有什麼吸引我？我留戀入夜時漫步街頭的流光溢彩，巴黎的艾菲爾鐵塔、紐約的自由女神、威尼斯的水都和世界上最壯觀的音樂噴泉；我留戀每一座酒店中物超所值的美食；還有來自世界各國的精品文藝演出，這些演出運用了最先進的舞臺聲光，極盡豪華和絢爛，讓你享受視聽的盛

宴。因為上述這些首屈一指的娛樂休閒服務,便使得拉斯維加斯經歷對於不同年齡、性別和國籍的遊客,具有極大的吸引力。在賭城中顧客的消費需求體現了跨越種族的全人類的娛樂共通性,賭場老闆們正是滿足了人們娛樂共性,使賭城成為人們嚮往的娛樂之都。澳門已經成為東方的娛樂之都。

上海：在美麗城市找到回家的路

摩天大廈上舞動著充滿靈動的燈光，忽而給大地灑下耀眼的光芒，忽而向天空射出一道道奪目的雷射光線，把天空切割成一個個別緻的形狀。浦江兩岸歷史風貌和現代氣息的共存呼應，在上海了形成了相得益彰、獨具特色的城市風貌。

　　上海是這樣一座城市，她的歷史很悠久，她的容貌多姿彩。她歷久彌新，美麗的城市景觀中無處不滲透著歷史的沉澱。從解放前的外國租界，到改革開放後的浦東新區，她日見日新，卻依然散發著古老的典雅和風韻。

　　這次回到上海，我住在外白渡橋一側的上海大廈，之所以選擇這家歷史悠久的名片式五星酒店，因為懷舊，1950年我的父親從香港來到上海，正式加入重整上海電影業的重任，住的就是這家飯店。當時從各地來到上海擔任接管工作的一些高層幹部，許多都住在裡面。在母親晚年的記憶中，她始終還記得在上海大廈豪華的客房和大廳裡發生的一些事。那也是她從香港來到上海記憶深刻的最初美好印象。上海大廈並不寬敞的大堂裡安放著一架1932年從英國進口到上海的鋼琴，推開寬敞客房的窗戶，對面是一家建於1907年代的酒店，鏤花的金屬陽臺圍欄後是一排排落地窗，窗外飄來浦江的風。

　　上海大廈由公和洋行英國建築設計師弗雷澤（Bright Fraser）設計，新仁記等六家營造廠承建，啟建於1930年，建成於1934年。在歷史上這座大廈曾經迎來眾多名流、國家要員，見證了十裡洋場這麼多年來的歷史變遷。1973年，周恩來總理陪同法國總統龐畢度登上十八樓觀景平臺觀賞上海景色。

　　夜晚我數次跨越外白渡橋，走向外灘。變換的燈光每一次都把橋身染上了不同的色彩，紅的、藍的、灰的、還有綠的，這座中國的第一座全鋼結構鉚接橋梁和僅存的不等高桁架結構橋，在新時代綻放出別樣的光彩。外白渡橋自建立之日起就已成為上海的標誌之一，由於處於蘇州河與黃浦江的交界處，也成為連接黃浦與虹口的重要交通要道。抗戰時期，日軍封鎖了橋面禁止外國

人通過外白渡橋。蘇州河上一橋之隔，劃分了兩個世界，北岸充滿恐懼、死亡與日本人的刺刀。而南岸，一派歌舞昇平……兩岸的聯繫僅靠一座外白渡橋，橋的兩邊對立著兩個世界。

已不像三十多年前我住在上海時，10月已是深秋蕭瑟。如今上海即便是10月下旬依然是暖和的。夜色降臨後，外灘早已燈光璀璨。黃浦江西岸的萬國博覽建築群披上一層暖黃色的燈光，如同在浦江的額上戴上一個金黃的花環；而東岸陸家嘴金融貿易區一座更比一座高聳的現代化建築爭奇鬥艷，東方明珠電視塔的高度，先後被金茂大廈和上海中心超越。這些地標性建築上燈光不斷變換著耀眼的色彩，更為上海外灘增加了超現代社會的閃亮。鳥瞰世界的摩天大廈上舞動著充滿靈動的燈光，忽而給大地灑下耀眼的光芒，忽而向天空射出一道道奪目的激光射線，把天空切割成一個個別緻的形狀。浦江兩岸歷史風貌和現代氣息的共存呼應，在上海形成了相得益彰、獨具特色的城市風貌。

走在流光溢彩的外灘，眺望兩岸的景色，是歷史與現實的完美交融。如今走在上海的街道上，美麗之處星羅棋布。可是來到我曾經居住過的上海南京西路，石門路一帶，忽然有了找不見家的感覺。石門路以北的大片區域都已被拆除重建，坐在星巴克旗艦店裡喝咖啡，感覺比美國西雅圖總部的旗艦店更豪華寬敞；走過沿街新建的購物中心，街道已大面積加寬，一字排開的都是嶄新的高層建築。此情此景讓一個曾經的老上海人，忽然似乎到了一個完全陌生的世界。只有當我跨過石門路，走進老牌食品名店王家沙，咀嚼著菜肉包中的回甘，和兩面黃的鬆脆口感，才會追回少年和青春歲月的記憶。在不遠處一街之隔的茂名路上，一排排連體的石庫門房子，都已被重新修葺一新，原先擁擠的住戶

都已搬出，一家家特色飯店在裡面開張登場。週五的傍晚經過那裡，燈火明媚處簇擁著年輕人的身影，竊竊私語和著歡快笑聲瀰漫了整個街區。

近二十年來隨著中心城區的改造不斷拓展，上海每年都有大量的舊房拆除，老城風貌，似乎離我們越來越遠，一些老的地名也在開發潮中發生改變。人們由此也擔心，城市歷史的印記會否在迅速的發展建設中消失蹤影。隨著後來對新天地、田子坊等老建築群的保護和重建，使他們在新的商業功能開發的同時仍能保留原來的樣貌，我的心才少許放寬。今年又看到茂名北路一帶老式石庫門建築群的更新改造，和商業開發。對街的石庫門弄堂裡住戶已經搬遷，潔淨的老式裡弄裡，隔著掛上了鍊條的鐵門，只看見一群覓食的野貓在弄堂裡穿行。也許明後年再來時，他們又會以嶄新的面貌推出一系列特色商店。

這次在上海街道上行走，印象特別深刻的是街道上增加了一些以前沒有見過的歷史遺址的說明文字，譬如：毛澤東上海舊居、遠東反戰會議舊址等等，都在充滿現代色彩的都市中打上了歷史的烙印。從上海大廈出發向西南方向去，我走進上海龍華革命公墓祭奠父親與母親。以及與他們比鄰的鄭君裡導演、作家魏金枝。在烈士陵園中散步時我與陪同前往的發小馬谷韋和夫人朱之麗談起正在寫的一部中篇小說，其中涉及到80多年前發生在上海的一樁慘案，以柔石為代表的二十多位青年在漢口路上的東方酒店被上海公共租界老閘捕房巡捕逮捕，就在社會各界還在進行積極搶救的時候，被捕者們被移送到龍華淞滬警備司令部軍法處刑場槍斃了。熟悉龍華的馬先生即刻告訴我，這些烈士就義的刑場就在烈士陵園的另一側。我曾在上海生活幾十年，那個舊址還

沒有對外開放。於是夫婦倆陪著我穿過一條幽暗的隧道來到陵園另一側無人問津之處。一片空曠的場地上長著稀疏的綠草，地上排放著前來拜謁者獻上的兩排黃色的小花。我走近被標明是烈士就義地的那塊土地，用手觸摸著地上冰冷的泥土。閉上眼睛，彷彿可以看見一個個年輕而又不屈的生命在此中彈倒地。建國後有關部門就是在這片土地上發現了部分烈士的遺骸，有些手足間還帶著鐐銬。經多方驗證，死者是1931年2月7日遇難的林育南、何孟雄、李求實、柔石、殷夫、胡也頻、馮鏗等二十幾位烈士。根據一塊巨石上的說明，一直到1988年1月國務院才將該地列為全國文物保護單位。隨後我們穿過一條通道來到不遠處的龍華淞滬警備司令部監獄，高牆深巷，一列監房中每一間都可關押八位囚犯，讀著展覽中的介紹，才了解到許多熟悉的前輩都曾在這個監獄中被囚禁過。

為了柔石等烈士的被殺害，魯迅先生曾經寫下《為了忘卻的紀念》：「天氣越冷了，我不知道柔石在那裡有被褥否？我們是有的。洋鐵碗可曾收到了沒有？……但忽然得到一個可靠的消息，說柔石和其他二十三人，已於二月七日夜或八日晨，在龍華警備司令部被槍斃了，他的身上中了十彈。原來如此！……

「在一個深夜裡，我站在客棧的院子中，周圍是堆著的破爛的什物；人們都睡覺了，連我的女人和孩子。我沉重的感到我失去了很好的朋友，中國失去了很好的青年，我在悲憤中沉靜下去了，然而積習卻從沉靜中抬起頭來，湊成了這樣的幾句：慣於長夜過春時，挈婦將雛鬢有絲。夢裡依稀慈母淚，城頭變幻大王旗。忍看朋輩成新鬼，怒向刀叢覓小詩。吟罷低眉無寫處，月光如水照緇衣。」

　　魯迅先生文章中提到，當時上海的報章都不敢或不願提五位作家被害的事，只有《文藝新聞》在三月時有一點隱約其辭的文章。該報以《在地獄或人世的作家》為題，用讀者致編者信的形式，首先透露了五位作家被捕和被殺害的消息。而《文藝新聞》當時正是由馮雪峰、夏衍、樓適夷和以群等編輯發行的一份十分有影響的左翼報紙。

　　為了探訪一下魯迅先生的遺跡，我又從上海大廈出發，向東北方向的虹口去。走進虹口的魯迅紀念館，在魯迅墓地一側的紀念館中，我一件件地細看陳列室裡的真實物件。意外地在一份由許廣平女士捐贈的送殯者登記薄，看見父親以群的名字。其他的參加者還有王統照、關露、沙汀、麗尼等數十人。那時父親還是一個20幾歲的年輕人，自從加入了「左聯」以後，早已將個人的生死置之度外。離開了魯迅紀念館我又去了不遠處尚還是民居的遠東國際反戰會議舊址，在那幢三層樓高的建築中，我爬上深棕色的長長樓梯，久久地站在那裡，憶想著當年走上那道樓梯的宋慶齡和英國勳爵馬萊和法國《人道報》主筆古久裡。而那次國際會議正是父親以群和周文等人接受了馮雪峰的指示具體籌劃組織的。「遠東國際會議」成功舉行後，魯迅在回答作家蕭軍、蕭紅對會議的詢問時說：「會是開成的，費了許多力；各種消息，報上都不肯登，所以中國很少人知道。結果並不算壞，各代表回國後都有報告，使世界上更明瞭了中國的實情。我加入的。」經由父親的血脈傳承，我忽然與80多年前的歷史有了聯繫。在摩登的上海街頭依然可以尋覓到歷史的遺跡，這樣的事也是上海這座城市與我割不斷的聯繫，世界上任何其他的城市無法取代。

　　聽聞三年多前上海制定了「成片風貌」保護三年行動計畫，

將風貌區保護範圍，擴大到整個城市，以保護好上海特有的地域環境、文化特色、建築風格等「城市基因」。比如：上海對舊改地塊提出新的要求，一旦發現有值得保護的歷史建築，對建築的拆除將立即停止並對其進行搶救性保護，而對道路新建或擴建中也可用「繞一點」的方式避開歷史建築，避免對其整體風貌造成不利影響。這是何等重要的城市發展戰略，保護了上海的歷史文物，功在千秋啊！

每次回上海，我總喜歡選一些老酒店下榻，有幾次我住在市西華山路上一幢西班牙式九層公寓中。那是德國人海格1925年籌建的「海格公寓」，建國後成了上海市委的辦公樓，直到「文革」後才改作賓館。我選擇住在那裡，因為離我以前住的枕流公寓不遠，附近也曾經居住過蔡元培、巴金以及上海文化界的許多名人。他們中的有些人在我出生之前已經離世，我是從書本上認識他們。有些名人我曾經去過他們的家裡，與他們促膝交談。更多的時候會在街上與他們邂逅，不論是明星、還是著名作家，我看見他們形如普通人那樣散步、坐公車、手提購物袋的真實面貌。那也是我記憶中永遠鮮活的故鄉記憶。

曾經擔任過中華民國首任教育總長和北京大學校長的蔡元培先生的故居在華山路的一條弄堂裡。在蔡元培72年的人生裡，一直都是租屋而居。很難想像，這位出身望族、科舉時代高中進士入了翰林，民國時執掌北大，受聘薪資高達800大洋的大教育家，過的居然一直是「房無半間、地無半畝」的「無產者」生活！

就在同一條弄堂裡，離蔡元培故居不遠就是生活書店和三聯書店的創辦人鄒韜奮先生的家。走出弄堂往常熟路拐就是電影《聶耳》的編劇，劇作家于伶曾經住過的地方。大學時代週末我

常去他家，站在他客廳前的小書房，隔著樓前的小院子，可以看見街上的景色。週末他家的小客廳是我嚮往的傾談場所，那裡時常高朋滿座，幽靜時與他促膝談心，聽他平易的教誨。有一次在于伶家見到剛剛拍完《巴山夜雨》的著名電影導演吳永剛，影片放映後取得了巨大的成功，可是那天吳導的心情很不好，滿臉憂愁。吳導向于伶訴苦說，有人將他解放前導演的影片說成是反動影片。于伶聽了安慰吳導說：「那些人根本就不懂。他們看過你拍的《神女》嗎？《神女》是中國電影史上的經典之作。」《神女》是吳導的處女作，由阮玲玉主演，是中國默片時代最具代表性的作品。吳導接著就嘆了口氣說：「我現在最怕來訪問，記者問了出去就亂寫，有些捧你，捧得你也不舒服；有些罵你，又罵得毫無道理。」于伶就說：「主要還是記者們的素質問題，有些事情他們自己都沒有搞清楚。」于伶以前一直是吳導的領導，聽到于伶的理解，吳老心情好多了。臉上也有了笑容。臨走的時候又說又笑的。這樣的例子還有很多，于伶和吳永剛導演間的對話，正是反映了中國電影史上一些令人尋思的爭議。

離開于伶家往華山路西去，就是我家原先住的枕流公寓，那是一幢七層樓的西式公寓。是李鴻章的三兒子李經邁的產業。1930年，李經邁委託哈沙德洋行設計在花園住宅原址上設計建造了這幢高層公寓。公寓大樓建成之後，李經邁登報徵名。應徵者中有人建議以《世說新語·排調》篇中孫子荊勸說王武子歸隱山園的故事「枕流漱石」來命名公寓。枕流漱石即以頭枕流水以洗耳，漱石以磨礪其齒。比喻居靜思危，潛心磨練心智。李經邁最終接受了該建議，將公寓命名為枕流公寓。公寓樓前有一個大花園，花園中水池蕩漾，曲徑通幽，樹木蔥鬱。如今枕流公寓門前

不僅裝上了花式鐵欄，還掛著「文化名人樓」的牌子。這幢樓不僅是城市的重點保護建築，而且是上海豐厚文化的一個標誌，牌子上把近半個多世紀以來曾經在這幢樓裡住過的文化歷史名人一一寫在牌子上：電影明星周璇、孫道臨；越劇大師傅全香、王文娟；話劇皇帝喬奇；還有文學理論家葉以群、著名新聞人徐鑄成、橋梁大師李國豪等等。

離開枕流公寓，順著華山路西去，拐入武康路，一路枝繁葉茂的法國梧桐增添了街道的幽靜，我的眼前不時浮現年輕時在這條街上邂逅的文壇前輩。又走了一段，前面到了巴金故居。1955年9月，巴金遷居武康路寓所。這是他在上海定居住得最長久的地方。在這幢花園洋房裡，交織著巴金後半生的悲歡。他在那裡完成了被海內外文學界公認的「說真話的大書」《隨想錄》。他的小說《團圓》也在這幢住宅中完成，小說曾被改編成電影《英雄兒女》。電影中對於父女之情的描述感動了無數的觀眾，我年輕時曾看了近十遍，那是難忘的青春記憶。

「文革」後，與巴金先生在上海作協共事的父親平反昭雪的追悼會上，是巴金先生致悼詞。會後我和母親前去拜訪巴金先生表示謝意。這次重訪故居，我推開門，踏上二十二級階梯來到二樓，來到當年隨母親拜訪巴金先生時坐過的書房兼臥室，當年的情景如在眼前。我思索著從二樓走回一樓一間狹小的太陽房中，巴金先生曾在屋中的一張小書桌上創作了傳世之作《隨想錄》。站在屋子裡我不由得問自己：其實在我成長的年代裡，親眼所見文壇前輩們經受著不同的磨難，但耳濡目染的苦難為什麼沒有阻止我愛上文學，卻依然追隨先輩的足跡步上了筆耕的道路？我忽然明白，正是前輩們遭遇磨難時，沉默中展示的默默承受和人

格尊嚴，留給我極其深刻的印象。當社會氛圍中阿諛奉承和攻訐陷害瀰漫時，他們的沉默和自尊如撕裂陰霾的閃電在我年輕的心靈中投上一道永遠無法磨滅的光亮，為人有尊嚴，為文才有品味。這束光在我心中點燃的火苗至今燃燒著，我的文學夢想從此開始。

離開巴金故居沒多遠，拐進復興西路就是作家柯靈的故居。這所故居與創作《三毛流浪記》的漫畫家張樂平的故居前幾年一起對外開放。柯靈夫人逝世後，舊居經政府置換保存，現在對外開放。這次走進故居，與我上一次去時已經距離三十多年，我對於其中的每一個空間都有清晰的記憶。我初學寫作的時候，曾帶著幼稚的習作去柯靈家請他指導。柯靈故居中幾乎沒有重新裝修的痕跡，大部分擺設都保持原樣。特別是走進廚房，木製的碗櫃，餐桌；特別是那些並不精緻的餐具，鍋碗瓢盆如同普通市民家的生活狀況，也正是我記憶中的模樣。柯靈曾經創作了電影《不夜城》，上世紀八十年代中期，華髮全白的柯靈，在上海寫了一篇文章《遙寄張愛玲》向居住在美國的張愛玲致以良好的祝願，親切的問候。在故居中看到一封魯迅弟弟周建人寫給柯靈的信，其中細述秋瑾的服飾：「她是穿西裝的，領前繫著一個橫領結，一手扠腰，另一手拿著一根斯鐵克（手杖）。」一個日本留學歸國的革命志士形象躍然紙上……

所有這些歷史遺蹟的留存，都感謝上海這座城市的管理者們，在大力推進城市的現代化建設中沒有忘記利用各方的資源對豐富的歷史文化進行保護，這些保護中包含了修復和重建。並利用這些具有歷史意義的建築經常舉行一些文化活動。上海是一個歷史悠久的歷史名城，而這些豐富的歷史文化資源是上海這座城

市屹立不倒，並且在今天更顯示出其價值的重要因素之一。

十月的一個傍晚，我獨自坐在城市中心一家近年來落成的酒店大堂裡喝咖啡，兩位年輕的女音樂人正在演奏著鋼琴和小提琴。在我座位的前方掛著一副巨大的上海城市寫意畫，斑駁的金色和灰色中交錯著外白渡橋和東方明珠電視塔，而散布於明暗色塊中的是無數歷史的痕跡……獨自一人時我本希望沉澱一下自己心情，可是從兩位音樂人手底流出的舒緩悠揚的曲調卻不經意間促動了我心中敏感的神經，過往的人和事隨著這悠揚的曲調向我走來，他們中有些是我熟悉的前輩和朋友，有些只是我在書本上認識的先驅者，他們一個個生動地走進了我想像中的世界。我心中湧動起一種不可名狀的激動，抑制不住熱淚盈眶。一個摩登上海的寧靜傍晚，獨自一人，卻莫名激動，是什麼原因？我終於悟道，我走進了一個嶄新的上海，卻處處撞擊歷史，處處與先人邂逅，在那一個熟悉的街角，在那一棟曾經到過的故居裡……一個歷史與現實不可分割，互相交錯的城市，是我陌生的，卻更是我熟悉的。有無數魂牽夢繞的人和事伴隨著我走到世界各地，也吸引著我回到故鄉。

一座城市的歷史，不僅需要記載在文字中，更需要留存在攜著先人生命訊息的居所裡。一座文化名城的價值，不僅需要經濟數字體現，更需要歷史現場的烘托。一座城市的魅力，不僅來自於那些璀璨奪目的燈光，還源於曲折街巷中那一處處散發著文化馨香的遺存。上海豐富的文化遺存可以讓未來者了解城市歷史和文化發展的脈搏，更可以讓一個遠方遊子找到回家的路！

上海：生命中的一道閃亮

照片上兩位女性一位是我的母親，當時她才23歲，神情靦腆，青春飛揚；另一位30多歲，身穿列寧裝，她是董阿姨，副市長潘伯伯的夫人。打球間的小憩，手裡拿著網球拍，她們神情輕鬆，緊挨著坐在綠樹前的帆布椅中。

　　初夏我從美國回到上海，住在市西華山路一幢西班牙式九層公寓中。晨間我從那裡出發，順著華山路、武康路漫步，最宜人的是一路枝繁葉茂的法國梧桐樹在空中伸展的樹蔭，增添了街道的幽靜。從賓館出來前，我在電腦裡瀏覽了一組家庭相簿，有一幅照片在我腦中揮之不去。照片上兩位女性一位是我的母親，當時她才23歲，神情靦腆，青春飛揚；另一位30多歲，身穿列寧裝，她是董阿姨，副市長潘伯伯的夫人。打球間的小憩，手裡拿著網球拍，她們神情輕鬆，緊挨著坐在綠樹前的帆布椅中。

　　母親和董阿姨同是來自香港，在一起以廣東話交談。她們還有一個共同點就是都嫁給了以文學為生的丈夫。董阿姨慈祥，視我母親如姐妹，她和潘伯伯結合多年，常年四處奔波不曾生育，也就把我母親的第一個孩子當成自己的乾兒子。我的母親與父親建國前夕在香港相識，她家住在詩人作家郭沫若先生的樓下，父親經常去拜訪郭先生，在樓梯上認識了母親。父親年長母親十六歲，為了追求花季年齡的母親，有一天他冒著豪雨，在水中站立了兩個多小時等待她的出現。建國第二年，母親終於與父親結婚，並隨父親回到上海。

　　董姨原先是香港道亨銀號的大小姐。與潘伯伯的相識具有某些傳奇性。潘伯伯曾是著名的左翼作家，後來成為周恩來副主席領導下的中共情報系統的領軍人物。延安通知他派了一位助手給他，請他去香港道亨銀號接頭，這位助手就是董阿姨。從此他們朝夕相處，輾轉上海、淮南、延安、東北、北平，最終結合在一起。

　　如今回望母親和董阿姨的照片，緬想她們意無反顧，追隨夫君的人生軌跡，我內心依然充滿欽佩。她們從最初認識自己的人

生伴侶始，在隨後的歲月中，陪伴夫君共同經歷了各種磨難，無悔無怨，忠貞於愛情。她們與伴侶的相遇，如同心靈撞擊綻放的一道光亮，點燃了彼此相伴一生的夢想。即便是在人生最黑暗的時刻，她們依然視風中殘燭為彌足珍貴。如同維護光明的女神，她們至死不渝地用自身微弱的力量為夢想的燭光遮風擋雨，何其令人欽佩！

董阿姨的磨難來得早，在潘伯伯擔任上海常務副市長僅五年時，有一次應召到北京開黨代會，被捕入獄從此一去不復返，成了共和國第一冤案。潘伯伯走後不久，我的大哥過生日，原先父親說好，一定要請孩子的幹媽董阿姨參加家宴。可是這天家宴都準備好了，就是遲遲不見董阿姨光臨。父親在母親焦急催促下，往潘府打了電話。

打完電活，父親神色黯然地回到餐廳裡，他告訴母親，接電話的是潘府的警衛，說董阿姨也已應召離滬去了北京。「她為什麼連個招呼都不打就走了呢？」父親百思不得其解。他料想不到這就是他和多年並肩戰鬥的潘伯伯、董阿姨的永訣！

母親的劫難始於「文革」，「文革」之初，父親被市委宣傳部長張春橋直接點名，作為上海文學界的「走資派」遭受迫害。父親為此心情很憂鬱，並十分稀有的在母親面前流露了心中的憤怒。母親是微生物專家，對於父親所從事的文學事業並不熟悉。除了當面安慰父親，有一天她背著父親獨自走進了那個環境極其險惡的運動之源──上海作家協會去找造反派頭頭談話，希望了解他們迫害父親的緣由？我很難想像多年來被父親當孩子一樣寵愛的母親，不知道哪來的勇氣，獨自面對辦公樓裡鋪天蓋地，父親的名字顛倒著打上了叉叉的大字報。據目擊者日後回憶，

母親不卑不亢坦然陳詞，激動時邊說邊流淚，手裡握著的手絹全濕了。

母親回到家，儘管知道前景險惡，卻仍耐心地勸慰父親向前看。父親似乎決心已定，不願再受屈辱。當父親突然問她：「如果我不在了你們怎麼辦？」父親所說的「你們」指的五個未成年的孩子，最小的女兒只有4歲。當時母親想到的只是父親會被關起來。她堅定的說：「你放心，不論發生怎樣的情況，我一定會把孩子們撫養成人。」當次日父親毅然決然地告別世界時，母親才僅僅39歲。在父親走後極其艱難的十年黑暗時期，她信守諾言，承擔了帶領全家五個未成年孩子度過難關的責任，保證了家庭的完整和孩子的健康成長。

父親走後，有一天一個鄰居在走廊上開導母親：「你只有一個辦法可以擺脫戴在頭上的反革命家屬帽子，就是趕快找一個好的人嫁了，與死去的丈夫劃清界限。」母親連話都沒聽完，轉身回到自己的屋子裡關起門來。

母親時常對姨婆說，為了父親在雨中等她的兩小時，她願意奉獻一生。從此後母親換上一件黑色的布衫每天穿著，不論是上班還是出門辦事。她如同把悼念父親的黑袖章穿在身上，夏去秋來，都是如此，誰也不能說什麼。一直到寒冬來臨時，棉衣才把她的黑衣裹在裡面，可她的心仍在滴血。

記憶中母親每天拎著一個咖啡色的布袋去上班，回家時布袋裡有時帶回十分有限的一些蔬菜。有一幕記憶過去了五十多年，我仍清晰記得，有一次夏季暴雨襲擊上海，傍晚時分黑雲壓城，狂風把路上的梧桐樹吹得亂晃，緊接著黃豆大顆的雨點傾盆而下，久久不停，很快街道就積滿了水。

　　很晚了母親還沒有回來，終於聽到開門聲時，我看見黑夜裡走進一個從頭到腳都在水裡浸泡過的人影。她的頭髮已結成一坨坨緊貼著頭皮，身上和臉上沾滿泥土，可是她的手裡還緊緊地抓著那個布袋，布袋中兩瓶加鹽汽水完好無損。加鹽汽水是高溫天氣工作單位發給職工的防暑飲料，她省著不喝帶回來給我們幾個正在長身體，卻又天天忍饑挨餓的未成年孩子。

　　原來母親下班後等車時間太久，便改變主意徒步回家。走過家附近的路段時，正在修路開挖的溝渠被水淹了，卻沒有留下任何行人警告標誌。母親失足掉進了水溝，汙水頓時淹到她胸口，在沒有任何人幫助的情況下，她掙扎了很久才爬了上來。回到家她看著孩子們喝著加鹽汽水時少有的快樂欣慰地說：「就是在水中，我的手還是緊緊地抓著那個布袋。」淋了那場雨母親病了，臥床了幾天。

　　遠在北京，經過監禁九年後潘伯伯被判刑十五年。而當時董阿姨為了陪伴在蒙冤的丈夫身邊，是無罪入獄。丈夫被判刑那年，董阿姨才44歲，幾年的牢獄生活，熬白了頭。她表示要把頭髮全部染黑，珍惜與丈夫餘下的時光。這時組織上安排一位女性與她談話，先是告訴她，只要和潘伯伯離婚，她的黨籍就可以恢復。後來又告訴她，在香港的母親希望她能回到身邊陪母親安度晚年，並且這一請求已經得到組織上的批准，她隨時都可以去香港。而離開即意味著離婚，意味著生死訣別。那位女同志沒有想到，董阿姨堅定地說：「我想念母親！可是我永遠和他（丈夫）在一起。」她視人生的劇烈跌宕如平常，堅強地面對人生困境。「位卑未敢忘憂國，事定猶須待闔棺。」她的無懼坦然獲得了所有獄管人員的敬佩。

潘伯伯隱姓埋名地活著，當1975年夏天，有人在湖南省第三勞動改造管教隊看到他和董阿姨這兩位特殊犯人時，人們是這樣描述他們的：「老太白髮垂耳，形容略顯淒清而頗矜持；老頭軀體微僂，面目清癯，卻顯出一種安詳的神態。」老兩口終於在勞改農場團聚了。可是他們自理生活的能力非常差，潘伯伯拿了隻雞，左割右割。雞沒有割死，雞血倒抹了一臉。董阿姨把一條魚囫圇放在鍋裡煮，魚肉、魚腸、魚糞、魚膽煮成一鍋湯，最後只能倒掉……

一直熬到1977年的春天，潘伯伯病重躺在吉普車地上舖的彈簧墊上被送往長沙的醫院，從此就沒有再回來。董阿姨的健康原來就比潘伯伯差，潘伯伯一死，她的病情迅速惡化。農場也不採取什麼搶救措施，只是讓她在設備簡陋的茶場醫院住著。董阿姨孤零零地走完了最後的人生，終日陪伴她的，是香港的兄弟來探望她時，帶給她的一隻絲絨小狗，和一條極薄的舊毯子。一直到「文革」結束後潘伯伯的大冤案終於得到平反，可是他們連一個親屬都沒有，一批受到冤案牽連的老朋友最後把他們迎回了北京八寶山安葬。

「文革」結束後，我的父親獲得平反時，母親已經50多歲了。朋友同事中不乏說媒勸嫁的，可是母親始終不為所動。她坦言世間真正的愛情不多，她十分珍惜與父親的那一段。她和父親跨越了半個多世紀，陰陽相隔的愛情確實是彌足珍貴的。她常說仍然期盼著死後到另一個世界去與爸爸會面，她的想法依然充滿了浪漫！

晚年的母親是幸福的，她在美國、香港與我和妹妹新桂團聚，在香港見到了居住在港臺的兄姐，度過了她生命中最無憂無

慮的退休生活。三十多年前我到美國留學，稍後母親曾來美探親。一次舉家到迪士尼樂園遊玩，她已年屆七十，還和大家一起體驗驚險刺激的雪山激流。當我看見她高舉雙手坐在船上，高聲呼喊著從高山上沖入激流，弄得滿頭滿身都是水花時，我的心與她一起歡悅！可是我的眼前依然浮現出上海豪雨中那晚的情景。從外面遊玩一圈回到上海，她說夢中對爸爸說：「我哪裡也不去了，就在自己的家裡。」

　　母親能夠在十分險惡的政治環境中堅強地熬過來，是因為她有樂觀豁達的性格。其實在與父親認識以前，她的生活就充滿了波折。幼年失去父母，由姨婆撫養長大。抗戰初年，她才10歲左右，就跟著姨婆和姐姐從廣東順德逃難到了香港。年紀輕輕又在香港得了被視為不治之症的肺結核。可是她幸運地遇到了無私救人的醫生，不計成本的為她治病，得以康復。在人生早年經歷的波折和克服的苦難，使她養成了對眼前的困苦放開的處事方法。對人生中的難題不鑽牛角尖，讓永不停息的時間慢慢消化人生中的糾結，相信世界會向好的方向改變。她的這一人生信念鼓舞了自己八十五年的人生，也影響了我，這是她留給我最好的遺產。

　　當我再次凝視著照片上母親和董阿姨時，我驚奇地發現，她們對待愛情的態度何其相似。在今天年輕人的眼裡，也許太痴、太傻，為何她們那麼執著於自己最初的選擇。我卻彷彿看見，當她們遇到了生命伴侶的時候，如同經歷了一次生命中的電閃雷鳴，那道閃電在她們的心靈中點燃的愛情，撼動心魄，刻骨銘心！她們把自己一生都託付給了相依相惜的另一半，意無反顧地追隨著夫君認定的道路，不計前途何等艱險。在人生遭遇滅頂之災時，她們自身仍有轉圜餘地，可是依然選擇了留下。她們勇

敢地選擇與自己的伴侶相互扶持，渴望度過人生的崎嶇坎坷。相比起來，我的母親比董阿姨幸運，她終於等到了父親平反的那一天。父親的同事們欽佩地讚揚母親攜五個孩子度過艱難的「文革」歲月十分不易。父親的老朋友作家巴金在《隨想錄》中讚揚「這是一位英雄的母親。她在『四人幫』的迫害下，默默地堅持著，把五個受歧視的小孩培養成為我們祖國各行各業需要的年輕戰士，這難道不是值得我們歌頌的嗎？」我的母親是英雄式的，而董阿姨的殉道式的廝守，在後世者眼中亦顯珍貴。她們的行為真正是「臨危不懼」的經典示範。

中國傳統禮教中要求女性三從：未嫁從父，既嫁從夫，夫死從子。舊時代的理解是被動的跟從，但是到了董阿姨和母親那一代知識女性已經發展成為追隨、扶持、相助。所謂的四德是女性立身的根本，德、容、言、工，說的是女子品德能正身立本；相貌端莊穩重持禮，不輕浮隨便，與人交談能言之成理，然不妄言；並能實踐相夫教子、尊老愛幼、勤儉節約的治家之道。她們的人生實踐已經賦予這些傳統訓誡以嶄新的意義。新解「三從四德」，不是盲目跟從，而是主動性的從旁協助、支持、鼓勵。

尤其現實中拜金、享樂、刁蠻成為時尚標誌，女性的傳統美德更顯得彌足珍貴。人世間如果缺少女性的美德，家庭的田園，人情的世界都將陷入黑暗。相比起拜金主義時代缺乏靈魂的行屍走肉，照片上的母親和董阿姨，為了實現她們的夢想付出了一生的代價，她們在曲折人生中的抉擇對於後人無疑是一道亮麗的風景。

北京：回望郭沫若

郭沫若在位於前海西街的故居中居住了二十多年，一直住到1978年去世。這是他的書房。我在故居中仔細地看著每一間居室的格局和陳列的物品，想起我的父親曾經來過這裡，並和郭沫若先生有過一次意味深長的對話。

　　幾年前去北京開會，我特地去什剎海一帶，順著翠柳依依的什剎海拐進西面的前海西街18號，那是著名詩人、劇作家、考古學家郭沫若1963年到1978年之間居住的地方。後來建立了郭沫若紀念館，並陳列了郭沫若的生平和文學史學方面的成就。那裡原址最早是和珅府邸的一座花園，後成為恭王府的馬號。1949年以後，先後做過宋慶齡的住所。後來宋慶齡遷往後海北沿居住，郭沫若遷居至此，一直住到1978年去世。我在故居中仔細地看著每一間居室的格局和陳列的物品，想起我的父親曾經來過這裡，並和郭沫若先生有過一次意味深長的對話。

　　「文革」之後，有一次整理父親葉以群留下的書籍，看到一份文稿，是郭沫若和青年陳明遠的通信。當時陳明遠是上海中學的一名學生，郭沫若把他介紹給我的父親和電影藝術家白楊，因為我們兩家住得近，週末陳明遠可以來串串門。後來父親對郭沫若和這位青年學生的通信很有興趣，準備撰寫一篇報告文學。在那些通信中，非常難得地讀到了一個文壇巨擘和一個青年人的坦誠對話。我所以覺得有價值，是書信的字裡行間透發出的真誠和坦率。那時，「文革」結束才幾年，辭世的父親剛剛獲得平反，郭沫若先生也已過世。我為那些通信寫了一份說明，寄給北京的一家文藝史料雜誌發表了。

充滿熱情的文學創作

　　其中有一封信是郭沫若1962年7月20日寫給陳明遠的：「你寫的關於我的研究文章，譯寫的我的舊詩，目前是不大好發表的，你就是用了筆名，別人還會知道，要風言風語的。我這是

為你著想。你太年輕，太天真無邪，不了解社會的複雜性。我也不願意讓你太早地了解到人情世故的複雜性。不要讓人家說你。……過些年等時機成熟了再發表也不遲。將來你就會明白到我的一番苦心。」

寫信的年代，郭沫若擔任著中國文聯主席，是建國後文化藝術界當之無愧的領軍人物。他的藝術成就涵蓋了文史哲的廣泛領域，而在藝術創作方面，尤其在詩和歷史劇方面建立了別人無法企及的崇高成就。可是他為什麼會對一個青年坦陳他對「風言風語」和「人情世故的複雜性」的深深憂慮呢？

回顧歷史，郭沫若的憂慮不是他一個人的憂慮，經歷了反胡風和反右等一系列政治運動以後，看著身邊的朋友或是同行一個個不明就裡地倒下，似乎很難還有誰能夠無憂無慮地活著。

如今回望老年時期的郭沫若和重讀風華正茂年代他的作品，所能得到的感受是完全不同的。他年輕時的作品，不論是詩，還是劇作，都洋溢著一股火熱的激情，一種昂揚的氣勢。讓人激動，讓人鼓舞。

在《天狗》中他呼喊：「我是一條天狗呀！我把月來吞了，我把日來吞了，我把一切的星球來吞了，我把全宇宙來吞了。我便是我了！……我飛奔，我狂叫，我燃燒。我如烈火一樣地燃燒！我如大海一樣地狂叫！我如電氣一樣地飛跑！」何等氣勢磅礴，氣吞山河！

在《鳳凰涅槃》中他高唱：「我們新鮮，我們淨朗，我們華美，我們芬芳，……我們熱誠，我們摯愛。我們歡樂，我們和諧。……我們生動，我們自由。我們雄渾，我們悠久。……我們歡唱，我們翱翔。我們翱翔，我們歡唱。」何等自信、自豪！

他發問：「昂頭我問天，天徒矜高，莫有點兒知識。低頭我問地，地已死了，莫有點兒呼吸。伸頭我問海，海正揚聲而鳴。」又是何等自尊、自傲！

年輕時他的作品是否定舊世界，歌頌新生命的光彩奪目的詩篇。詩篇充滿了浪漫主義的火山爆發式的熱情和狂飆突進的氣勢，勢不可擋，所向披靡。

曾讀到過關於郭沫若的一段往事：1937年他從日本回國，帶著來自日本的夫人安娜和兩個兒子回到上海。當時他在某週報擔任編輯，和郁達夫、張資平等合作。儘管生活相當困難，但是他所辦的雜誌在青年中很受歡迎。郭沫若在四川的家屬了解到他在上海的經濟窘況，他的哥哥就借四川創設省立成都醫院時，為他謀了一個職位，聘請他擔任該院醫務主任。因為郭沫若畢業自日本帝大的醫科。他哥哥派人到上海去接他一家四口，並寄去一千元匯票給他做路費。可是郭沫若拒絕了哥哥的安排，他說：學了醫科不用無罪，去當醫生診治病，卻不過是造成由我殺掉幾個人的罪惡吧了。也因為這一和魯迅相仿的棄醫從文的選擇，中國又少了一個醫生，多了一個文豪。

在文壇旗手魯迅隕落之後，郭沫若成為左翼文化的旗手。抗戰年代，郭沫若在回憶錄《洪波曲》中曾寫道：「中華全國文藝界抗敵協會（1938年）3月27日在武漢成立。不分黨派、不分新舊，把所有拿筆桿子的人都團結起來。該會的機關刊物《抗戰文藝》由羅蓀、蓬子、適夷、以群、乃超諸人主編。」

郭沫若和周恩來有長久的友誼，1927年是周恩來介紹他加入了中國共產黨。全國文藝界抗敵協會成立後，周恩來安排我父親葉以群在郭沫若身邊工作。並且多年保持著密切的交往。我看見

過一幅照片，郭沫若、夏衍、以群和舒繡文、丁聰等十餘人，在重慶的一幅合影，背後是簡陋的平房，前面是蜿蜒的階梯，上述各位都穿著西裝，風華正茂。

郭沫若影響最大的、最震撼人心的劇作《屈原》就產生在那個不平凡的年代。1941年，中國國土大片淪喪，皖南事變爆發後，悲觀失望的情緒籠罩全國。誰又願做亡國奴？劇作《屈原》就在那時創作完成。如此完美的一出歷史劇，郭沫若一氣呵成，僅僅花了十天。從1942年1月2日晚上動筆，到11日夜，寫完了五幕歷史劇《屈原》。對歷史素有研究的郭沫若，厚積而薄發，他的熱情如火山噴發，燃燒著映紅了國統區的天空。《屈原》全劇只寫了屈原悲劇的一天，從清早到夜半過後，即已涵蓋了一個時代和屈原的一生，郭沫若「把這時代的憤怒復活到屈原的時代裡去」。周恩來評價說。這是郭老藉著屈原的口說出自己心中和時代的怨憤。

1942年4月3日，《屈原》在重慶國泰大戲院上演，從那天起，山城傳遍《雷電頌》。金山、張瑞芳、白楊等一批最優秀的演員，連續演出17天，22場，一場演出4小時，場場爆滿。郭沫若以爆炸式的激情和對正義力量的讚美，昂揚起了民族的傲骨，以強烈的愛國精神鼓舞了人們的鬥志。

屈原在劇中的一段獨白《雷電頌》久為人們傳誦：「風！你咆哮吧！你咆哮吧！盡力地咆哮吧！在這暗無天日的時候，一切都睡著了，都沉在夢裡，都死了的時候，正是應該你咆哮的時候，應該你盡力咆哮的時候！」據說，1942年春，此劇在重慶演出時，正好是一個暴風雨即將到來的晚上，舞臺上的朗誦應和著劇場外的雷鳴，使整個山城熱情蕩漾。人們在此後的日子裡，都

沉浸在《屈原》的情緒氛圍裡，很多人一遍又一遍地朗誦《雷電頌》，鼓舞自己投入戰鬥。

新中國成立前夕，在國共兩黨鬥爭的前線，郭沫若的聲音具有他獨特個性的魅力。時至1947年下半年，白色恐怖遍布上海。11月中旬，為了確保郭沫若的安全，周恩來安排葉以群護送他離開上海，移居香港。在香港期間，郭沫若和茅盾以及他們的家庭生活都由以群負責安排。直到1949年春天，大批集結在香港的進步文化人分批坐船去解放區天津，以群在潘漢年的領導下送走了一批又一批。當他送走郭沫若和他當時的夫人于立群時，他們的五個子女世英、民英等都在同一條船上。當時他們多麼興奮啊！充滿了對新生活的嚮往。

戰戰兢兢如履薄冰

隨著建國後日益頻繁的政治運動，文藝界首當其衝，每一次都是遍體鱗傷。不論是自己的朋友，或是其他人被整肅，置身在這樣的氛圍中都會增加自身的不安全感。在友人們的記憶中，昔日豪放、浪漫的郭沫若，不再有開懷歡笑的時刻。

在那個年代，做一個領軍人物也有其不易之處，重要的場合都要出現，每次政治運動都要參與，還要旗幟鮮明地表明態度。所以後來有很多責備的聲音衝著郭沫若，因為他表態太多，太醒目。等到歲月流逝，塵埃落定後，人們質疑他的有些言辭此一時，彼一時，互相矛盾，不知哪是他真實的心聲。其實這又何嘗不是他同時代人們共同的尷尬處境？只是處於不同階層的人物，各有其不同的尷尬而已。

　　據《收穫》主編靳以的女兒章潔思回憶，1959年第2期的《收穫》有兩個版本。原來編發的是《蔡文姬》。刊物已開始印發後，靳以接到郭沫若辦公室緊急來電，原來郭沫若收到校樣後，需要修改，不讓發表。靳以只得將打好紙型的《蔡文姬》抽出，填補上其他作品，重新印刷、裝訂。已經開印的雜誌裝訂了12本，於是那一期有了兩個版本。當年《收穫》編輯彭新琪回憶道「郭沫若當時抽回去說修改，其實他很緊張，害怕出什麼問題。……說明1957年反右，老知識分子心裡害怕，特別是郭沫若，他當時是知識分子的代表人物。」

　　十天一氣呵成的美談不再發生，對於自己醞釀已久的歷史人物，郭沫若下筆時依然有無法消弭的困惑。不知道領袖會如何看？建國後他慎而又慎保持低調，即便是友人間書法相贈，他也以書寫毛澤東詩詞為內容，難得見到他書寫自己的作品。詩人的郭沫若消失了。後來所能見到的只是政治口號式的郭沫若詩詞，與他青年時的作品大相徑庭，判若兩人。

　　從郭沫若和陳明遠的通信中，我清晰地看到了他內心的掙扎，良知的煎熬和靈魂的痛苦。1966初，「文革」前夕，山雨欲來風滿樓。以群在跟郭沫若談及陳明遠關於郭沫若詩詞研究的稿子時，也表明了這種預感。當時他問郭沫若：「現在形勢變化較大，這些稿子恐怕一時不能印了，怎麼處理好呢？」誰也想不到郭以痛苦的語調說：「算了吧，關於我的那些東西，最好都燒掉！」他轉而對陳說：「我看你還是戀戀不捨，確實捨不得麼，我並不強制你。不過，我自己的文章，恨不得一把火燒掉，燒個精光大吉。」詩人的熱情，在瞬息間閃現了一些迴光返照。可是卻籠罩上了深重的悲劇陰影。

　　這樣的話後來他又重複多次。1966年4月，身為全國人大副委員長郭沫若在人大常委會上聽了文化部副部長石西民關於「文化大革命」的報告後，立即發言：「我沒有把毛主席的思想學好，沒有把自己改造好，自己以前所寫的東西，應該全部燒掉，沒有一點價值。」他的話許多人都不理解。後來在接見日本客人時，他又說：「鳳凰每經五百年要自焚一次，從火中再生，這就是我所說的『燒掉』的意思。」可惜此鳳凰已經不同於四十年前那隻涅槃的鳳凰。

　　在這之前，1966年1月29日，他給中國科學院黨組書記張勁夫寫了一封辭職信：「我很久以來的一個願望，今天向你用書面陳述。我耳聾，近來視力也很衰退，對於科學院的工作一直沒有盡職。我自己的心裡是很難過的。懷慚抱愧，每每坐立不安。

　　因此，我早就有意辭去有關科學院的一切職務（院長、哲學社會科學部主任、歷史研究所所長、科技大學校長等等），務請加以考慮，並轉呈領導上批准。

　　我的這個請求是經過長遠的考慮的，別無其他絲毫不純正的念頭，請鑒察。」

　　辭職信言辭懇切，卻又顧慮上級引起不必要的猜想。郭沫若的辭職沒有被接受。

　　「文革」開始時，有一段日子郭沫若希望人們把他徹底忘記，他離開了辦公室，誰也不說，就住進了一個隱祕的住所。可惜熬不了多久，只能回家了。當時誰也沒有預料到「文革」要搞十年，誰躲得過去？誰逃得過去？比起古代的文人，尚可找到地方隱居，或是像陶淵明一樣「採擷東籬下，悠然見南山。」生活在二十世紀六十年代的郭沫若卻沒有隱居的權利，他無處可避。

兩個兒子非正常死亡

1967年4月裡的一天，郭沫若在部隊當兵的次子民英突然自殺身亡。對於所有的人來說，事情發生得太突然，因為前一天，民英還在參加戰士演出隊的排練。郭民英愛好音樂，憑著自學考上了中央音樂學院。在學校裡，才華橫溢的民英十分引人注目。有一次他從家裡帶去一架盤式錄音機和同學們一起欣賞喜愛的西洋古典音樂。那年頭錄音機是稀罕物。一位學生就此給毛澤東寫了一封信，反映說音樂學院的一些幹部子弟搞特殊化，拿著家裡的錄音機到學校裡聽西洋音樂，宣揚資產階級生活方式。毛澤東很快批了這封信，說：「類似這樣的事應該抓一抓。」這一抓就使得郭民英在學校裡待不下去，透過公安部長羅瑞卿的安排去了部隊。「文革」的風暴，使他陷入了無法自拔的痛苦之中。

似乎是禍不單行，僅僅過了一年，1968年的4月，郭民英的哥哥郭世英又被農業大學的造反派綁架，嚴刑拷打，最終從高空墜落，遭遇不測。死去的郭世英遍體鱗傷，手腕、腳踝被繩子捆綁得血肉模糊……。郭世英原是北京大學哲學系的學生，善於獨立思考。在學校裡和幾個同學結伴組織了一個哲學討論小組，經常聚會，討論一些哲學和時事政治問題。這些都是十分敏感的話題。後來有人向組織上告了密，小組的所有成員被公安機關拘留，最後定為反動學生。其他成員被送去勞改，郭世英被送到農村去勞動教養。勞教結束後郭世英仍然想留在農村，因為他覺得那裡單純，乾淨。後來在家人的勸說下，回到中國農業大學

學習。

　　郭沫若的女兒郭平英回憶說，在郭世英被綁架、關押的那天晚上，郭沫若參加周恩來主持的解決第七機械工業部兩派群眾「派戰」的會議。郭沫若本來可以請求周總理出面，但郭沫若沒有向周總理說。郭世英遇難後，在兩年短短的時間中失去了兩個親生兒子的于立群責怪郭沫若：你見到總理的時候為什麼不跟他說？郭沫若顫抖著解釋說：我也是為了中國好。顯然，他不想給周總理惹麻煩。深夜時他坐在書桌前默默抄寫著兒子留下的日記，他的筆下隱忍著作為父親多少的悲哀。

　　周恩來得知郭世英遇害後，專門來到郭家安慰：「革命總是要有犧牲的。為有犧牲多壯志，敢教日月換新天。」周恩來為郭世英之死，專門派聯絡員負責調查，但一直沒有結果，最後也就不了了之。那個瘋狂的年代，即便是周恩來的保護能力也是十分有限的，他自己的養女孫維世也死於江青同夥的殘酷迫害。

　　郭沫若在1969年1月寫給兒子郭世英好友周國平的信裡說：

> 　　我在看世英留下來的日記，剛才看到一九六六年二月十二日他在日記後大書特書的兩句：「全世界什麼最乾淨？泥巴！」
>
> 　　讓他從農場回來，就像把一棵嫩苗從土壤裡拔起了的一樣，結果是什麼滋味，我深深領略到了。你是理解的。

　　在信裡郭沫若還說：「我這個老兵非常羨慕你，你現在走的路才是真正的路。可惜我『老』了，成為了一個一輩子言行不一致的人。」

郭沫若在信中所表現的後悔和自責是坦誠的，顯然他對自己的言行有一個清醒的評價，可是為了免於更大的災難，他依然說著他認為需要說的應酬話。就像進入一個特定的社交圈，你要想繼續待下去，免予成為不受歡迎的人，你就只能說相互聽得順耳的話一樣。

領袖和詩藏玄機

郭沫若和毛澤東主席「詩」交不錯，曾五度相互和詩。1962年12月，適逢毛澤東70虛歲生日，郭沫若寫了一首《滿江紅·領袖頌》。在1963年元旦，以《滿江紅——1963年元旦抒懷》為題發表於《光明日報》：

> 滄海橫流，方顯出，英雄本色。人六億，加強團結，堅持原則。天垮下來擎得起，世披靡矣扶之直。聽雄雞，一唱遍寰中，東方白……

郭沫若詩的原意是歌頌領袖。這在那個年頭並不稀罕，只是他可以直接把詩遞到毛澤東主席手裡。毛澤東讀後在短短數日後的1月9日，即寫出了和詩，題目是：《滿江紅·和郭沫若》：

> ……多少事，從來急；天地轉，光陰迫。一萬年太久，只爭朝夕。四海翻騰雲水怒，五洲震盪風雷激。要掃除一切害人蟲，全無敵。

毛澤東的和詞是寫給郭沫若的，可同時又「書贈恩來同志」。他在詩中向周恩來表達的政治用意是毋庸置疑的。毛澤東的和詞展現了他的宏闊政治視野和畢生信奉的與天鬥、與地鬥、與人鬥其樂無窮的鬥爭哲學。與蘇聯決裂後的「反修」，與黨內和國內不同意見抗衡時所慣用的「以階級鬥爭為綱」的鬥爭策略，在1963年已經越益鮮明地提到前列，毛澤東的和詞，可以說是一場新的戰鬥的宣言和號角。

可是郭沫若沒有想到的是，有這麼一天，毛澤東寫了一首詩對他進行批判。毛澤東把他讀過五遍的郭沫若的史學名著《十批判書》翻了出來。在同王洪文、張春橋談話時，毛澤東說：「郭老在《十批判書》裡頭自稱人本主義，即人民本位主義，孔夫子也是人本主義，跟他一樣。郭老不僅尊孔，而且是反法。尊孔反法，國民黨也是一樣啊！林彪也是啊！我贊成郭老的歷史分期，奴隸制以春秋戰國之間為界。但也不能大罵秦始皇。」毛澤東要求趕排大字本的《十批判書》，供「評法批儒」用。

毛澤東還讓江青記下他的新作——《讀封建論・贈郭老》。詩云：

> 勸君少罵秦始皇，焚坑事件要商量。
> 祖龍魂死業猶在，孔學名高實秕糠。
> 百代多行秦政制，《十批》不是好文章。
> 熟讀唐人《封建論》，莫從子厚返文王。

《十批判書》是郭沫若在抗戰時期完成的歷史著作，是為了配合當時形勢批判和鞭撻獨裁統治。他不可能想到，這篇針砭蔣

介石的文章，在幾十年後引起了毛澤東的反感。

　　因接連喪子而身心受創的郭沫若，再度被提到了政治鬥爭的風口浪尖上，他即刻寫了一首詩向毛澤東主席檢討，以求避過即將臨頭的政治災難。詩的題目是：《春雷·呈主席》七律，八句。

　　　　春雷動地布胎蘇，滄海群龍競吐珠。
　　　　肯定秦皇超百代，判宣孔二有餘辜。
　　　　《十批》大錯明如火，柳論高瞻燦若朱。
　　　　願與工農齊步伐，滌除汙濁繪新圖。

　　可是這場批林批孔批周公的政治旋風並沒有很快平息。毛澤東的「勸君少罵秦始皇，焚書事件要商量。」給了江青變本加厲批判郭沫若的依據。1974年1月25日江青一夥在中央直屬機關和國家機關「批林批孔」動員大會上對郭沫若點名批判，還兩次叫82歲的郭沫若低頭站起來接受他們的羞辱。罪名就是郭在《十批判書》中對秦始皇的一分為二，認為：統一中國是功，焚書坑儒是罪。要郭為幾十年前的觀點付出代價。

　　作家周而復「文革」結束後去看望郭沫若。步履蹣跚的郭老語氣沉重地說：「如果不是毛主席和周總理保護，『四人幫』也要向我下毒手哩。」周而復回憶道：「這話含有更深沉的悲痛的意思。後來我知道郭老的孩子民英、世英，在這次史無前例的風暴中不幸悲慘的逝世了，但郭老隻字未談他們含冤去世的事，不是夫人于立群透露，我們還不知道哩。」郭沫若心底的悲哀有多麼深？也許就因為其深重而不見波瀾。

　　1976年「文革」以粉碎「四人幫」而宣告結束，兩年後，已經耄耋之年的郭沫若從病床上起來參加了在人民大會堂舉行的科學大會。他戴著助聽器聆聽了由播音員宣讀的以他名義發表的大會報告《科學的春天》。這次大會掀開了中國科學復興的嶄新的一頁，可是此時的郭沫若已經一病不起，幾個月後，他就病逝了。他未能眼見真正的春天的到來。在他的遺言中，他囑咐後代，將他的骨灰葬在山西省的大寨，那是毛澤東樹立的農業標兵。沒有人能解釋郭沫若遺願的真實含義。一個浪漫的詩人，與大寨有什麼深刻的淵源？或許兒子世英在日記後大書特書的：「全世界什麼最乾淨？泥巴！」深刻進他的記憶。

　　在郭沫若故去的第二年，夫人于立群也辭世了，年僅63歲。

　　我站在郭沫若書房裡憶起這些往事，真的是感慨萬千。回望郭沫若，他依然是遠山的一座巍峨的豐碑。只是想到他在人生的最後十餘年，精神上經歷了難以想像的人間煉獄，悲乎哀哉！我唯祝願詩人和劇作家的郭沫若，魂歸故里，回到川蜀的重山峻嶺去，重新恢復他年輕時激揚文字的風采，重拾他浪漫狂放的詩人氣質。

重慶：渝都嘉陵江邊的遐想

洪崖洞，當年的吊腳樓集聚地，現在已經建造起了古色古香的仿古建築，入夜後燈火輝煌，特別是從嘉陵江對面遠眺，洪崖洞已成為重慶山城的一個亮點。嘉陵江從那裡奔流前行數百公尺，就將在昔日的碼頭朝天門前與長江匯合。

　　第一次去重慶，我住在曾家岩的一家賓館，對面就是周公館。順著幽靜的中山四路前行，一路上在茂盛的黃葛樹的掩隱下，分布著戴笠公館、張治中將軍的居所桂園。毛澤東和蔣介石的歷史性會面就曾在桂園中舉行。抗戰時期，國民政府曾撤退到重慶，那裡成了陪都。國共兩黨都在山城裡設立了自己的機構。街道上酒肆茶樓，戲館影院林立，有人形容，但凡人間能有的樂子這裡差不多都有了。要是沒有日本飛機隔三差五地轟炸，逃難中的人們真會以為那裡是燒焦的國土上難得的「世外桃源」。

　　以前重慶人的記憶中朝天門最美的是夕陽，坐在碼頭的石階上往西望去，薄霧中可以看見一輪太陽落在曾家岩的高樓上。我試著在現在的朝天們西望，視線已經被山坡上的高樓阻擋。顯然，今天的重慶已經今非昔比。一個嶄新和充滿青春生命律動的城市帶給我完全不一樣的觀感。

　　重慶的吊腳樓是古老建築中最常見的，重慶是山地，與天空爭空間，許多房子都依傍著懸崖而建，有些吊腳樓是用杉桿、柏木和南竹捆綁起來，高的有三層。樓板漏縫，上可看到樓上人的腳板，下可看到樓下人的飯碗。現在那樣的吊腳樓一定不會再有了，當年的吊腳樓集聚地洪崖洞，現在已經建造起了古色古香的仿古建築，入夜後燈火輝煌，特別是從嘉陵江對面遠眺，洪崖洞已成為重慶山城的一個亮點。

　　在洪崖洞，美麗的現代吊腳樓沿著懸崖而建，將兩條道路分隔在頂部和腳底，更開眼界的是洪崖洞前面的嘉陵江展現了它的壯闊，從那裡奔流前行數百公尺，就將在昔日的碼頭朝天門前與長江匯合。在洪崖洞前俯瞰和遠眺寬闊的江面，遠處是層層疊疊

的高樓，橫貫江面的一座座橋梁，這樣的景色讓我想起布達佩斯的多瑙河、巴黎的塞納河、布拉格的伏爾塔瓦河、還有曼谷的湄公河……嘉陵江無疑是重慶的母親河，我到過的許許多多城市的母親河都有她獨特卻又相似之處。不同的是江水的顏色和兩岸城市的形貌；相似的是它與城市的和諧融合，水乳交融。

黃葛樹下尋找父輩的訊息

　　巍峨的山城中不論是晴天還是雨天，有一種根深蒂固的綠色從城市的縫隙中勃然生發，為所有灰色的、黑色的、白色的城市原色增添了蓬勃的生命力。那就是生長在山城每一寸土地上的黃葛樹。佛經裡黃葛樹被稱為神聖的菩提樹。它的樹葉光澤閃亮，呈橢圓形，其莖幹粗壯，樹形奇特，蜿蜒交錯，古態盎然。它壽命很長，百年以上大樹比比皆是。也許就是想到這些百年老樹，曾是我的父輩們經歷的見證者，每次我走過那些樹根苗壯，盤旋向上的老樹時，都情不自禁佇立觀望，似乎是想從它粗壯盤旋的樹身上尋找到父輩留下的訊息。

　　曾經讀到過當年負責周恩來領導下的南方文委文化組聯絡工作，建國後曾擔任外交部新聞司副司長的張穎女士的回憶，她從延安來到重慶，從紅岩嘴調來曾家岩50號的南方文委擔任周恩來的祕書。「記得我到文委工作後不到半年，恩來同志有一天和我談話：問我在重慶文藝界有沒有認識的朋友，我說一個也不認識，只是我從延安出來的時候，我的老師陳荒煤交給我一封信，讓我轉交給葉以群，並說以群是他的好朋友，如果有必要他會給我幫助。我告訴恩來同志，這封信一直還保存在我手中，因為在

紅岩嘴時，我是不能外出的，所以還一直沒有見面並轉交那封信。恩來同志頓時笑了，說你也太老實了，應該向（童）小鵬匯報呀，怎麼能把一封信壓了一年呢。隨即他把葉以群的電話告訴我，讓我聯繫上了就親自把信送去，並告訴我說，你既然調到文委來工作，就應該盡可能認識文化界的朋友。葉以群是個非常熱情的人，我和他通上電話，他知道我從延安出來，又帶了荒煤的信，他很高興，隨即約我到重慶城裡的廣州大三元酒家飲茶，我答應了問清地址，在約定時間找到了『大三元』。」

在張穎的文字裡我了解到父親以群在重慶文化界的生活概貌，他既是「抗戰文協」的組織者，也是溝通周恩來領導的南方文委與老舍、茅盾等文化界人士的橋梁。當時，在重慶的作家、藝術家隊伍的思想狀況比較複雜，大多數人都有強烈的民族意識，贊成並擁護抗日主張，其中有許多人在30年代就是上海左翼文藝運動中有影響的人物，但是有時難免各自的觀點會產生分歧。為了抗戰，抗戰文協的主要工作就是在民族大義的前提下，把各路文藝家們團結在抗戰救亡的旗幟下一起前進。

當時文協的地址是張家花園路68號的椒園，現在原來的建築已經不見了，只剩下一堵圍牆和圍牆邊繁茂伸展的黃葛樹。重慶前文化局長王川平介紹說，文化部門為了保持遺址的風味，特地按照原來的樣子做出了一堵牆。兩扇斑駁的黑色大門，門邊的圍牆上鐫刻著一幅幅表現當年文藝工作者的畫作。特別珍貴的是我看見了一塊牌子，上面鐫刻著父親以群和其他前輩的名字：「1938年武漢失陷前夕，中華全國文藝界抗敵協會遷來重慶，設會址於此。中國抗戰大後方進步文藝界的著名人士郭沫若、老舍、茅盾、馮乃超、胡風、臧克家、葉以群、何其芳、

艾蕪、柳青、邵荃麟、聶紺弩、馮雪峰等多在此集會，舉辦各種活動。」

　　牌子上沒有提到名字的還有很多。當年父親主持「抗戰文協」的歲月裡，這棟臨街的樓房，如同一幢集體宿舍。兩扇黑漆門板裡面，是一個天井，一邊是國民黨元老廖仲愷的女兒廖夢醒住的樓房，另一邊一棟三層樓房，左手靠著樓梯的一間住著父親以群。二樓住著影劇界的劇作家和導演宋之的、史東山、葛一虹，三樓先是住著導演陳鯉庭、演員舒繡文，後來又有導演鄭君裡和作家徐遲等等。平日臨時到這裡投宿的文化人就更多了。作家沙汀從南溫泉回城，就擠進了父親以群的房裡與他合住了一段日子。當時沙汀也參加了「文協」的工作，同時，他還一邊寫著作品《敵後瑣記》。工作中的事沙汀多與以群商量，兩人朝夕相處，配合得很默契。沙汀有一段生活遭遇困難時，就給以群和巴金等主持出版社的朋友寫信，是他們預支稿酬幫助他度過難關。還有一次茅盾也擠進以群的小屋過夜，於是他們三人暢聊一夜，通宵達旦。在重慶的日子裡以群還和臧克家、艾青、徐遲等頻繁往來，在他們的印象中以群是最忙的人，裡裡外外做著很多聯絡上下的工作。他又是最會交際的人，有許多出版物過不了審查的關，都來找他，他通常都能幫助解決問題。

　　我在間歇性的小雨中探訪了張家花園的椷園，原重慶市政協人口資源環境建設委員會主任劉玲玲在我行前數週就步行近兩個小時，才在山坡上的人行步道上找到這個遺址。當天她陪著我上山，我走在規整的石階路上徘徊，試圖從這片同樣的空間中尋找歷史留下的訊息，劉玲玲在附近為我拍了許多照片，這些都是我此行最好的紀念，我非常感謝她的周到安排。

無法忘懷重慶大轟炸

我還知道抗戰期間，日本飛機對陪都重慶長達五年的大轟炸造成了許多生命的損失。當我在細雨中走在斜坡上的階梯上，我彷彿聽到不遠處朝天門和市中心的爆炸聲。當時受災最嚴重的就是解放碑一帶的市中心。胡風先生的回憶錄中就有躲空襲的詳細文字記錄。1939年5月，重慶的夏季雲開霧散，可是這也成了日軍選擇的轟炸重慶的季節，一天有時來襲數次，敵機一來全城便響起刺耳的防空警報。成人們帶著孩子急忙躲進家附近的防空洞。重慶到處是山，許多防空洞都在厚厚岩石下的山洞裡，有時在裡面一待就是幾個小時。洞裡像電車車廂一樣，面對面兩排木板架的凳子，中間空著兩公尺寬的過道，還有電燈。有一次忽然電燈熄滅，外面能聽到天空中飛機凌空的轟轟聲，還聽到高射砲射擊的聲音。等到走出洞外經常看見遠處燃起的大火，或是附近被打死的人們。

據不完全統計，在艱苦的五年中，日本軍機的轟炸次數達218次，出動飛機9000多架次，投彈11500多枚，炸死1萬人以上。市區大部分繁華地區被破壞。最慘絕人寰的是1941年6月5日，從傍晚起至午夜連續對重慶實施數小時轟炸。重慶市內的一個主要防空洞部分通風口被炸塌引致洞內通風不足，洞內市民因呼吸困難擠往洞口，造成互相踐踏，以及大量難民窒息，估計數以千人死亡。當天我在細雨中搭車經過了鬧市區附近的大轟炸紀念碑，彷彿依稀望見鐵絲網後的地下室裡掩埋了許多無辜的生命。

　　一到了冬季，重慶成天是霧氣茫茫，出門看不見五公尺遠的路，霧季倒成了重慶人最繁忙的季節，日本軍機無法前來轟炸。於是各地來的商人政客紛紛出門活動，轟炸時疏散到各地去的人們都回來了，文藝界開始舉行霧都戲劇演出，各種詩歌晚會，戲劇晚會都在城市裡熱鬧起來。那幾年的重慶霧季公演許多著名的抗戰話劇都是在市中心的國泰戲院上演。

　　我在重慶走了一些地方，都彷彿看見父親當年在重慶的足跡。他常去曾家岩周公館會見周恩來，茅盾在唐家沱和棗子嵐椏的住處他也時常拜訪。他曾經組織過茅盾五十週年祝壽、魯迅逝世十週年紀念會等一系列山城的文化活動，所有活動都在陪都傳播了抗戰文化。他的足跡遍布大街小巷，曾有作家記得去過朝天門附近一家破舊的小屋裡給他編的刊物送稿子，他還在張治中的「桂園」裡組織了毛澤東與文藝界人士的會面，詩人臧克家曾經回憶是以群通知他前去參加活動。

城市在歷史的變遷中脫胎換骨

　　那天在前往紅岩嘴的路上，沿著平坦的濱江路一路前行，一路上俯瞰嘉陵江兩岸景色，二十多分鐘就到了。劉玲玲自豪地告訴我，這條路正是她擔任重慶市供銷社主任時提案並籌資建設的。我曾在文友劉松的文章中讀到過關於濱江路的故事：「這條沿江公路，是在中央決定西部大開發的發展規劃下，沙坪壩區人大代表們建議修建的，小妹劉玲玲也是建議者中的一個。記得從沙坪壩到市中區的舊馬路，是沿著嘉陵江陡峭的山邊劈出的一條石子公路，以前夏天開車塵土飛揚，四面漏風的車窗擋不住外面

的骯髒空氣，乘客不僅擠得滿身是汗，滿肺泡裡吸進的也都是灰塵和汽油惡臭。遇到夏季暴雨沖刷，陡峭的山壁還會滑坡，堵塞公路。冬天開車坑窪不平，泥水四濺。」劉松特別記述了有一次帶著年幼的女兒坐車經過這條路去市區，行程中經不住劇烈的顛簸，女兒被摔出座位哇哇大哭的情形。我又不由得想到父親生活的陪都年代，或許甚至連正常的公車都不具備，他的每一次進出城都是長途跋涉，他的每一次進出重慶，去上海，去香港⋯⋯都是艱難的遠征。

　　沿著嘉陵江往上游去，沿江邊上就是重慶的名鎮磁器口。在上古的傳說中，當年大禹為疏通九河，將妻子塗山氏安置在嘉陵江畔的一處小溪旁，治水成功後，人們歌頌大禹的功績與塗山氏的賢德，便將此地稱為「慈溪口」。1777年清初戰亂，大量移民遷入重慶，鎮內原有的瓷器，依託水運日漸發達，遂成川東各地瓷器供應的重鎮。乾隆四十三年，重慶府在告示中第一次以官方公文的形式明確提到「磁器鎮」。1918年，本地商紳集資在鎮中青草坡創建了新工藝製瓷的「蜀瓷廠」遠銷蜀外。商人們漸漸將此地改為瓷器口。因「瓷」字與「磁」相通，又被叫成「磁器口」。

　　走在磁器口的街區裡，不僅能看見沿著起伏的石階一家連著一家的仿明清風格的店家，裡面販售著各種具有鮮明川蜀風味的零嘴小吃。一條石板路，千年磁器口，是這座古鎮的縮影和象徵，難怪「磁器口」在歷史上被讚譽為「小重慶」。當年磁器口邊的嘉陵江是一片開闊的水域，也就造就了一個繁榮的碼頭。重慶有一些歷史上傳統的職業至今已經消失：挑水夫、搬運工、轎夫和縴夫，從牛角沱到朝天門，沿江兩岸碼頭一個接一個，山上

居民要喝水靠的是挑水夫，重物上山靠的是搬運工，沒有腳力登山的市民或是病人上下山就要勞駕轎夫了，最辛苦的就是縴夫。舊社會縴夫死了沒人埋，穿戴也是最破爛。夏天拉縴，赤身裸體，一絲不掛；寒冬臘月，則是穿衲坨，戴頭帕，所謂衲坨就是經針線百衲，又隨著年年月月江水的浸泡分量逐漸加重的衣服，可以遮風擋雨，可是底下還是一絲不掛。我看到一幅畫，在山腳下江水邊靠肩扛手抬，身體前傾雙腳猛蹬的正是這數萬名生活在社會最底層的勞工們。慶幸的是隨著城市的發展，這些行業已經消失。

離開重慶的前夜，劉玲玲請來了她的好友前文化局長王川平，前物價局長苑魯在廣場賓館聚會，使我如同他鄉遇故知。聽這些新重慶建設的領導者們講述重慶的歷史和今天，使我終於在心中對這座古老的城市有了立體的認識，我在腦海中構築了一幅生動的重慶生活圖景。在廣場賓館的過道上有一組描繪重慶山城風貌的水墨畫引領著我登高臨遠：垂直的山城、疊床架屋的吊腳樓、古態盎然的黃葛樹、攀緣而上的挑夫們……記憶中的歷史碎片在此復原成完整的畫面，站在那片土地上，遠望著那條河流，仰望著那片天空，我卻看見先人們栩栩如生地向我走來。

新疆：帕米爾高原暢想

帕米爾古時稱蔥嶺，在漢朝與清代中葉，該地為「國境之西極」。這段艱難險阻的漫漫長路曾被行者視為阻斷東西方交流的屏障，可是它又是絲綢之路中線與南線的必經之路，也成了東西方文明交會的集合點。

　　跨越二萬公里我從洛杉磯來到新疆，新疆的5月是宜人的，春末夏初，花卉綻放，各色瓜果正期待著瓜熟蒂落。這片色彩斑斕，資源豐富的土地，我在中國生活了三十多年都不曾到訪。

走向高原

　　我從烏魯木齊飛到喀什——東方的麥加，那個被譽為不到喀什，等於沒有到新疆的地方。到達喀什的第一個行程，就開車直奔帕米爾高原。

　　帕米爾，古稱不周山。唐代玄奘在《大唐西域記》裡對帕米爾高原有所記載：「國境東北，逾山越谷，經危履險，行七百餘里，至波謎羅川。東西千餘里，南北百餘里，狹隘之處不逾十里。據兩雪山間，故寒風凄勁，春夏飛雪，晝夜飄風。地鹹鹵，多礫石，播植不滋，草木稀少，遂致空荒，絕無人止。」

　　元代馬可波羅曾在《馬可波羅行紀》中對帕米爾高原也有一番完全不同的描繪，顯然當年他涉足的帕米爾高原是它廣大幅員中的不同部分，也因此看見了另一幅景象：「⋯⋯登上峰巔，會看見一個高原，其中有一條河。這裡風景秀美，是世界上最難得的牧場，消瘦的馬匹在此放牧十日就會變得肥壯。⋯⋯這個高原叫帕米爾（Pamir），在上面騎行，整整十二天都看不見草木人煙，放眼處盡是荒原，因此行人必須攜帶其所需的足夠的食物。此地海拔很高，而且氣溫很低，行人看不見任何飛鳥。寒冷異常，點不起火來。」

　　帕米爾高原地跨塔吉克共和國、中國和阿富汗，海拔跨度4000-7700公尺。在全長7000多公里的古絲綢之路上，帕米爾段是

最艱險、最複雜的一段。帕米爾古稱蔥嶺，在漢朝與清代中葉，該地為「國境之西極」。這段艱難險阻的漫漫長路曾被行者視為阻斷東西方交流的屏障，可是它又是絲綢之路中線與南線的必經之路，也成了東西方文明交會的集合點。

我在高原上撿起幾顆小石子，陽光下它們顯得普普通通。可是我卻試圖想像它們所經歷過的千千萬萬個白晝與黑夜；千千萬萬個風雨交加、飛雪漫天，或是地動山搖的晨昏。每一顆小石子都有可能來自於雪山之巔，隨風雨加入了飛沙走石，來到我腳下站立的那片土地。從不勝寒的高處來到平坦的路基上，它們所攜帶的訊息又是什麼呢？

遠望布倫口白沙山

我們的汽車駛離喀什，奔上那條通往鄰國巴基斯坦的喀喇崑崙公路，又稱中巴公路。出喀什，過疏勒綠洲，汽車駛過一片紅石山，我們從車上下來稍事休息。紅石山與其它一系列青灰色的山比鄰而立，山谷間的平原上還有不大的綠地和高高的白楊和沙棗樹。紅石山因山岩中蘊含的礦物質在空氣中氧化而將整座山染成鐵鏽般的紅色。再往前行，帕米爾高原的群山就出現在眼前。進入蓋孜峽谷，就開始踏上絲綢之路蔥嶺古道了。

沿途時而看見路邊有一些正在施工的工地，道路正在加寬升級。蓋孜河水曾經奔騰咆哮，可是在我眼前卻已乾涸見底。成片的鵝卵石光溜溜的暴露在外，沿路的河床有些是平坦的，呈現自然的狀態，有些卻被翻了個底朝天。陪同的導遊說，這些都是前些年自發的採玉者，帶了設備和工具在河床上野蠻挖掘，從河底

尋找玉石所導致。以前在河裡隨處都可以找到包裹在各色石頭中的玉石。這些年幾乎不可能了。現在，政府已經下了禁令，河道裡再也不允許私自採寶。

邁向帕米爾高原的路越往前走海拔越高，由於行駛在高原上，依傍著懸崖，卻感覺不到會當凌絕頂，一覽眾山小的高度。道路兩邊的山勢時遠時近，清灰色的山在陰影裡顯得異常冷峻，時而又在陽光的輝映下顯出少許的暖色。

這是一片人的生存狀態極其艱難的土地，高原缺氧、礦產和玉石資源豐富，但是人們日常生活所需的物品卻極度缺乏。戈壁上寸草不生，草原上並不生長人們吃的蔬菜。高山上經常刮來刺骨的風，還時常發生雪崩、坍方等對人來說致命性的災害。當年在建造這條公路時，據史記載修築每一公里就有一人傷殘，每三公里就有一人犧牲。

當我們經過了一道又一道蜿蜒的山路，重巒疊嶂後露出了耀眼的冰峰，那就是世界著名的高峰之一公格爾雪山。公格爾海拔7719公尺，山峰呈金字塔形，據說攀登公格爾不亞於珠穆朗瑪峰。帕米爾是塔吉克語「世界屋脊」的意思，高原海拔4000公尺－7700公尺，高峰連著高峰，峰峰相接。帕米爾高原早在中國漢代就以「蔥嶺」相稱，因多野蔥或山崖蔥翠而得名。帕米爾高原由幾組山脈和山脈之間寬闊的谷地和盆地構成。這些山脈成平行的東北—西南走向。

遠眺山峰總是令人神往的，可望而不可即，站在遠處遙想山峰上的聖潔和高貴，是每一位觀山者最佳的審美距離。當我遠眺雪山，沿著蜿蜒的山路繼續前進時，忽然峰迴路轉，前方出現了一片寧靜的湖水，那不是海市蜃樓。湖水碧綠如鏡，低空中鳥

雲滾滾，可是所幸這些烏雲的縫隙間灑下的陽光照亮了平靜的湖面，湖水澄碧。在湖的對面，一座銀白色的白沙山在陽光的照耀下，成了這幅高遠而寧靜畫面的亮點。

我曾經攀登過敦煌的鳴沙山，那座山似乎比我面前的白沙山更高更寬闊。記得當時踏在沙山上如同腳踏鬆軟的土地，跨出去一步，又後退半步。站在帕米爾高原上，望著一湖之隔的白沙山，我想像著自己像20年前在敦煌時一樣，爬上了那座聚沙成塔的山，在沙山上暢想未來。沙山的形成是由於冬天湖水乾涸，氣流帶動湖底的沙子順著氣流堆積而成。如果湖裡的水永遠是滿盈的，沙山就會隨著沙子的流逝而逐漸萎縮。

玄奘曾經走過這條路

這座白沙山曾經在吳承恩的小說《西遊記》中出現過。書中所描繪的那位唐僧，也就是歷史上唐代的玄奘大師曾經走過這裡。年輕時讀《西遊記》，也曾經感嘆唐僧西天取經的艱難。可是那時的感覺是看人挑擔不吃力，反倒有某種莫名的羨慕。只有親自站在這片土地上，才可能最真切地體會到玄莊西天取經的艱難。他的西域之行體現了一種極度頑強的人的精神，更告訴世人追求真諦者的精神是何等堅韌。

當時玄奘面對市面上紛繁雜亂各說各話的佛教流派極為困擾，便下決心要去印度取得真經。他所要尋求的真經，也就是佛教發源時真正的原典，要看看上面是如何說的。為此他決心前往天竺（印度）求法。因得不到唐朝發放的過所（護照），始終未能如願以償。629年，玄奘毅然由長安私發，冒險前往天竺。當

地有個和尚叫慧威，他很同情玄奘，派弟子惠琳、道正護送他西行，他們晝伏夜行至瓜州（今甘肅省安西縣東）。玄奘在瓜州買到一匹馬，但卻無人相引，因為護送他的道正已回敦煌，惠琳已回涼州。這時有個胡人叫石磐陀，被玄奘收為弟子，他護送玄奘前往，但他最終也畏懼路途艱難，中途退縮。從此以後，玄奘一人進入一望無際的大沙漠，獨自前行，毫無畏縮。欲赴險途，卻沒有同道，如果是我可能就會在起點徘徊，甚至原路折回。可是玄奘卻不曾有過少許的遲疑。

　　玄奘經過高昌國（即現在的吐魯番）時，得到高昌王麴文泰的隆重接待，高昌王甚至想請他留在高昌國指導佛法。可是玄奘卻對高昌國王的挽留決絕地說：「我來到此地是為西行求法，今天受到你的阻礙，大王只可留下我的屍骨，我求法的意志和決心，大王是留不住的。」為了讓高昌王看見自己的決心，他甚至數天絕食，滴水不進。麴文泰被玄奘西行求法的決心所感動，只好放他西行。並為他提供了駱駝和人員物資。

　　離開高昌後，當時國門不開，無法正常出入，玄奘便混入饑民隊伍，闖出國境，又繼續沿著西域二十多個國家的國土，長途跋涉一年多，在異常險惡困苦的條件下，以堅韌不拔的氣概，克服重重艱難險阻，終於到達天竺。在天竺的十多年間，玄奘跟隨、請教過許多著名的高僧。

　　玄奘西域取經回國時沿著絲綢古道歸來，途經帕米爾高原，他在《大唐西域記》中記錄了一路見聞。在他的口述中我讀到的是山野的險惡和荒涼，難得到了幾個地方，可以看見一些寺廟（伽藍），和數十上百的修行者，已是十分難得。他所行之路，所到之地大多是人煙稀少，氣候極端惡劣的高原地帶。荒山野嶺

中川原隘狹，山嶺綿延；大流沙、聚散隨風；熱風起則人畜惛迷；或是人性獷暴俗多詭詐；或是容貌醜弊，衣服皮褐；……

　　腳踏草鞋的玄奘出行騎的是馬，而不是駱駝。馬走得顯然比駱駝要快一些，可是馬的身上駝著重物。他們翻山越嶺攀爬的只能是羊腸小路，那樣的路或是牧民和士兵，或是牛羊的足跡踏出來的。在海拔4千到5千尺高山缺氧的環境中攀登，可以想見他步履之艱險。走在深山裡，耳聞山間河谷的水聲，卻不知前方會不會有飛禽走獸攔路騷擾。風吹動了飛沙，帶起瀰漫的薄霧，卻不知，是否會掀起走石危及人畜的生命。更不知會否從山谷中殺出劫匪，不僅劫財，還要人命。曾經多少次，玄奘被同行的隨從拋下，沒有人願意一路相隨。玄奘始終不為所動，在沙漠和戈壁中踽踽獨行。也許，那時只有鞍下的馬能與他對話，在寒夜中互相依偎，傳遞溫暖。

　　他甚至記錄下當地一些老人講述的傳說：漢代曾有一個龐大的商隊趕著上千頭駱駝，背負著萬匹絲綢從中原而來，商隊踏冰河而過，到了山口處，突然遭暴風雪襲擊，在狂風席捲下，駱駝受了驚嚇四處狂奔，有的滾入懸崖，有的跌落河谷，龐大的商隊，霎時消失在一片白色的雪塵中。「昔有賈客，其徒萬餘，橐駝數千齎貨逐利。遭風遇雪人畜俱喪。」《大唐西域記》裡的這段記載，成了古今中外許多帕米爾旅行者熟悉的一則古老傳說。

親近喀拉庫勒湖

　　我們的車行駛了5個小時後終於到達了慕士塔格峰山腳的喀拉庫勒湖，而一側的公格爾山（7719公尺）是高原上的最高峰。帕米爾高原是亞洲大陸南部和中部地區主要山脈的匯集處，包括

喜馬拉雅山脈、喀喇崑崙山脈、崑崙山脈、天山山脈、興都庫什山脈五大山脈，五山聚頭，糾結在一起。造成了重巒疊嶂，此起彼伏的宏大氣勢。每年都有不少登山隊員不遠萬里來到高原上，覬覦雪山的聖潔和高貴，以生命的代價去挑戰山峰。

走出車首先感受到的是高原上的寒風，即便是盛夏，也讓人打個冷顫。湖不大，遠望對面就是海拔7546公尺的慕士塔格峰，因為我們所站的位置已在海拔4千多公尺的位置，所以並沒有感覺對面的山峰雄偉高大。倒是山巔上濃稠的白雪和直達天際的稜角，把天空拉低了。天空中翻滾著濃濃的雲，所幸是它們沒有遮擋住挺拔的山峰。「喀拉庫勒」意為「黑海」，距離喀什191公里，海拔3600公尺，湖深30公尺，總面積10平方公里，是一座高山冰蝕冰磧湖。這座山峰當地人稱之為「慕士塔格阿塔」「慕士塔格」意為「冰山」，「阿塔」意為「父親」，位於阿克陶縣布倫口鄉，山頂冰層厚100-200公尺，有「冰川之父」之稱。

在高原上有風就來雲，雲厚就下雨。我向在湖邊經營餐廳的塔吉克族先生詢問天氣，他說入夜就會下雪。我們的運氣真不錯，傍晚7、8點了還能看見陽光映照的湖面。喀拉庫勒湖只要沒有陽光，湖面上就是一片黑色。帕米爾高原對於我們是仁慈的，他依然把美麗的一面留給我們。

我走向湖邊，用手去感受清澈、冰冽的湖水，湖水下是細碎的石子，岸邊已留下太多人的痕跡。近岸邊的湖水並不深，我曾看見過照片，小夥子帶著姑娘騎著馬在湖水中徜徉漫步。

年幼時曾經看過一部電影《冰山上的來客》，故事發生在距離這裡不遠的地方。一山隔著一山，便形成了不同的世界。入疆不久的部隊和殘餘的敵匪在山間戰鬥。他們的哨所在數山交口之

處的冰峰上。一場突然其來的暴風雪竟然將站崗的戰士凍成了冰柱。那一幕過了幾十年都還清晰地印刻在記憶中。

還記得聽過新疆的民歌裡姑娘曾那樣唱過：甘願像戈壁上的流沙，任憑風暴帶到天涯海角。能由衷地唱出這樣的歌詞的女子需要有怎樣頑強的精神。站在高原上我才設身處地地體會到，要做一粒高原上的流沙太不容易了！

我站在波平如鏡的湖水前面，仰望冰峰，從手邊的湖水感受他的溫度，似乎設法在心靈中與他連接。因為黑水湖的水來自慕士塔格峰上融化的冰川。我試圖在冷冽的水中感受山巔上雪的溫度，感受高峰上的不勝寒。感受生存在高原上人們的極度艱難，可是牧民們依然視那片土地為家，並長期堅守著。

面對聖潔的慕士塔格峰，我忽然想起了來新疆之前在北京見到的中坤集團總裁黃怒波先生，他曾經登上了這座海拔7千多公尺的高峰，與他比鄰而坐同桌吃飯，曾問過他為何要去登山？他說他喜歡不確定性，喜歡挑戰，當然了，還是因為從小喜歡運動。每當走到山裡時是他最放鬆的時刻。反而回到大都市就感覺很躁。他說了一句玩笑話：我上一輩子一定是狼。

大自然是這樣循環的，冰川的水融化了，流下來形成溪流，溪流邊長出青草，牛羊順著溪流尋找青草，牧民們趕著牛羊四處放牧。一路走來，我沒有看見大片的草地，卻時而看見高原上的牧民趕著牲畜在光禿的路上走。或許河水也已乾涸，青草未見成長，這些饑餓的牛羊只能跟著主人翻山越嶺到很遠的山坡上去尋找食物。有時它們走走停停，在乾涸的溪邊吸水，尋找稀少的食物。而牧民們離開氈房就要跟著牛羊流浪千里，遷徙和游牧就是他們生活的常態。

矢志不渝的踐行者張騫

我曾看見一幅西漢張騫的出行圖，他坐於馬上行於荒漠，在望不到頭的高原上，率領一百多人從隴西（今甘肅一帶）出發，走上了西域出使之路。張騫是西漢時偉大的探險家，他以郎官身分應召，自請出使西域，也曾踏上了帕米爾高原。歷經13年，足跡遍及天山南北和中亞、西亞各國，為勸說大月氏等國共同抗擊匈奴。

儘管一路上時時提防外界對他們一行人的侵害，可他還是難逃厄運被匈奴擊潰，一百多人只有兩人倖存。張騫被抓獲，關押，被迫在草原上取了匈奴為妻，放牧為生。他臥薪嘗膽11年後，始終沒有忘記自己的使命。在終於獲得機會逃脫之後，帶著妻子繼續西行，翻越了帕米爾高原，到達中亞的大宛國，去踐行他的使命和理想。回程中他再度被匈奴羈押，再逃脫。距離第一次出行20年後，他再次走上了這條西行之路。張騫兩次出使西域，原定的任務都沒有完成，第一次企圖拉攏大月氏，夾擊匈奴，大月氏沒有應允；第二次拉攏烏孫，達到「斷匈奴右臂」的目的，也沒有實現。但他踏出的足跡對後來中西交通的開拓發生了積極而重大的影響。他開拓的路，後來就成了中國和西域的重要商旅要道—「絲綢之路」。

其實早在張騫西域之行前，絲綢就已經大量從東方轉運到了西方世界。在古代羅馬，絲綢製的服裝成為當時貴族們的高雅時髦裝束。絲綢因為來自遙遠的東方，所以價格昂貴，羅馬為了進口絲綢，流失了大量黃金。多少年來，不少研究者想給西域通商

之路起另外一個名字，譬如「玉之路」、「寶石之路」、「佛教之路」、「陶瓷之路」等等，但是最終都沒有能夠取代「絲綢之路」的名字。

張騫是一位矢志不渝的踐行者。我彷彿看見靜止的叢山峻嶺無言的目送著他走過高原間的山路，也許他們不曾想到他的路過，將會為中亞大陸開拓出一條政治和經濟往來的通道。也許從他第一次路過，之後要好多年，大山才能看見他回來的身影。但是對於山來說一萬年也許太久，10年、20年也就是彈指一揮間了。可是當他們看到一個年輕氣盛的張騫走過去，回來時已是鬚長過肩的中年人，再見到他時，已是一個鬚髮全白的老年人，它們或許會記住這位為了完成自己的使命而披肝瀝膽在所不辭的來自陝西的使者。張騫在危難中不失氣節，如梁啟超稱讚他「堅忍磊落奇男子，世界史開幕第一人。」

汗血馬的傳奇

史書記載，張騫從西域歸來說：「西域多善馬，馬汗血。」他所說的就是世界馬種中十分有名的「汗血馬」。自從張騫這一說，兩千年前在中國這種馬一直很有名，被神祕地稱為：「汗血寶馬」。這種歷史上最老的馬種，曾伴隨曹操、成吉斯汗、亞歷山大大帝征戰沙場，被譽為最有靈性的動物。傳說這種馬在狂奔後前脖部位會流出紅色的汗水，其中參雜著牠們的汗和血。

汗血寶馬（Akhal-teke horses）本名叫阿哈爾捷金馬，主要在土庫曼、哈薩克、烏茲別克等中亞國家繁衍生息，是世界上最古老、人工飼養歷史最長的馬種之一。

　　在烏魯木齊我有幸在出版社于文勝社長的安排下，參觀了「野馬國際集團」，得以有機會近距離地和「汗血寶馬」接觸。聽于社長聊起早年和陳志峰在一個辦公室做同事時的舊事，特別強調他是一個攝影的發燒友。也就是憑著這股熱情，陳志峰在中亞哈薩克等國做貿易生意成功累積了財富後，大手筆地投資在新疆文化的保護上。野馬國際集團會館展示給參觀者不同凡響的一番景象。在園區我首先被他親自航拍的一幅巨幅照片震撼，廣袤無垠的草原上萬馬奔騰，千姿百態。走進汗血寶馬飼養區，看著一匹匹黑色、棕色、深黃色的汗血馬在馬廄裡沉靜地站立著，鬃毛細緻，皮色閃亮。特別是那雙十分有靈性的眼睛，謙卑和寧靜地與我相望，使我彷彿感受到這種草原上精靈發自心靈的訊息。我撫摸著一匹深棕色的汗血馬，牠的頭上有一道自上而下漸漸變窄的白毛，使牠顯得雍容華貴。我輕輕地撫摸牠額上的棕毛，那樣精緻、細膩。牠靜靜地站立著，看著我。

　　「日行千里，夜行八百」是古代文學著作中對好馬速度和耐力的描繪。而當之無愧的恐怕只有汗血寶馬。經測算，汗血寶馬在平地上跑1000公尺僅需要1分07秒。並且汗血寶馬非常耐渴，即使在攝氏50度的高溫下，一天也只需喝一次水，因此特別適合長途跋涉。

　　與汗血寶馬的相會也許是此行中一次十分獨特的經歷。事後我才聽說汗血寶馬性格暴烈，牠們是荒原上的鬥士，而不是宮殿中的紳士，牠們在馬廄中沉靜的雍容狀態，是在養精蓄銳，正醞釀著奔騰千里的力量，我顯然被牠們嫻靜的外表迷惑了。這種名馬現在已經成為國家元首外交中的珍貴禮品，土庫曼已經多次向中國國家元首贈送過。

消失的城郭

從新疆回來，我翻開地圖，仔細查看我此行走過的每個地方，終於有了一個完整的概念。烏魯木齊、吐魯番、喀什、帕米爾高原……從新疆的中部向東南部、和西南部，然後又向南部的高原前進。

在天山的南部，我看見了一個熟悉卻又陌生的地名，樓蘭。此次新疆行，曾經聽多少人提起過這個名字，那是一個沙漠中的古代文明，已經消失了1500多年。彷彿那是西域一段輝煌的歷史。不過，唐朝時玄奘途徑該地時，也已只能看到荒蕪和空曠經年的城郭。不曾對那座曾經繁榮的城市留下深刻印象。

樓蘭的被發現具有某種偶然性，1900年3月，瑞典探險家斯文赫定（Sven A. Hedin）在屢次實現了橫穿塔克拉瑪干沙漠的艱難旅程後，沿庫魯克河東行尋找羅布泊。一天晚上，停下準備挖井找水時，發現鐵鍬，也就是坎土曼，一種當地牧民用於屯墾的工具，被遺忘在前一天晚上住過的地方。人畜都急於用水，必須盡快找回坎土曼。於是斯文赫定派羅布人僱工奧爾得克去尋找。第二天，當奧爾得克帶著坎土曼回來時，還帶來了一個驚人的消息，他在遺落坎土曼地點的附近，發現有破損的房屋、有許多裝飾精美的浮雕木板和古錢，而顯然這些物品不是一般的平民家庭所擁有。這個偶然發現引起了斯文赫定極大的興趣，他十分希望原路折回去看個究竟，可是勘探隊所帶的用作水源的冰塊和食物都不允許他們在沙漠中久留，遠方的風暴也已蓄勢待發。他只能望著遠方那座或許是他久尋的城郭許下諾言，明年再來。第二年

3月，斯文赫定重新回到這片沙漠，終於發現了埋藏沙漠下沉睡了1500多年的古城遺址。

這次我沒有機會尋訪樓蘭古城，卻有機會去了吐魯番的交河故城。當我跨越了曾經是一座吊橋造成的故城的門戶，走上鋪上木板的行人棧道，眼望兩邊淺黃的土路，和荒地上一座座頹敗的斷壁殘垣，在寂靜中我感受到了歷史的久遠和沉重，那裡曾是世界上最大、最古老的生土城市，是全中國唯一一處保存有漢代城市遺址的文物遺址，是世界著名的研究古代城市的僅有標本。故址分布於一個柳葉形的孤島臺地上，周圍有深約30公尺的河谷環繞，建築遺址面積約38萬平方公尺，四周崖岸壁立，形勢險要，易守難攻，建於西元前二世紀，十四世紀毀於戰火。

當我走在交河故城廢墟上的時候，那個據說是曾經住過數千人的城市只剩下輪廓。土石建築的屋舍遍布城郭，甚至有一個區域埋葬了200多個嬰幼兒的屍體。大漠上的風一陣緊似一陣，即便是5月的初夏。

據考證西元前二世紀以前，姑師人已經在此居住，西元前108年至西元450年為車師前國的都城。西元450年至西元640年歸屬高昌郡、高昌國。西元640年至西元九世紀初歸屬唐朝交河縣，西域最高軍政機構——安西都護府一度設在這裡（西元640年－西元658年），九世紀中葉屬高昌回鶻管轄，十四世紀末毀於戰火。我忽發奇想，玄奘西域之行經過高昌國時，並被國王挽留，就是在離那裡數小時車程之外的高昌遺址，何其相似的地形地貌。

從空中俯視，交河故城像一片大柳葉。這座古城傳奇之處，是整座城市並不是向上蓋房，而是在一個黃土高臺地上向下挖

掘，挖出街道、房屋建築，挖出整個古城。為什麼古代車師人要
這麼建設自己的家園？

　　交河故城和樓蘭有沒有相似之處我不得而知，但是他們都早
已在文明高度發達的今天，以歷史遺址的面貌呈現在世人面前。
交河故城最終在戰爭中被損毀，而樓蘭究竟是什麼原因淪為廢
墟？至今也沒有明確的答案。有人認為是戰爭的破壞，有人認為
是絲路改道所致，有人認為是氣候變遷的結果，也有人認為是塔
里木河改道，斷了水源，眾說紛紜。戰爭和自然的變遷在時間的
長河中不斷地改變著大自然的地貌和人類的歷史，在新疆這片古
老、廣袤無垠的土地上我真切地看到了，感受到了這種斗轉星移
的變化。更高文明的發展，是不斷變革和創新的結果。尤其在昔
日的西域這樣自然資源豐富，同時又是自然和人文環境充滿變數
的地域，人的生存始終面臨著極大的挑戰。文明的建立奠基於血
腥的爭鬥，文明的發展卻依賴於思維的創新。很高興看見喀什，
這樣一座歷史久遠的古樸都市，今天已經建立起了通衢大道，展
現了共和國最年輕經濟特區的嶄新都市面貌。

　　帕米爾高原是一條考驗行者意志的路。年輕時我曾踏上前
往嘉峪關和前秦的輝煌之路─敦煌的戈壁，探訪了莫高窟。人到
中年時，我有幸來到了先賢們艱難求索的高原之路─張騫被囚十
年，依然不忘自己的使命；玄奘萬里行路取真經，堅韌地探尋信
仰的真諦。他們跋涉在這片古老的土地上時，心中揣著夢想，身
體上卻承受著種種磨難。孟子之言：「天將降大任於斯人也，必
先苦其心志，勞其筋骨。」在他們身上得以生動體現。帕米爾高
原帶給我勵志的勇氣和激勵。這份情懷只有在充滿傳奇的新疆才
能擁有。

西安：古城遙想

「文革」時期，一位叫楊志發的農民在自己的土地上挖井，一鑷頭挖到了一個陶俑的脖子口上，再往下挖，陶俑的肩膀和胸部就出來了……這是他挖出的第一個陶俑，後來確認這是一個武士俑。秦始皇的陪葬坑──兵馬俑就這樣被發現了。

「要了解中國的近代文明就得去北京，要了解中國的現代文明得去上海，而要了解中國的古代文明卻只有去西安了。」這是作家賈平凹在《老西安》裡的一段話。很湊巧這三個城市正是我此行中國到訪的三個城市。尤其是西安，我是第一次來。這個承載了十三個王朝5000年文明史的歷史古都為我展開了絕妙的一幕。

遍地是英靈

站在位於西安市中心的鐘樓上，可以環視四通八達的繁華街道，如同立足於一個中心，目光輻射向四面八方。這種視覺上俯瞰的感覺，不就是西安這座古老城市曾經在歷史上的顯赫地位嗎？我和評論家常智奇兄登上鐘樓時已近黃昏，夕陽西斜，站在飛簷闊展的城樓上，穿越高大的圓型廊柱，從不同視角眺望這座城市的宏大格局，車水馬龍，氣派非凡。

在這座城市，如果你往郊外走，不論向東向西，還是向南向北，不經意間都可能與古人、名人、帝王們的陰間地府擦肩而過。有些當地的村民，無意間就和這些先賢的遺物撞了個滿懷。

「文革」時期，一位叫楊志發的農民在自己的土地上挖井，挖到第三天奇蹟就出現了，他一钁頭挖到了一個陶俑的脖子口上，再往下挖，陶俑的肩膀和胸部就出來了……這是他挖出的第一個陶俑，後來確認這是一個武士俑。秦始皇的陪葬坑——兵馬俑就這樣被發現了。

扶風縣莊白村的村民們在田間勞動時，突然發現地面裸露出一個洞口。結果在洞穴發現了西周時期周公廟遺址的青銅器窖

藏。窖藏共出土青銅器103件，其中鑄有銘文的青銅器有74件。這些青銅器屬於一個叫做微氏的家族窖藏。

也是在扶風縣，法門寺地下珍寶的發現是在古塔的突然倒塌之後。修復倒塌的千年古塔，卻不經意間移動了地下的一塊石板，石板下的珍寶便赫然出現。裡面盡然深藏著釋迦牟尼的指骨舍利……

西安和周邊地區遍地是皇陵和古蹟，秦皇陵、昭陵、武則天無字碑等等數不勝數，隨處可憑弔，遍地是英靈。唐朝一共有二十一個墓，只有三個不在陝西，其他十八個都在關中，簡稱「關中十八陵」。

古城牆遙想

也許正因為地下有這麼多英靈圍繞，所以說西安是一座陰氣頗重的城市，或許月光輝映時是它最令人神往的時刻。據說作家賈平凹寫作時，常喜歡在夜靜更深時登上古長城眺望四野。那會是一種什麼樣的感覺？他的視網膜上會映現怎樣的印象？記得看過一部美國電影《博物館驚魂夜》。一過午夜，所有的館藏人物和動物都活了過來，在博物館裡上演了一幕幕人生大戲。如果午夜之後，在西安的夜空下，以古長城為背景，上演的歷史穿越大戲，又如何會不精彩？

昭陵中的一代明君李世民開創了盛唐的「貞觀之治」，消滅了割據勢力，厲行節約的國策，國泰民安。還有武則天，治國有方，但又嚴厲異常。他們倆人聚談國是，不知英雄所見能否略同？

美艷動人的楊貴妃的出現或將掀起娛樂記者們的一陣騷動。

這樣的絕色天香會成為次日的頭條，特別是她的緋聞更具有石破天驚的爆炸性。皇帝的寵幸，最終卻落得一個賜死的結局，危難時被賜白綾一條，縊死在佛堂的梨樹下，怎不令人唏噓。這樣的故事也可編撰不少花邊新聞。

大雁塔裡挑燈夜戰的玄奘，從層層疊疊的佛經上抬起頭來稍事休息。今人或許不能夠理解他的矢志不渝，為何受那麼大的體魄之苦去西域取經，回來了又將餘生全部傾注在艱深的翻譯上。大雁塔外花前月下清茶一杯，談天說地，何不瀟灑？面對時下流行，可想見他會感嘆：世道不同，人心浮躁，阿彌陀佛！

可是還是會聽見西安東郊的洪慶堡傳來的儒生的哀嚎，他們在那裡被秦始皇活埋，成為「焚書坑儒」的受害者，有來生他們還願意做一介書生嗎？還有兵馬俑一帶的陪葬女，他們為始皇帝之死被活埋陪葬，隱姓埋名無人知曉。光宗耀祖的是出土後成雕像方陣矗立的兵馬俑。而陪葬女們早已成為冤魂，即便再度投胎，也必定遠走高飛。……

我登上西安古城牆，體會它的高、厚、綿延，感受它的宏闊和壯偉。我曾經在北京八達嶺攀爬過長城，也在山海關老龍頭看長城泥牛入海，更在甘肅嘉峪關靜享荒漠中長城的孤獨。西安的古城牆是最熱鬧的，它穿越市區中心，與市民的生活日日相伴。

據史載：「鯀築城以衛君，造郭以居，此城郭之始也。」早在4500年前，城牆作為傳統的防禦設施，伴隨著城市同時產生。有3100年建城史的長安，歷代都修築城牆。無論周朝的灃、鎬，還是秦時的咸陽，漢代的長安，都曾築城以衛君，造郭以居。

西安城牆是明朝初年在明太祖朱元璋「高築牆、廣積糧、緩稱王」的倡導下，在唐皇城的基礎上建成的。以防禦為戰略主

旨，建築穩固如山。城牆牆頂上可以跑車和操練。城牆周圍布置了包括護城河、吊橋、閘樓、箭樓、正樓、角樓、敵樓、女兒牆、垛口等一系列軍事設施。而現存的這座古城牆，始於隋唐，明時重新修築，上世紀八十年代以來全面整修。

賈平凹在《老西安》一文中寫道：「老西安到了二十世紀二三十年代，已經荒廢淪落到規模如現今陝西的一個普通縣城的大小。在僅有唐城十分之一的那一圈明朝的城牆裡，街是土道，鋪為平屋，沒了城門的空門洞外就是莊稼地、胡基壕、蒿丘和澇地，夜裡有貓頭鷹飛到鐘樓上叫嘯。」斗轉星移，《老西安》描繪的景象已經成為久遠，如今一個興旺的現代都市站立起來。

在古城牆下，常兄帶我走進了小巷中的文化街。街是青石板鋪成，兩旁的店鋪都是仿古建築：賣湖筆端硯的，賣名人字畫的，賣古籍的，……每家店鋪都頗具古風，又不離時尚。叩開一扇門，走進了炎黃畫廊方圓不大的天井，滿牆滿眼是中國傳統書畫作品。炎黃畫廊的主人，黃昕美術館藝術系總監強剛先生是常先生的朋友，一個憨厚的年輕人，言語不多，卻熱情好客。

國學大師吳宓將陝西人的性格特徵概括為：倔、強、硬、碰。我倒是從面前幾位陝西老鄉的交流互動中體會到了彼此之間友情的真率、可靠和默契。他們在一起抽菸、喝濃茶、用道地的家鄉話嘮嗑。我特地為常先生和剛強以及帶我們一路參觀的司機照了一張相。都是陝西人，不同的氣質，體現出的卻是同樣的待客之熱情。

見我是常先生的好友，剛強也不多言語，就哼著小曲興沖沖地上樓去，轉眼下樓，手裡捧著的件件都是他的寶貝。展開第一件，是陝西省名作家賈平凹的墨跡：「嘉祥延集」四個大字。在

裝幀的信封上，平凹還特地以剛強的名字為題，題寫了詩句：剛正江畔石，強勁山口風。緊接著，剛強又展開一副高1.65公尺的碑拓，一棵甘棠樹枝繁葉茂，蓬勃舒展著肢體。這是一幅享有盛名的碑拓《召伯甘棠圖》。

甘棠是西周時召公采邑內（封地）一棵珍貴樹木——棠梨樹。因為召公一貫奉行文王、成王及周公的德政，深得百姓愛戴。召公死後，人們把甘棠樹作為召公勤政愛民，施行德政的美好象徵，作詩詠頌，加以紀念。

這一碑拓匯集書法、繪畫、考古為一體，是古今罕見文圖並茂、相得益彰的藝術珍品。中外收藏家和書法、美術界專家、學者、愛好者曾以收藏此拓品為一大幸事，但這一碑拓長久以來封存館內，民間已較少見，被視為寶貝。剛強將這些寶貝送給我，我受之有愧，感激萬分！

法門寺傳奇

遊西安的第三天，常先生精心策劃，冒著高溫陪我去了距離西安市區較遠，位於扶風縣的法門寺。法門寺因釋迦牟尼佛的真身舍利出土而成為佛教聖地，既然到了西安又豈能錯過。

去法門寺的路上常先生說約了當地的兩位作家陪同參觀。到了法門寺門口，《扶風文藝》主編畢林飛先生和農民作家張天福已經在那裡等侯。張天福是一位頗有名氣的農民作家，他遞上一本由常先生作序的文集，我拿在手裡感覺頗有些分量。

午餐時和張天福比鄰而坐，他囑我給他們的刊物題了幾句詞。我則稱他為扶風縣的賈平凹。我從他憨實的態度上遙想著這

次沒有見到的賈平凹走出商州時的模樣和儀態。

回酒店讀了陳天福的小説才了解到，他是在法門寺附近長大的，雖然當時與法門寺隔著一條河，可是那裡的風風雨雨他都耳聞目睹。可是他是個善良的人，在來客面前從不提不好的過去。

記得他的小説中有一段寫到和妻子談戀愛時隔著一條溝，那時溝上沒有橋，來去只能踩著溝裡的石子。為了這個原因，雙方父母還以「隔山不算遠，隔溝不算近」為由不同意他們的戀愛。後來溝上造了美水橋，人的交流自然就方便了。一直到法門寺寶塔地宮中的寶藏發現後，在原來的美水橋上造了更宏偉的一座橋，也稱美水橋，他陪著我們跨過那座橋，走進了法門寺。

法門寺門前有一尊巨大的代表著長壽與吉祥的烏龜雕像。步入大門，是簡樸整潔的庭院。可是我沒有想到在如此寧靜的佛門聖地，歷史上曾經發生過極其慘烈的一幕，五十年多前在這裡發生的慘劇，以紅衛兵野蠻的破壞開始，以主持法師的自焚結束。

在法門寺的歷史上，人們永遠記著三位赫赫有名的大法師：第一位是唐代的惠恭大師，第二位是金代法爽和尚，第三位便是中華人民共和國時代的良卿法師。他們都是在法門寺舉火自焚圓寂，為法門寺留下了千古絕唱。可是他們的自焚又是發生於迥異的時代和境遇，抱持著截然不同的赴死的心境。

唐代的惠恭大師和金代的法爽和尚，都是在佛門已經修行到了最高境界，然後積火自焚，煉出舍利，以身獻佛。良卿法師卻是在文化大革命中以自焚的壯舉震懾紅衛兵的暴行，達到保護佛門珍寶的目的。如果說西安土地上的珍寶歷史上無數次被偷被盜，已造成難以彌補的損失，那麼那批紅色暴民的衝擊將更具毀滅性。

　　良卿（1895-1966），俗名戚金銳，法名永貫，河南省偃師縣人，清光緒二十一年（1895）四月十三日生。曾先後主持普陀山文昌閣、寧波觀宗寺、上海福緣寺等名寺，於1953年到法門寺任住持。1966年「文革」發生時，衝進法門寺的紅衛兵，不知他們年輕的腦袋中何來如此的忽發奇想，將日常生活所耳濡目染的輿論宣傳隨處嫁接，要在佛祖的安息之地挖出祕藏的蔣幫電臺。他們先在寺廟中隨意敲砸，又踩踏著碎裂一地已成廢墟的古物向寶塔進攻。他們在塔基下瘋狂地挖掘，企圖掘開通向地宮的通道。

　　良卿法師並不清楚地宮下究竟有什麼物品，但是他清醒地意識到先人流傳下來的珍藏一定有其獨特的歷史價值，他不能讓眼前的慘象進一步無限制的發展。天底下似乎已經沒有任何力量可以阻止以革命名義進行破壞的暴徒，唯有以他的老弱之身做驚世之舉方能給以震懾。

　　良卿法師拖著疲憊的腳步，回到方丈室，從一個樟木箱內，取出了代表寺院主持方丈尊嚴與權威的五色木棉袈裟，將它披在身上。平時這件袈裟只有在莊嚴的大法會上才會使用。隨後他來到大殿的香案前，大殿裡的釋迦牟尼佛像已被砸得碎裂一地，肢體不全。他將大殿內平時用於照明的一小桶煤油，淋在身上，並從香桌上取了盒火柴，往殿外走去。

　　隨後他又到柴房抱了一小捆柴草，來到寶塔旁，將柴草鋪在地上。此時已雨過天晴，良卿法師望著寶塔，口中念著佛號，在柴草上坐定，他十分依戀地望了寺廟最後一眼，毅然嚓著了火柴，點燃了柴草。

　　柴草迅速燃燒起來，火苗竄上了浸泡了煤油的袈裟，瞬間烈焰纏緊了良卿法師的身體。我曾看到一幅良卿法師自焚的照

片，當烈焰在他身體周圍飛舞起來時，良卿法師身體堅挺，腰桿筆直，頭顱高昂，目光堅定地望著前方。臉上沒有絲毫畏懼和痛苦的怯懦，卻顯得那麼神聖和威嚴。良卿法師以死相爭，時年71歲。也正是良卿法師的壯烈之舉震懾了紅色暴力，保住了法門寺地宮中的寶藏，其中就有日後發現的釋迦牟尼佛的真身舍利。

　　面對良卿法師自焚護塔的悲壯行為，紅衛兵們嚇得目瞪口呆。法門寺大法師被逼死了的消息，迅速在周圍的村鎮中傳開，良卿法師的信眾們難抑憤怒的情緒，紛紛舉起鋤頭、棍棒，湧向法門寺，向逼死老法師的人討還公道。紅衛兵們落荒而逃。

　　法師焚身數日後，他的弟子張政華居士（紹祥）不避危險將良卿法師的遺骨送到賢山寺交靜一裝藏。靜一又交給白龍村吳七老居士轉送至長安終南山上天池寺安葬。1994年，法門寺在中觀山建造了普通塔院及歷任高僧靈塔，靜一率來正等迎取良卿法師骨灰回寺供奉。1997年農曆7月12日，良卿自焚殉教三十一週年，法門寺舉辦良卿法師靈骨入塔法會，如法供奉良卿法師遺骨入塔，供後人千秋萬代永遠紀念

　　劫後餘生的法門寺經歷了「文革」的動盪，經年失修，在1981年8月24日子夜，在雷電和暴雨中，一聲轟然巨響，屹立了372年的法門寺真身寶塔突然崩塌。如同被雷電劈去了一半，東北邊的巨塔倒塌，剩下西南邊的還倔強地矗立著。後來在重修寶塔時發現了地宮，在沉寂了一千一百十三年之後，2499多件大唐國寶重器，簇擁著佛祖真身指骨舍利重回人間。1987年5月5日至12日期間從地宮中共發現四枚舍利。其中兩枚為白玉所製，另一枚為一高僧的舍利。這三枚都屬於「影骨」，和「靈骨」放置在

一起是為了保護後者。「靈骨」色黃而有似骨質的顆粒分泌物，經專家鑑定，這一枚就是真身佛骨。法門寺也隨著真身舍利的出土而成為佛教聖地。

那時距離良卿法師自焚護法已經二十一年。可是沒有人會忘記，如果不是良卿法師的捨己英勇行為，這些珍寶也許早已灰飛煙滅於「文革」的熊熊烈火中。我在西安不僅看到了古代文明的輝煌，更看到了這些文明的結晶在現代社會蛻變中經歷的磨難。這些倖免於難的珍寶，現在安放在布置典雅的珍寶館中，向參觀者展示著不凡藝術價值的同時，始終也在提醒著人們，文明的延續是多麼艱難，多少志士仁人為了保護遠古的文化奉獻了自己的生命。

滄州：滄海之州故事多

單橋橋面上赫然刻印著兩道深深的車轍，那是皇帝南巡的車隊留下的？還是軍旅輜重在石板上碾壓出的刻痕？有什麼比石板更堅硬？卻有更堅硬的車輪使石板深凹下去。經歷了幾個世紀，世紀的風雨依然抹不平橋面上深深的刻痕。

　　為了參加當地盛大的閱讀日活動，我來到了紀曉嵐、張之洞和馮國璋的故鄉滄洲。滄洲地處河北，比鄰山東省，一馬平川，東眺渤海灣，京杭大運河橫貫南北。

　　見到滄洲的朋友，口邊常掛著的一句話：你們要為滄洲平反。原來滄洲素來背負著林沖流放之地的惡名。常人一聽說是林沖的流放地，想到的就是荒涼、偏僻、天高皇帝遠。林沖是《水滸傳》中的人物，他本是八十萬禁軍的教頭，武功超群，卻被以莫須有的罪名發配到了滄州。流放之路也是驚險不斷，路經野豬林，差點被暗算，虧得魯智深及時相救讓他逃過一劫。後來在滄州看守草料場，又遭暗算，差點葬身火海。後來林沖奮力突圍上了梁山泊，成為了梁山好漢之一。而林沖離開滄洲去的梁山水泊就在臨近的山東西南方。

　　事實上滄洲歷史上並不荒涼，並不偏僻，皇帝也曾幾次巡視經過該地，還留下墨寶。那裡不是西伯利亞，也不是北大荒。那裡是盛產石油和海鹽的華北平原。

站立了五百年的單橋

　　滄洲作為中國的地級市，轄管八大縣。驅車往東來到獻縣，白楊樹掩映中赫然看見一道古橋橫在滹沱河上。《山海經》記載：「大戲之山，滹沱之水出焉。」滹沱河源在山西繁峙縣東大戲山，委婉曲折，最終直達渤海。聽說過河北省趙縣的趙州橋，人稱天下第一橋，卻沒聽說過這座單橋的名字。單橋全部由青石板建成，走在9.6公尺寬，可以雙向行駛車輛的石橋上，最震撼的是腳下觸摸到橋面上的坎坷不平。一方方青石板拼接成的橋

面，經歷將近五百年歷史滄桑，一平方大小的石板龜裂了，折斷了，邊邊角角融化在百年的泥塵中。如同羅中立的油畫《父親》中見過的那位皮膚布滿皺紋的老人，眼睛那麼慈祥地看著你，刻滿鄒紋的肌膚卻帶給你深深的視覺震撼！尤其是橋面上赫然刻印著兩道深深的車轍，那是皇帝南巡的車隊留下的？還是軍旅輜重在石板上碾壓出的刻痕？有什麼比石板更堅硬，卻有更堅硬的車輪使石板深凹下去。經歷了幾個世紀，可是世紀的風雨卻抹不平橋面上的深深刻痕。

據史記載：石橋始建於明崇禎二年（1629年）橋身長69公尺，橋面寬9.6公尺。2012年，單橋被世界紀錄協會認定為世界上最長的不對稱石拱橋。單橋位於獻縣，在明代時那裡是南北交通要道上的驛站，既是戰時屯兵駐紮之地，也是帝王出巡的必經之路，又是仕宦官僚交糧納貢的要道。封建時代皇帝出巡所走的大道稱為御路，修建御路是逢山開路，遇水搭橋。滹沱河不客氣地橫亙在御路必經之路上，造成了極大的不便，修橋勢在必行。

可是這樣一座重要的橋，最初的修建，經費並不來自官方，而是民間人士募集的善款，積少成多。建橋的功德碑上記載：「臨河三角人冉公聘捐銀三拾兩，置買瓦罐一萬個，布施於本橋附近鄉村善人。時各家欣領罐壹個，每月積盆頭米壹罐，外鹽菜錢壹文，果聚少成多，於橋工大補。冉公乃善人之領袖，實第一之功德，故勒碑以永誌。」原來善款透過各家捐米，然後把存的米拿去換錢，透過這樣籌集經費。

為了修橋，石橋會在山西太行山買下一個山頭，在當地僱傭石匠開山取石，按照設計師劉尚用的設計加工石料。大量的石料

從陸路運太多不便，便走水上。主事者找了熟人，有船來就捎帶一些。

　　單橋下大小九個拱，橋上呈現東西雕龍望柱72根，上雕18個龍頭，還有各種石獸、雄獅和美猴。當地民間流傳著「三千獅子六百猴，七十二通蛟龍碑」，讚美的就是單橋上的明代雕刻珍品。我細看了橋面柱子上樹立的獅子，每一尊的姿勢和神態都不一樣，個個充滿動態，生機勃勃。

　　康熙、乾隆南巡曾多次經過單橋，奔山東德州轉入運河。康熙就曾經過三次。到過單橋的名人也真不少。紀曉嵐離開京城去福建任職，經過單橋，轎夫腳下失足，將他摔出轎外，重重地跌落在橋上的石板上。紀曉嵐帽子也歪了，臉也腫了。不過他還幽默地作了一首打油詩：「失足尋常事，疲癃不汝嗔。忍饑今幾日？我是故鄉人。」

　　單橋既滄桑，卻華美。橋上62塊欄板，共計72幅雕圖，盡顯明代繪畫雕刻藝術的神韻，內容包含人物、神話故事、歷史故事和動物瑞獸。建橋高士劉尚用，古稀之年率領著大部分橋工參加了李自成的起義軍，他死在戰場上。另一位被稱為活魯班的王金，曾協助劉尚用設計單橋，卻不願意做大明的叛逆，在石橋附近氣絕身亡。這是題外話。

《詩經》傳承者毛萇叔侄

　　離開單橋，繼續往東行進入河間縣，來到《詩經》傳承者毛萇公的墓地，黃土之上赫然看見兩人多高的石碑，上寫漢博士毛萇公之墓。墓碑後聳立著一個圓形墓，「文革」中造反派破

四舊，平了毛公墓，裡面恐不會再有遺骨留存！2005年新立的墓碑，墓碑頂上雙龍盤旋，側旁還有一個無字碑，那裡才潛藏著真正歷史的訊息。我特地站在那裡留影，用手指觸摸石板，感受歲月的久遠。

追根尋源，中華文學始發自《詩經》，西元前212年，秦始皇焚書坑儒，幾乎將孔子精心建立的文化體系徹底摧毀。但要滅絕文化卻並不容易，灰燼中總還有殘存的星火，戰國末年魯國人毛亨就是一位終將星星之火燃旺的傳承者。他早年跟隨儒家代表人物荀卿學《詩》，素以研究《詩經》聞名，深得其精傳，在文化大滅絕時代，他就是那個自覺的文化保護者。毛亨的侄子受叔父的影響，繼承了詩學的真傳。

秦始皇統一六國後，亡國之恨激起了六國遺民的怨恨。加上春秋戰國「百家爭鳴」的思想餘波，對秦不滿的言論仍在社會中流傳。秦始皇採納丞相李斯的建議，下令禁止儒生以古非今，頒布民間有私藏《詩》、《書》和百家書籍者族誅的法令。「挾書律是秦始皇在進行焚書時實行的一項法令：「敢有挾書者誅」，對收藏違禁書籍的人處以滅族的酷刑。「挾書律」和「焚書令」，都是文化專制思想的嚴厲法規。秦朝強力推行的「挾書律」是一種文化專制法令，雖然維護了當時的思想專制，但是物極必反，「防民之口甚於防川」，最終秦朝還是葬身於自己的暴政所引起的反抗中。

據傳，孔子刪定《詩經》後傳給弟子子夏，子夏傳曾申，一直傳下來，傳到毛亨。一道「挾書律」導致的毛氏叔侄的流浪，毛亨出逃時將《詩經》熟記於心，與侄子毛萇一起舉家北上，逃離故鄉邯鄲。他們離鄉背井來到了人煙稀少的趙國北方武垣，也

既是現在的河北省河間市。直到西漢王朝初期，仍然延續著秦朝的制度，「挾書律」仍被執行。在黑暗的歲月中，毛亨和毛萇嘗膽臥薪，埋沒鄉間，過著日出而作，日落而息的農民生活。

一直等到西漢第二位皇帝劉盈廢除了秦朝實行的「挾書律」。毛亨才做了《毛詩詁訓傳》傳給其侄毛萇的。得到親授的毛萇開始擇日設館講經了。今河間詩經村西北面三里處的君子館村，據稱就是當年毛萇講經的地方，人們一直尊稱那個地方為「君子館」。而《詩經》曾有魯、齊、韓、毛四家傳《詩》者，魏晉以後，魯、齊、韓三家《詩》先後失傳，只有《毛詩》流傳下來。

我彷彿從泥土的原色中看見大暴風來臨時，為了文化精髓的傳承，微小如種子的人們，拋家棄鄉，走上異鄉僻壤的土地，將自己深埋在土壤中，不知道何日始獲甘霖，卻依然頑強的堅守著自己的生命，因為自己的存在，就意味著文化的傳承。這樣的文化人精神可歌可泣！

在河間結識了前文化局長田國福，他收藏了各個時代的《詩經》版本八千餘冊，被評為收藏《詩經》之最，自號「詩經齋主」。一路聽他介紹毛家叔侄的傳奇故事，倍受感動。如果沒有毛萇公對《詩經》的保存和整理，後世就斷了這條文脈的淵源。回看中華民族的宏大歷史，獨裁者的殘酷統治和子民們頑強的抵抗從不間斷，中華文化曾經多少次面臨文脈斷流的危機，可慶幸的是中華民族中總不乏毛亨叔侄這樣的堅韌不屈的文化捍衛者，不為名，不為利，為自己堅定的理念，為中華民族保留了火種，薪火相傳，才使得五千年文明得以綿延。這是河間之行最讓我刻骨銘心的記憶。

滄州鐵獅子「鎮海吼」

　　一路上聽馬來西亞華裔作家戴小華女士講著一隻鐵獅子的故事，她是滄洲人，對家鄉感情深厚。看到一幅二十多年前的照片，青春美麗的小華伸出右手，手掌上托著一隻鐵獅子，身後是綠意盎然的農田。這是滄州土地上柔美與力量絕妙組合的一個畫面。

　　滄州鐵獅子位於滄縣舊州鎮東關。體型龐大，恢弘威猛的雄壯氣勢不愧其獅子王的美譽。清代李雲崢在《鐵獅賦》中讚歎其威武雄姿時寫道：「飆生奮鬣，星若懸眸，爪排若鋸，牙列如鉤。既猙獰而躑躅，乍奔突而淹留。昂首西傾，吸波濤於廣澱，掉尾東掃，抗潮汐於蜃樓」。

　　滄州鐵獅子坐落於原開元寺前，背負巨盆相傳是文殊菩薩蓮坐，獅身向南，頭向西南，兩左腳在前，兩右腳在後，呈前進狀，據北京科技大學2001年4月的測量，鐵獅現身長6.3公尺，體寬3公尺，通高5.5公尺，重約40噸。是世界上最大的鐵鑄獅子。

　　鐵獅子的牙周及頸項右側有「大周廣順三年鑄」（西元953年）的字樣，算來距今已有一千多年的歷史。在鐵獅子一邊的牆上有一幅製作工藝圖，生動展示了這尊巨型雕塑的鑄造過程。幾十個融鐵爐同時融鐵澆注，從腳到頭共計21層，五百餘塊同時進行，規模宏大，技藝精湛。

　　乾隆《滄州志》卷十六李雲崢《鐵獅賦》中記載：「鑄此狻貌，為馴海若（海神名）。滄縣為水陸要衝，北達津沽，南通齊魯，瀕臨海洋，自然經常受到海嘯危害，遂鑄鐵獅，求平安，

鎮水患。」民間還流傳著一個傳說，滄縣原本人傑地靈、生活富足，突有一天烏雲翻滾，惡浪濤天，屋倒船傾，民眾四散逃生。就在惡龍揚妖施惡為所欲為時，一頭雄獅拔地而起，怒奔惡龍，獅龍爭霸，獅躍龍騰，一直激戰到轉天黎明，雄獅才終於把惡龍趕回東海深處。險些淹沒了滄州城的汪汪海水也漸漸退去。為了震懾邪惡的妖龍，也為了紀念威武正義的雄獅，滄州的人民自願捐款，請來打鐵名匠李雲師傅，帶領九九八十一位高徒，歷時九九八十一天，耗用九九八十一噸鋼鐵，終於在雄獅憤然躍起的地方，鑄起了這尊威震四海的巨獅，人稱「鎮海吼」。

在19世紀前，滄州鐵獅子歷經了八百多年的風吹雨打，始終安然無恙。清嘉慶八年（1803年），鐵獅子被大風吹倒。那是場多大的風啊！可以掀翻幾十噸重的鐵獅子？那一定是滄州的一場大災難，滿目瘡痍，遍地殘屋頹田。災難中倒地的獅子，直到光緒十九年（1893年）才被扶起，它躺了整整九十年。這重重的一跤使其下頜、腹部和尾部都已被嚴重損毀。1956年，為保護鐵獅，曾建造了遮風擋雨的建築。但後來發覺在半封閉環境下鏽蝕反而更加嚴重，於是只得在1972年拆除了建築，恢復為露天狀態。

1984年因獅足長期陷於土中，而在獅旁新建了一座二公尺高的臺座，將鐵獅挪置其上，同時往其腿內灌注水泥加固。現在鐵獅的體外安裝了保護性的鋼管支架，並修補了殘缺的四足。經過一千多年的風雨洗禮，鐵獅子如今依然屹立。它是滄州千年歷史的見證，也體現了滄州人不畏自然風雨的意志和信心。

滄州人造單橋尚有其實用性，毛氏叔侄保護詩經是為了文脈傳承。可是李雲和那些無名氏為了一種美好的願望，竟然興師動

眾，鑄造了人間巨物鐵獅子，況且，他們用於鑄造獅子的配方至今還未能破解，據說這些鐵中還參雜了麵粉的成分。為了一個美好的願望，去做一件艱鉅的工程，這是多麼浪漫的事！可見滄州人在遠古就具備了務實和浪漫兩種精神的結合。

滄洲的文物古蹟散布在各縣，每一個遺跡都飽含著豐富的歷史價值，需要一個系統化的旅遊思路設計，才能把散落田間鄉村的歷史珍寶串聯成一串閃亮的珠子。為了喚醒人們對古蹟的注意，進行整體的策劃，在這些分散的歷史遺跡附近新建一些能夠重現歷史風貌的旅遊點，是必不可少的基本建設。

毛萇叔侄藏《詩經》，劉尚用、王金修單橋，李雲鑄造鐵獅子，都體現了滄州獨具特色、傳奇的人文傳統和滄州人頑強的精神。一天晚上在滄州圖書館裡舉行了作家們與讀者的見面會，來自大學的年輕學子座無虛席。我在臺上，看到一張張對未來充滿期望的眼睛，眼前歷歷浮現的是在滄州各地參觀的畫面。古代先賢的遺跡散布在這片華北平原土地上，為了滄州的今天和明天，滄州政府建起了世界上頂級的圖書館。如果紀曉嵐、張之洞和馮國璋再世，一定都會豎起大拇指，為今日滄州的文化建設感到自豪！

卷尾語

　　為了編輯這本隨筆集，首先要感謝北美華文文學作家協會副會長暨海外華文女作家協會執行長張鳳女士的引薦。去年我去臺灣旅遊期間，她和先生正在臺北探望照顧婆婆，繁忙之中撥冗親自陪我前往秀威資訊科技股份公司出版部。如果沒有她的引薦，也就不會有這本文集的出版。在此我誠摯地感謝張鳳會長對我多年以來的支持和鼓勵！

　　收集在隨筆集中的文字，大多曾發表於香港、洛杉磯和中國內地的一些報紙副刊。這次我特別尋找了一種組合方式，既能表現出這些文章之間的關聯性，又能提供給讀者一種有趣的閱讀感受。我忽然發現把這些文章放在一幅世界地圖中呈現，產生了十分生動的效果。因為這樣可以讓讀者感覺全球化格局下世界各國的相互關聯。很慶幸我的這些想法得到了秀威出版部同仁的肯定。這本隨筆集可以順利推出，我非常感謝秀威資訊科技股份公司副總編輯蔡登山先生，編輯部副主任杜國維先生，經理鄭伊庭女士、責編許乃文，是他們的積極支持和鼓勵，使我的這些文字可以和讀者再次見面。

　　一幅伸展的文學地圖，還會繼續延伸。為了看到人間色彩斑斕的各種景象，我將繼續行走！

語言文學類　PG2441　北美華文作家系列38

伸展的文學地圖

作　　者 / 葉　周
責任編輯 / 許乃文
圖文排版 / 楊家齊
封面設計 / 王嵩賀

發 行 人 / 宋政坤
法律顧問 / 毛國樑　律師
出版發行 / 秀威資訊科技股份有限公司
　　　　　114台北市內湖區瑞光路76巷65號1樓
　　　　　電話：+886-2-2796-3638　傳真：+886-2-2796-1377
　　　　　http://www.showwe.com.tw
劃撥帳號 / 19563868　戶名：秀威資訊科技股份有限公司
　　　　　讀者服務信箱：service@showwe.com.tw
展售門市 / 國家書店（松江門市）
　　　　　104台北市中山區松江路209號1樓
　　　　　電話：+886-2-2518-0207　傳真：+886-2-2518-0778
網路訂購 / 秀威網路書店：https://store.showwe.tw
　　　　　國家網路書店：https://www.govbooks.com.tw

2020年12月　BOD一版
定價：360元
版權所有　翻印必究
本書如有缺頁、破損或裝訂錯誤，請寄回更換

國家圖書館出版品預行編目

伸展的文學地圖 / 葉周. -- 一版. -- 臺北市：
秀威資訊科技, 2020.12
　　面；　公分. -- (語言文學類) (北美華文
作家系列 ; 38)
　BOD版
　ISBN 978-986-326-863-5(平裝)

　1. 旅遊文學　2. 世界地理

719　　　　　　　　　　　　109015765

讀 者 回 函 卡

感謝您購買本書,為提升服務品質,請填妥以下資料,將讀者回函卡直接寄
回或傳真本公司,收到您的寶貴意見後,我們會收藏記錄及檢討,謝謝!
如您需要了解本公司最新出版書目、購書優惠或企劃活動,歡迎您上網查詢
或下載相關資料:http:// www.showwe.com.tw

您購買的書名:＿＿＿＿＿＿＿＿＿＿＿＿＿＿＿＿＿＿＿＿＿＿＿

出生日期:＿＿＿＿＿年＿＿＿＿＿月＿＿＿＿＿日

學歷:□高中 (含) 以下　　□大專　　□研究所 (含) 以上

職業:□製造業　□金融業　□資訊業　□軍警　□傳播業　□自由業
　　　□服務業　□公務員　□教職　　□學生　□家管　　□其它＿＿＿

購書地點:□網路書店　□實體書店　□書展　□郵購　□贈閱　□其他

您從何得知本書的消息?

　□網路書店　□實體書店　□網路搜尋　□電子報　□書訊　□雜誌

　□傳播媒體　□親友推薦　□網站推薦　□部落格　□其他＿＿＿＿＿＿

您對本書的評價:(請填代號　1.非常滿意　2.滿意　3.尚可　4.再改進)

　封面設計＿＿＿　版面編排＿＿＿　內容＿＿＿　文／譯筆＿＿＿　價格＿＿＿

讀完書後您覺得:

　□很有收穫　□有收穫　□收穫不多　□沒收穫

對我們的建議:＿＿＿＿＿＿＿＿＿＿＿＿＿＿＿＿＿＿＿＿＿＿＿

11466
台北市內湖區瑞光路 76 巷 65 號 1 樓

秀威資訊科技股份有限公司　　　收

BOD 數位出版事業部

⋯⋯⋯⋯⋯⋯⋯⋯⋯⋯⋯⋯⋯⋯⋯⋯⋯⋯⋯⋯⋯⋯⋯⋯⋯⋯⋯⋯

（請沿線對折寄回，謝謝！）

姓　　名：＿＿＿＿＿＿＿＿　年齡：＿＿＿＿　性別：□女　□男

郵遞區號：□□□□□

地　　址：＿＿＿＿＿＿＿＿＿＿＿＿＿＿＿＿＿＿＿＿＿＿＿＿＿

聯絡電話：(日) ＿＿＿＿＿＿＿＿＿＿＿　(夜) ＿＿＿＿＿＿＿＿＿＿

E - m a i l：＿＿＿＿＿＿＿＿＿＿＿＿＿＿＿＿＿＿＿＿＿＿＿＿